科技书刊语病剖析
修辞818例

Analysis of Solecism in
Sci-tech Books and Periodicals:
818 Rhetorical Cases

梁福军 / 著

清华大学出版社
北京

内 容 简 介

本书基于笔者所建的语言修辞体系，从不同层面、角度探索语病判断的依据或标准，从多个维度、视角对语病进行分类，并列举大量较具代表性的实例语句，剖析语病产生的原因，点评句子表达存在的问题，给出语病消除、表达效果提升的参考修改方案。全书分13章，包括：语病概说、语义不准、词语不当、语句苟简、语句冗余、搭配不当、句式杂糅、语序不当、复句错误、标点不当、逻辑不通、语境不合及规范不符。

本书可作为笔者另一本著作《科技论文规范写作与编辑》（第4版）的配套书，侧重文章的语言与修辞，《科技论文规范写作与编辑》（第4版）侧重文章的内容与结构、标准与规范。将语言与修辞、内容与结构、标准与规范相融合，最终会铸就书刊文章的高品质。

本书适于作高校和科研院所学生、老师论文写作语言表达类学习用书，也可作科技、研究人员文章撰写语言提升类指导书，还可作科技书刊编辑、审读人员编审类工具书或培训资料。

版权所有，侵权必究。举报：010-62782989，beiqinquan@tup.tsinghua.edu.cn。

图书在版编目(CIP)数据

科技书刊语病剖析：修辞818例／梁福军著.—北京：清华大学出版社，2021.12（2023.12重印）
ISBN 978-7-302-59286-0

Ⅰ.①科… Ⅱ.①梁… Ⅲ.①汉语－病句－分析 Ⅳ.①H146.3

中国版本图书馆 CIP 数据核字(2021)第 200451 号

责任编辑：冯 昕 赵从棉
封面设计：傅瑞学
责任校对：赵丽敏
责任印制：刘海龙

出版发行：清华大学出版社
    网　　址：https://www.tup.com.cn, https://www.wqxuetang.com
    地　　址：北京清华大学学研大厦A座　　邮　编：100084
    社 总 机：010-83470000　　邮　购：010-62786544
    投稿与读者服务：010-62776969, c-service@tup.tsinghua.edu.cn
    质量反馈：010-62772015, zhiliang@tup.tsinghua.edu.cn
印 装 者：三河市龙大印装有限公司
经　　销：全国新华书店
开　　本：185mm×260mm　　印　张：19.75　　字　数：443千字
版　　次：2022年2月第1版　　印　次：2023年12月第2次印刷
印　　数：1501～1800
定　　价：68.00元

产品编号：093674-01

FOREWORD 总　序

梁福军博士请我为他的新书写个序，我很乐意，一说就同意了。

这是一本为科学技术研究人员写的书。在科技界，我们每天的事，不是做实验搞研究，就是写论文。撰写专业的学术论文伴随研究人员的一生。学术论文记录着研究者的每一个进步，有时一小步，有时一大步，甜酸苦辣，喜怒哀乐。学术论文记录了研究者是怎样追求科学技术真理的。实际上，学术论文就是研究人员学术生命的体现。科学家的学术生命在论文中灿烂绽放，也在论文中得以被一代一代的科学家们学习、接纳和传承。许多研究人员有一种体会：自己的科研成果得到了同行们的认可，学术论文提升了他们的人生价值。

这么说来，写好一篇学术论文就是一件十分重要的事情。但是，我们从许多学术论文中看到的情况，不容乐观。就写作论文时的语言而言，科技语言是我们日常工作和生活中接触的各种语言中，规范性相对较差的，相当数量的学术论文、著作中或多或少存在着语言病例。有的使用科技名词术语不规范；有的存在病语病句，如用词不当、成分残缺、搭配不当、语序颠倒、结构杂乱、详略失当、句式选用不当、句子组织不好、歧义和费解、逻辑错误等；有的使用别字或未用首选字词；有的误用标点符号；有的存在外文差错。梁博士的新作《科技书刊语病剖析：修辞818例》提供了这方面的实例，并指出了它们错在哪里。相信本书会成为学术论文、著作的作者及编辑们的好助手。

本书的特点是涉及面广、针对性强、实用性强。这些特点表明本书是一本专业人士的新作。实际上，在此之前，梁博士已经出版过十部科技论文和科技写作方面的著作，取得了不菲的成果。新作也是梁博士在写作、编辑经验和思想方面的系统记录和总结。就此而言，这是一件值得祝贺的事。

大约十年前，中国科协学会学术部也组织专家们编写了《科技论文病句评改》（中国科学技术出版社，2011年），其中提供了661个病句、212组不规范的科技名词术语、230组别字或非首选字、368个标点符号错用例句。对比之下，梁博士以一人之力提供了818个例句，是很不容易的。特别值得一提的是，梁博士还在建立语言修辞体系上下了功夫，从不同层面、角度探索语病判断的依据或标准，从多个维度、视角对语病进行分类，并列举较多代表性的实例语句，剖析语病产生的原因，点评句子优劣，给出语病消除、表达效果提升的修改方案。

党的十四届六中全会通过的《中共中央关于加强社会主义精神文明建设若干重要问题的决定》指出:"新闻媒体和出版物要为全社会正确使用祖国语言文字做出榜样。"随着我国科学技术和信息技术的快速发展,出版业呈现空前繁荣的局面,科技期刊和科技出版日益受到重视。相信梁福军博士新作的出版,对科技工作者撰写规范的作品、提高科技写作的质量具有借鉴和指导意义,定会促进科技期刊和出版物发挥在语言逻辑使用上的重要引导、示范作用,为正确使用祖国语言文字做出贡献。

中国科协原副主席

北京理工大学教授

国际欧亚科学院院士

乌克兰国家科学院外籍院士

冯长根

2021 年 8 月 1 日

PREFACE 自 序

一个人，一辈子，只要肯努力，就能做不少事。即便事再难，均可尝试，万一成功了呢？即使不成功，体验一下过程也值啊。俗话说，功夫不负有心人。然而，也有很多事，于普通人甚至伟人而言，即使想做，却没法做，或没有必要做。比如，想去月球、火星等遥远的地方感受一下与地球的不同，想回到旧石器时代了解一下古人的生活，想重新研究天体运行规律而得出与爱因斯坦的相对论相类似的理论，诸如此类，不一而足。上面所述事项难以实现，要么是受客观条件所限不可为，要么是时光永远向前不可倒流，要么是重复他人工作没意义……。但是，书刊能够圆梦。我们通过看书，不出家门，无须亲历客观事物，也能获得如同亲历、甚至亲历也无法获得的知识和体验。这就是书刊所起到的伟大传承作用！

大概在孩童时代，我们便开始接触书刊。那时尚小，不能亲自撰述，却已是别人作品（如课本、连环画、小人书等）的读者了。从小学、中学、大学、研究生，再到参加工作，一路走来，我们与书刊的联系越来越密切。我们要么阅读书刊学习知识，要么撰写文章、著作投稿，要么审阅、编辑书刊文稿使其成为社会产品。书刊与我们早早结缘，持续陪伴我们成长、成熟，记录着我们的收获，传播着我们的成果，交流着我们的见解。

文章是书刊的重要组成部分，作者撰写文章就是将自己的思想变成文字，读者则通过阅读这些文字来分享他人的思想。文章由不同的语句组成，语句的表达效果体现了作者思想表达的准确性，也影响读者理解的准确性。语句表达越清晰，作者思想表达就越准确，读者理解就越精确，传承偏差就越小。要想减小传承偏差，关键是消除语病，需要消极修辞。一句话可以百样说，不同说法其语句排列千差万别，而其中或许只有一两种最为准确。而要想在实现准确表达的前提下选出佳句，甚至为读者带来审美价值，关键在于追求理想的表达效果，需要积极修辞。

众所周知，词汇库中有相当多语义相同、相近或关联的词语，其间又有多样化的组合关系，可形成各种各样的句式，因此同一意思可能有多种遣词造句的方案。最初写出来的语句可能会有语病，即使没什么语病，也可能有其他更好的遣词造句方案，这就为通过修辞进一步提升表达效果提供了空间。因此，一句话写出后暂时有语病是正常的，但需要在定稿、发表前进行修改。

稿子经过修改，才能成为较好的初稿；投稿前，再经修改，才能成为符合目标出版物要求的成稿；投稿后，还要经多次修改，最终才可能被录用而发表。不同的书刊对文体有不同的要求，编辑和审稿专家亦会有修改意见，而正式出版还需遵循编校规范。作者写好的稿子，也可能需要送导师、课题负责人或团队成员审阅、修改。编辑处理好的稿子，需要送有关领导或部门审核、修改。没有修改就不能定稿，也无法录用或发表。可以说，修改无处不在，伴随文稿从撰写、投稿，到审核、编校，再到录用、发表的整个写作和出版流程。

从某个角度而言，修改就是修辞，低的层面叫"改错"，即消除语病，而高的层面叫"提升"，即达到理想效果。不同的修改就是针对所发现的不同语病或为达到理想表达效果而进行的各种修辞活动。对于同一文本、同一语言片段、同一句子，不同的人有不同的认识，自然有不同的语病及修辞方案，进而会得到不同的修改。因此，掌握语病的判断依据和标准，有非常重要的现实意义。

本书基于笔者前期已有的研究成果，对科技书刊文章中的常见语病作了分类和描述，并列举较多代表性实例加以剖析，试图找出语病，并进行修正，最后给出综合修辞后的全句修改方案。笔者已有相关研究成果的主要观点可概括为两个方面：

（1）语言表达是一种综合性修辞，涉及语音、语义、词汇、语法、逻辑、语境等多种语言要素，应调整这些要素使其"适合"语言表达的基本要求，按修辞需要还可"突破"基本要求而达到语用艺术。

（2）语言表达效果有两个层面。一是基本层面，力争语句表达规范，没有语病；二是高级层面，对无语病语句进行积极修辞，进一步提升表达效果。

此外，文章的质量还与其选题、成果相关，但编写质量肯定是基础。如果文章选题价值大、研究水准也不低，而用来呈现这两者的文章语病百出，那么其选题价值和研究水准就会被低质量的编写给淹没掉。即使选题和成果的质量不好，但从为读者、社会负责的角度看，作者和编辑也应加强语言的规范表达和加工，将文章写好、改好。

期待广大作者和编辑树立正确的书刊编写和出版观，在撰写文章和编辑加工文稿时，注重提升语言表达质量，做到清楚表达，避免语言晦涩，杜绝逻辑不通，消除歧义费解。普遍认可的做法是，作者和编辑应该对文稿仔细阅读、认真思考、严格斟酌，并且考虑上下文关联性，必要时进行补充、勘正、删减和完善，一步步进行修改，使之越来越好。当然，想达到较好的修辞效果确实不太容易，需要作者长期进行语用方面的实践积累，也需要编辑严格审核、编校把关。

抛得灰砖，以待金玉。期待本书能为提升我国书刊编写和出版质量有所助力，但限于水平和能力，书中难免会有疏漏和不妥之处，诚请广大读者批评指正！

梁福军

2021-2-11（除夕）于北京

目 录

第 1 章 语病概说 ··································· 1

1.1 修辞和语病 ····································· 1
1.1.1 修辞 ······································· 1
1.1.2 语病 ······································· 2
1.2 狭义语病 ······································· 2
1.2.1 不明确 ····································· 3
1.2.2 不通顺 ····································· 4
1.2.3 不平匀 ····································· 6
1.2.4 不稳密 ····································· 6
1.2.5 不规范 ····································· 8
1.3 广义语病 ······································ 10
1.3.1 超规范欠缺 ································ 10
1.3.2 辞格欠缺 ·································· 12
1.3.3 辞趣欠缺 ·································· 13
1.4 内容与形式语病 ································ 13
1.5 语言要素的语病分类 ···························· 17
1.5.1 语音不美 ·································· 17
1.5.2 语义不准 ·································· 18
1.5.3 词汇不当 ·································· 19
1.5.4 语法不对 ·································· 21
1.5.5 逻辑不通 ·································· 22
1.5.6 语境不合 ·································· 23
1.5.7 语体不适 ·································· 25
1.5.8 风格不符 ·································· 27

第 2 章 语义不准 ·································· 29

2.1 语义欠准确 ···································· 29
2.2 色彩不合适 ···································· 31
2.3 语义欠锤炼 ···································· 32

第3章 词语不当 ... 37

3.1 词类不当 ... 37
3.1.1 词类误用、词性违背 ... 37
3.1.2 必需、必须、须要、须 ... 38

3.2 名词不当 ... 40
3.2.1 用词不标准 ... 40
3.2.2 用词不专业 ... 42
3.2.3 用词不一致 ... 43
3.2.4 词间不对应 ... 46
3.2.5 用词不新颖 ... 48
3.2.6 表义不明确 ... 49

3.3 动词不当 ... 50
3.3.1 成分不搭配 ... 50
3.3.2 语义不通顺 ... 51
3.3.3 用词不准确 ... 52
3.3.4 动词冗余 ... 54

3.4 形容词不当 ... 55

3.5 数量词不当 ... 57
3.5.1 二和两不分 ... 57
3.5.2 数量不准确 ... 57
3.5.3 倍数表示不当 ... 59
3.5.4 数量范围不妥 ... 59
3.5.5 约数语义矛盾 ... 60
3.5.6 量词选用不妥 ... 62
3.5.7 并列项不规范 ... 63

3.6 代词不当 ... 64
3.6.1 指代不明 ... 64
3.6.2 其字不当 ... 66
3.6.3 相近代词混淆 ... 68

3.7 副词不当 ... 70
3.7.1 副词错用 ... 70
3.7.2 副词位置不当 ... 72
3.7.3 副词混杂 ... 73
3.7.4 副词短缺 ... 74
3.7.5 多重否定副词不当 ... 75

3.8 介词不当 ... 75
3.8.1 介词错用 ... 75

目录

	3.8.2 介词多余	76
	3.8.3 介词短缺	79
	3.8.4 介词结构不当	82
3.9	助词不当	84
	3.9.1 助词错用	84
	3.9.2 助词混淆	87
	3.9.3 助词短缺	90
3.10	连词不当	91
	3.10.1 连词错用	91
	3.10.2 连词多余	93
	3.10.3 结构不清	94
3.11	偏正词组不当	96
	3.11.1 定中词组错用	96
	3.11.2 修饰语所做成分不妥	97
	3.11.3 修饰语和中心语组合不当	98
3.12	联合词组不当	99
	3.12.1 并列项结构混杂	99
	3.12.2 并列项有包含关系	100
	3.12.3 并列项类义概括不当	101
	3.12.4 并列项界线不明确	101

第 4 章 语句苟简 ……………………………………………… **103**

4.1	一般苟简	103
4.2	主语残缺	108
	4.2.1 无主语句	108
	4.2.2 主语残缺句	111
4.3	谓语残缺	119
	4.3.1 缺少谓语	119
	4.3.2 虚假谓语	122
	4.3.3 谓语不完整	124
4.4	宾语残缺	126
	4.4.1 缺少宾语	126
	4.4.2 宾语不完整	127
4.5	定语残缺	131
4.6	状语残缺	135
4.7	补语残缺	137

第 5 章　语句冗余······139

5.1　冗余类别······139
5.1.1　字面重复······139
5.1.2　语义重复······144
5.1.3　无关冗余······151
5.2　主语冗余······156
5.3　谓语冗余······157
5.4　宾语冗余······158
5.5　定语冗余······159
5.6　状语冗余······160
5.7　补语冗余······161

第 6 章　搭配不当······163

6.1　主谓搭配不当······163
6.1.1　主谓表义不合理······163
6.1.2　主谓表义不对应······166
6.1.3　联合词组分项不匹配······169
6.2　谓宾搭配不当······170
6.2.1　谓语用词不当······170
6.2.2　谓宾用词不当······171
6.2.3　联合词组分项不匹配······175
6.3　主宾搭配不当······176
6.3.1　主宾表义不对应······176
6.3.2　是字句不当······177
6.3.3　词类不一致······180
6.4　修中搭配不当······181
6.4.1　定中搭配不当······181
6.4.2　状中搭配不当······183
6.4.3　补中搭配不当······184
6.5　其他搭配不当······185

第 7 章　句式杂糅······188

7.1　混杂······188
7.2　粘连······191

第 8 章　语序不当······193

8.1　主宾位置不当······193

8.2 定语位置不当 194
8.3 状语位置不当 196
8.4 主语误做定语 201
8.5 定语误做主语 202
8.6 主语误做状语 203
8.7 状语误做主语 203
8.8 定语误做状语 204
8.9 状语误做定语 206
8.10 注释语位置不当 209

第9章 复句错误 **212**

9.1 分句间语义不紧密 212
9.2 分句间结构关系混乱 215
9.3 关联词使用不当 217
    9.3.1 误配 217
    9.3.2 残缺（漏用） 219
    9.3.3 错用（滥用） 224
    9.3.4 错位 226

第10章 标点不当 **229**

10.1 顿号 229
10.2 句号 233
10.3 逗号 237
10.4 分号 240
10.5 引号 242
10.6 冒号 243
10.7 括号 248
10.8 书名号 250
10.9 省略号 251
10.10 多种（个）标点 253
10.11 标点配合 256

第11章 逻辑不通 **261**

11.1 事理相悖 261
11.2 顺序反常 262
11.3 歧义费解 266

第 12 章　语境不合 ·· **272**

12.1　上下文语境不合 ·· 272
12.2　客观语境不合 ·· 282

第 13 章　规范不符 ·· **286**

13.1　简称不规范 ·· 286
13.2　量名不标准 ·· 288
13.3　单位不标准 ·· 289
13.4　量值不规范 ·· 292
13.5　数字不规范 ·· 293
13.6　政治不合格 ·· 296

参考文献 ·· **297**

读者来信一 ·· **299**

读者来信二 ·· **301**

后记 ·· **303**

第 1 章 语病概说

语病就是语言毛病,即写出的语句有问题。对同一语句,是否有语病以及有何语病,显然不同的人来判断可能会有不同的结果,即使同一个人,若从不同的层面、视角来考察,自然也会有不同的结果,并不一定有统一的答案。仁者见仁,智者见智,文章不论由谁来看,总能挑出一些问题语句,只有经过这样那样的较多修改才能定稿。这就涉及语病判断的标准,既然对一个句子做出有某种语病的判断,那么总该有相应的依据,不可能空中楼阁、无中生有,某语病对应某依据,某依据被作为判定某语病的准绳。有时一句话虽然没有什么语病,但可能有其他更好的修辞造句方案,进而达到好上加好的效果,本质上是在没有语病的基础上对语言质量的积极提升。本章从修辞和语病的概念说起,再从多个维度和视角来对语病进行分类,剖析56个实例语句,探索语病的层面、角度,总结语病判断的依据、标准。

1.1 修辞和语病

1.1.1 修辞

文章在形式上是一堆密密麻麻的语言文字,文字以词为基本单元,有规律地按各种规则组合起来,构成一个有组织的语言修辞体系,如图1-1所示。

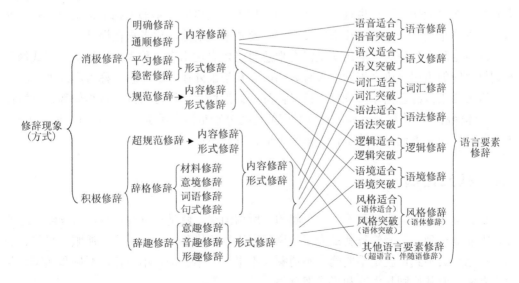

图1-1 语言修辞体系

修辞是动词"修"加名词"辞","修"即修改,操作对象是"辞",即语句。对"辞"做"修",是为了"辞"被"修"而达到某种表达效果。

表达效果有两个层面:一是基本层面,达到语言基本要求——没有语病;二是高级层面,达到语用艺术——提升效果。"一句话,百样说",但其中至少有一两种是最好的,选用最好的语句就达到了高级层面。这两个层面,前者对应消极修辞,后者对应积极修辞。

消极修辞着眼于为避免语言的不当运用而影响表达效果,达到表达明白、通畅,而积极修辞着眼于积极主动地运用合适的修辞手法使语言生动、形象,提升表达效果。消极修辞是基础,积极修辞是拓展,在实现了消极修辞的前提下再追求积极修辞才有实际意义。消极修辞关注语义的准确传递,积极修辞追求语言效果的提升,既与内容又与形式有关。

内容是语义的实质,形式是呈现语义的一种外在感观,语义就是蕴含在形式里面的内容。内容修辞关注怎样把意思清楚表达出来,而形式修辞侧重把意思以何种式样呈现出来,给读者以外观美感。

消极、积极修辞通过内容、形式修辞同语言要素修辞相映射,共同组成一个语言修辞体系。撰写文章只有综合地用好该体系各种语言要素及其表现方式才能获得理想表达效果。

1.1.2 语病

修辞是为了语句达标即一般好(无语病),或是为了语句更好(达到理想效果)。语句若修辞不到位,就会有语病,有什么修辞不到位,就会有对应什么修辞的语病。

消极修辞不到位对应的语病为消极修辞语病,称为狭义语病;消极修辞后的语句虽无语病,但可能有提升的空间,若再对其给予积极修辞,表达效果则会提升。本书把有提升空间的"无病"语句也视为"病"句,称为广义语病。本书所指的语病通常是广义语病,既注重狭义语病,也注重广义语病,前者重在消除,后者重在提升。

内容修辞不到位对应的语病是没有把意思清楚表达出来,称为内容语病;形式修辞不到位对应的语病是语言表达形式有缺陷而没有带来外在舒适美感,称为形式语病。

语言要素修辞包括语音修辞、语义修辞、词汇修辞、语法修辞、逻辑修辞、语境修辞、语体修辞、风格修辞,其不到位对应的语病分别是语音不美、语义不准、词汇不当、语法不对、逻辑不通、语境不合、语体不适、风格不符。

1.2 狭义语病

狭义语病是由消极修辞不到位引起的。所谓消极,就是自觉地进行,潜移默化地遵守,本能地达到。消极修辞就是为消除语病所进行的修辞,包括明确、通顺、平匀、稳密、规范,其不到位就是不明确、不通顺、不平匀、不稳密、不规范。明确和通顺只与内容有关,而其他则与内容和形式都有关。

1.2.1 不明确

不明确是指没有用准确、明白的语言把意思分明地表达出来，表义含混而不准确。有内容本身不明确和表达方式不明确两个方面。

内容本身不明确是指使用含混、费解甚至无从理解的语言。作者应认真对待内容的每个方面及细节，把想要表达的意思搞明白、理清楚。否则，表达出的语言就难以靠谱，似是而非，严重时一团污水，使人丈二和尚摸不着头脑。

【1】

☒ 如何找到地铁的位置呢？如何得知地铁的运营时间呢？如何在地铁站内通信自如呢？这就需要依靠地铁的引导设施了。

此例中"通信自如"表义不明确，改成"自如通信"也不成。"通信"的语义通常有两个：一是用书信互通消息，反映情况；二是利用电波、光波等信号传送文字、图像等。这里的"通信"显然没有第一个意思。若指第二个意思，表面上能说通，即人在地铁站内方便、自由地与外界进行通信；但还有问题——地铁站的主要功能是为旅客提供乘坐环境和工具，旅客进站是临时、短暂的，与外界通信用不着在地铁站专门设置引导设施来进行。笔者推测是敲错了字，误将"通行"写成"通信"。

〈参考修改〉

✓ 如何找到地铁的位置呢？如何得知地铁的运营时间呢？如何在地铁站内自由通行呢？这些就需要依靠地铁站内的引导设施了。

✓ 如何找到地铁的位置，如何得知地铁的运营时间，如何在地铁站内自由通行，这些问题的解决就需要依靠地铁站内的引导设施。

表达方式不明确大体包括用词不准确、结构不妥当、主次不分明三个方面。

1）用词不准确

用词不准确是因表达方式欠妥而导致词义不明确恰当（词义含混）。词是语言的基本构成单元，用词不准时，表义自然就难分明。

【2】

☒ 人工智能技术不断发展成熟，社会需求不断变化，智能化机器人时代也悄悄来临，21世纪以后将是机器人大发展的时代。

此例中"21世纪以后"有"包括21世纪在内"和"不包括21世纪在内"两种理解，就是因为"以后"一词不准确。用词要尽可能避免表义不大分明，必要时可随后加以注解，尤其要注意对同义词（同义异词）或多义词（同词异义）进行区分。

<参考修改>

✓ 人工智能技术不断发展成熟，社会需求不断变化，智能化机器人时代也悄悄来临，<u>21世纪以后（含21世纪）</u>将是机器人大发展的时代。

2）结构不妥当

结构不妥当是语言单位间的关系不分明。词与词构成词组，词、词组聚合成句子、句群、段落、篇章等不同语言单位。任何语言单位都有词与词的结构关系，各词的意义很明确时，其组合后所表示出的意思未必就明确。因此做到词的本身意义明确还不够，还应做到词与词的关系分明。写作应养成调整语言的良好习惯，多把文字词语调换位置或略加修改来看看表达效果的差异，同时还须正确使用标点符号。

【3】

☒ 本文提出<u>一种管道卡箍位置自动优化方法</u>。

此例的"一种"指"管道卡箍"，还是"方法"，显然不大分明，这种歧义是由句子结构不妥当造成的。合理调整语句结构，便可解决此类问题。

<参考修改>

✓ 本文提出管道卡箍位置自动优化的<u>一种新方法</u>。（"一种"指"方法"）

✓ 本文提出<u>一种管道卡箍</u>的位置自动优化方法。（"一种"指"管道卡箍"）

3）主次不分明

主次不分明是分不清主、宾，即分不清谁是主要的，谁是次要的，关涉或所指对象不明确。在主次难以区分或颠倒的情况下，本意自然就难以表达出来。

【4】

☒ 近年中国科学技术协会对<u>100多个全国学会主办的期刊</u>进行了分类资助。

此例中"中国科学技术协会"通过介词"对"关涉两个对象，分别是"学会"和"期刊"，但这两个对象主次不大明确，致使"100多个"是修饰"学会"还是"期刊"，有歧义。

<参考修改>

✓ 近年中国科学技术协会对全国性<u>学会</u>主办的<u>100多个期刊</u>进行了分类资助。

1.2.2 不通顺

不通顺是指语言表达在条理上不衔接顺畅、不关联照应或不稳定统一，造成逻辑或语法错误，进而未能达到表义符合客观事理和思维规律。不衔接顺畅是未按事物出现、发生、消失等的本来次序将其连接起来而行文，语句不符合正常语言习惯。不关联照应是未按事物相互之间发生牵连和影响或基于上下文（内部语境）来行文，下文与上文所说没有衔接、贯串。不稳定统一是对相同事物或现象在整个行文中不同地方的表述有出入，即没有达到一致。

【5】

✗ 该方法的<u>提出</u>，不仅可以<u>减少</u>运用位移圆周分布调制聚焦技术检测时的计算量，还可以灵活地<u>应对</u>检测过程中管道参数、传感器阵列及检测频率的变化。

此例中的主语"提出"与谓语动词"减少""应对"在语义上不搭配，造成不衔接顺畅。"该方法的提出"可改为"使用该方法"或"该方法的使用"；若一定保留"提出"做主语，则应在两处动词"减少""应对"前加"实现"。

<参考修改>

✓ <u>使用该方法</u>不仅可以<u>减少</u>运用位移圆周分布调制聚焦技术检测时的计算量，还可以灵活地<u>应对</u>检测过程中管道参数、传感器阵列及检测频率的变化。（"使用该方法"还可改为"该方法的使用"。）

✓ 该方法的<u>提出</u>，不仅可以<u>实现</u>减少运用位移圆周分布调制聚焦技术检测时的计算量，还可以灵活地<u>实现</u>应对检测过程中管道参数、传感器阵列及检测频率的变化。

【6】

✗ 辅助线中，<u>折返线</u>是专供改变列车运行方向的线路，通常设置在线路的终点站或部分中间车站。<u>存车线</u>是专门用于列车停放或可开展少量检修作业的线路，一般设置于终点站或中间车站。下图显示了<u>存车线和折返线</u>。

此例有三句，首句讲述折返线，句二讲述存车线，句三承上总结（存车线和折返线）。但按照正常的思维逻辑，句三中的总结语应与前面两句相呼应，先提及折返线，再提及存车线，而不是先提及存车线再提及折返线，进而造成上下文不关联照应。

<参考修改>

✓ 辅助线中，<u>折返线</u>是专供改变列车运行方向的线路，通常设置在线路的终点站或部分中间车站；<u>存车线</u>是专门用于列车停放或可开展少量检修作业的线路，一般设置于终点站或中间车站。<u>折返线和存车线</u>如下图所示。（最后一句还可改为"这两种辅助线如下图所示。""下图显示了这两种辅助线。"或"下图显示了折返线和存车线。"）

关于不稳定统一的例句见"1.2.5 不规范"一节中的例句【14】。

1.2.3　不平匀

不平匀是指语句未达到平易、匀称，本该用一种句法结构而混用两种甚至两种以上结构来表达。平易指浅显易懂，匀称指均匀协调或搭配和谐。语言表达在总体上应以平易为主，在平易实现的前提下做到匀称。

【7】

☒ 黏度波动的主要原因是由于空转摩擦力矩的波动所致。

此例混用三种结构（①原因是……；②是由于……；③是由……所致）而造成不平匀。解决的办法是选用其中一种结构即可。

〈参考修改〉

✓ 黏度波动的主要原因是空转摩擦力矩的波动。

✓ 黏度波动主要是由于空转摩擦力矩的波动。

✓ 黏度波动主要是由空转摩擦力矩的波动所致。

【8】

☒ 近年来将相似理论应用于船舶结构模型实验中，以达到预测实船应力的目的越来越引起人们的重视。

此例中后面的句子存在粘连，将两种结构前后粘结在一起说（以达到预测实船应力的目的＋（这）越来越引起人们的重视），造成不平匀。

〈参考修改〉

✓ 近年来将相似理论应用于船舶结构模型实验中，以达到预测实船应力的目的，这已引起人们越来越多的重视。

1.2.4　不稳密

不稳密是指没有准确用词、恰当安排语句结构或稳当组织语言文字，进而没有达到内容情状同语句贴切。稳指行文稳当，同内容相贴切，密指用词数量恰到好处（刚好，不多也不少，简洁明了）。不稳密就是不稳和不密，不稳的特征主要是行文与内容不贴切，不密的特征主要是语句表达重复（反复）或苟简。

表义目的及内容情状是判断语句贴切与否的关键因素。选词（遣词）造句应首先明白表义目的，目的不同语句安排（表达）就自然不同，同内容表达需要不相符合的表达，就会影响对本意的理解或增加理解的难度。同一语句在此处用途大，在别处不一定也大，甚至还可能没有用途，这就需要辨别不同词语特别是同义词语之间的语义差别，进而选出与表达需要最贴切的词语。

语言表达追求简洁，对表达过的意思不应重复表达，即避免对同一意思反复说。但重复有时也有优势，可以用来突出、强调内容。因此选词造句应充分考虑是否需要重复：如果没有突出、强调内容的需要而故意用重复，就会适得其反而造成表达烦赘，拖累语句，导致语句"超密"；反之，若有这种需要而未用重复，就会造成表达欠缺，导致语句"欠密"。这两种情况都会走向"密"的反面。

【9】

✗ 企业在经营管理中<u>必定需要</u>与外界<u>交流</u>，在交流过程中，会产生一些数据，其中部分数据可能涉及企业的内部机密。

此例中用副词"必定"修饰谓语动词"需要"，从语法上讲是没有问题的，但不贴切，造成语句不稳，从用词准确性来看，"必定需要"不如改用副词"必须"简洁明了（这时"交流"为谓语）。

〈参考修改〉

✓ 企业在经营管理中<u>必须</u>与外界<u>交流</u>，交流过程中，会产生一些数据，其中部分数据可能涉及企业的内部机密。

【10】

✗ 在"钢铁蚯蚓"挖隧道的过程中，会吞噬非常多的<u>土</u>，<u>这么多的渣土</u>只有从隧道中被运出去时，隧道才能获得所需的空间，因此在盾构机推进的同时，要不断地把挖下来的渣土运出地下隧道空间。

此例中"这么多的渣土"出现得很突然，没有对应的前词，即语句表达与内容情状贴切不够，未将内容情状表述出来，造成语句不稳。补充所需要的上文（前词）即可。

〈参考修改〉

✓ 在"钢铁蚯蚓"挖隧道的过程中，会吞噬非常多的<u>土</u>，<u>进而会产生非常多的渣土</u>，<u>这些渣土</u>只有从隧道中被运出后，隧道才能获得所需的空间。因此在盾构机推进的同时，要不断地把挖下来的渣土运出地下隧道空间。

【11】

✗ <u>由于</u>机器人各连杆参数和角度参数存在一定误差，<u>从而导致</u>机器人末端位姿不准确。

此例中连词"由于"引导的分句表示原因，连词"从而"后的部分表示由此原因产生的结果，但动词"导致"多余，造成语句超密。也可将"从而导致"改为"致使"。

〈参考修改〉

✓ <u>由于</u>机器人各连杆参数和角度参数存在一定误差，<u>从而</u>机器人末端位姿不准确。

✓ 由于机器人各连杆参数和角度参数存在一定误差,致使机器人末端位姿不准确。("致使"为连词)

✓ 机器人各连杆参数和角度参数存在一定误差,致使机器人末端位姿不准确。("致使"为动词)

【12】

✗ 图中所示为世纪大道入口牌匾。

此例是讲地铁和地铁站的,"世纪大道"本意是某地铁线路的"世纪大道站",但丢失了"站",造成苟简,语句欠密,还误改了对象的性质或用途(将"站"表述为"道")。

〈参考修改〉

✓ 图中所示为世纪大道站入口的牌匾。

需要注意的是,判断句子的稳密问题时,不能简单地只从形式上看词语是否有重复或残缺,还应从内容上看重复或残缺是否适应表达或修辞的需要。

【13】

✓ 现在,摆在我们面前的是一幅画像。昏沉幽暗的光线笼罩着画像中全身披挂的人。他就是奥托·冯·俾斯麦,而且只能是奥托·冯·俾斯麦。

此例中,最后一句中虽重复"奥托·冯·俾斯麦",却是精妙之笔,达到了鲜明的强调和突出作用,不存在重复语病。但是,若最后一个"奥托·冯·俾斯麦"改为"他",语言表达会更简洁。

1.2.5 不规范

规范是指语言要素常规使用规范以及编辑出版规范,可以从不同的层面来考察,如语法、词汇、逻辑等语言要素使用规范,有关标准、规范,约定俗成的通用行规,等等。常见的标准、规范有:GB/T 15834—2011《标点符号用法》,GB/T 15835—2011《出版物上数字用法》,GB 3100~3102—1993《量和单位》,GB/T 7714—2015《信息与文献 参考文献著录规则》,CY/T 171—2019《学术出版规范 插图》,CY/T 170—2019《学术出版规范 表格》,等等。

不规范是指语言表达不符合、不适合或不切合有关标准或规范,表现为语音、语义、词汇、语法、逻辑、语境、语体或风格等一个或几个语言要素上的语病。

【14】

✗ 根据国际惯例,汽车保有量与停车位比例应该为1:1.2~1.4。如果按这个标准评估,我国的泊位缺口巨大。据估算,我国停车泊位为7500~9000万个。适时建造增加泊位数量具有重要现实意义。2010-2017年我国停车泊位数变化情况如下图所示。

此例问题较多：①对同一概念混用不同叫法，如停车位、泊位、停车泊位，泊位数量、停车泊位数，用词不统一；②误用冒号做比例号，对含比例号的两个数字的范围表达不规范，易造成误解；③表示年份范围用小短横"-"不规范，应改为一字线"—"；④若考虑数字分节，则数字表达也不规范。问题①属不通顺中的不稳定统一，其他问题属不规范。

<参考修改>

✓ 根据国际惯例，汽车保有量与停车位比例应该为 1:1.2～1:1.4。如果按这个标准评估，我国停车位缺口巨大。据估算，我国停车位为 7 500 万～9 000 万个。适时建造、增加停车位具有重要现实意义。2010—2017 年我国停车位数量变化情况如下图所示。

【15】

✗ 针对该问题，笔者根据实际生产经验，提出一种简单易行的方法提高工作效率，以供读者参考。

此例出自某论文摘要，"笔者""以供读者参考"多余，不合摘要规范。本文、作者、笔者、我们、本研究、课题组、研究团队之类的词在摘要中做主语或状语时，应该省略，这种省略只是形式上的，完全不影响语义。摘要就是供读者参考的，这个功能是不言而喻的，不用专门指出。

<参考修改>

✓ 针对该问题，根据实际生产经验，提出一种能提高工作效率的简单易行方法。

✓ 根据实际生产经验，针对该问题提出一种能提高工作效率的简单易行方法。

【16】

✗ 本研究以潇贺古道为背景，潇贺古道沿线石刻为载体，通过收集、总结此线路的石刻资料，结合田野调查、口述历史、对比等研究方法，对潇贺古道沿线的石刻形式进行梳理和总结，旨在总结潇贺古道以石刻为载体形式的人文历史、民风民俗以及景观美学。

此例也出自论文摘要，问题同例【15】，"本研究"多余。另外"旨在总结"属研究目的用语，应放在摘要开头，或去掉"旨在"，变"研究目的"为"研究工作"。

<参考修改>

✓ 通过资料收集、田野调查、了解口述历史、分析对比等方法对潇贺古道沿线的石刻形式进行梳理，总结潇贺古道以石刻为载体形式的人文历史、民风民俗和景观美学。

✓ 为了总结潇贺古道以石刻为载体形式的人文历史、民风民俗和景观美学，运用资料收集、田野调查、了解口述历史、分析对比等方法，对潇贺古道沿线的石刻形式进行梳理。

1.3 广义语病

广义语病是由积极修辞欠缺所引起的。所谓积极，就是有意去做，去操作，去完成，以达到上档次、提效果。因为消极修辞在语言表达中的作用有限，人们通常还要有意识地为达到理想的表达效果而对语言材料进行各种选择、组合和突破，这就是积极修辞。积极修辞有超规范、辞格和辞趣，对应的语病是超规范欠缺、辞格欠缺、辞趣欠缺，造成表达效果未得到进一步提升或艺术化。辞趣只与形式有关，而超规范、辞格既与内容又与形式有关。

1.3.1 超规范欠缺

超规范欠缺是指本可以用超规范的手法来提升语言表达效果而未用。超规范就是积极、灵活地运用各种语言要素，有意突破常规限制，使语言表达虽然不再符合、适合或切合常规规范，但能提升语言表达效果。在特定语境中，有时可以采用某种特殊变化、创新，故意突破语言的常规表达方式，如语音、词汇、语法等的一般表达习惯，常规的客观事理及思维规律、形式，以及语言风格（语体）的要求，用语言的某种变异形式来表达并附加某种修辞色彩，或突破常规规范而灵活使用某种合适的表达方法、形式，产生某种特定的修辞效果。

【17】

✗ A，B，C，D4种工况下，压缩器的扩散器内部出现了2个激励变化。

数字用法有一个常规规范：行文中数字的类别应全局或局部统一，例如要么都用阿拉伯数字，要么都用汉语数字。此例中阿拉伯数字（4、2）使用符合规范。然而，"4"与"D"紧相邻，容易让人误解，错将"D4"作为一个整体。因此，这里用"4"反而不妥，若变通一下，改为汉语数字"四"就分明了。这样修改，虽然不符合常规规范，但避免了用常规规范引起的缺陷，提升了语言表达效果。此类语病就属超规范欠缺。

〈参考修改〉

✓ A、B、C、D四种工况下，压缩器的扩散器内部出现了2个激励变化。

✓ A、B、C、D四种工况下，压缩器的扩散器内部出现了两个激励变化。

【18】

✗ 试验在某高速路段上进行，以 80 km/h、100 km/h、120 km/h 3种匀速工况行驶。

此例的问题同例【17】，阿拉伯数字"3"应改成汉语数字"三"。另外，3个量值并列（80 km／h、100 km／h、120 km／h）虽符合常规规范，但3个数字后均跟有共同的单位"km／h"，显得很臃肿、烦琐，不如省去前两个，这样不仅表义不受影响，而且形式得到简化。

<参考修改>

✓ 试验在某高速路段上进行，以 <u>80、100、120 km／h</u> 三种匀速工况行驶。

【19】

✗ 图 4 100m／s 行驶速度下的耗油率对比

此例为论文中插图下方的图题表达的常规形式"图序＋图题"，但由于图序"4"与图题开头的数字"100"相邻，其间空隙小，容易误将"4 100"看作一个整体数字（4 100 是 4100 的分节形式）。因此，应灵活变通修改，使表义明显、突出。此类语病属超规范欠缺。

<参考修改>

✓ 图 4　100 m／s 行驶速度下的耗油率对比

✓ 图 4　一百米每秒行驶速度下的耗油率对比

修改后，对第一句，图序与图题间的空隙越小越易造成误解，因此此空隙不宜太小；对后面两句，即使该空隙小一些甚至小很多，也不易生产误解。

【20】

✗ <u>目前公开发表的文献对半开式复合叶轮内部流场计算及其与闭式复合叶轮的比较研究进行得较少</u>。在前人对低比转速高速离心泵研究的基础上，以具有4长4中的8叶片闭式和半开式复合叶轮为研究对象，对闭式和半开式两种形式叶轮内部的三维流动进行了数值模拟，比较分析了其内部的相对速度场和压力分布。

此例为某论文摘要的前面两句。按常规的"主承前主"规则，句二的主语虽然在形式上未出现，但暗含的主语自然应是句一的主语"（目前公开发表的）文献"。若这样理解，就出错了，因为按语境，句二的主语应是本文（本论文）、作者、课题组、我们之类的词语。然而，按论文摘要写作常规规范，摘要中出现这类词语是不规范的。那么，"本文"究竟该不该出现呢？出现，是出于内容表达的需要；不出现，是出于遵守规范的需要，本质上属于形式问题。当形式妨碍内容时，形式自然得退其次，内容永远重于形式，形式永远从属于内容。因此，从这个角度看，"本文"还是出现为好。

<参考修改>

✓ <u>目前公开发表的文献较少涉及半开式复合叶轮内部流场计算及其与闭</u>

式复合叶轮对比研究。本文在前人对低比转速高速离心泵研究的基础上，以具有4长4中的8叶片闭式和半开式复合叶轮为研究对象，对闭式和半开式两种形式叶轮内部的三维流动进行了数值模拟，比较分析了其内部的相对速度场和压力分布。

- ✓ 目前对半开式复合叶轮内部流场计算及其与闭式复合叶轮的比较研究较少。基于前人对低比转速高速离心泵的研究，以具有4长4中的8叶片闭式和半开式复合叶轮为研究对象，对闭式和半开式两种形式叶轮内部的三维流动进行数值模拟，比较分析其内部的相对速度场和压力分布。

1.3.2 辞格欠缺

在一定语境中，如果有使用某种辞格来提升语句表达效果的需要或空间而未用，则可以说此句辞格欠缺。辞格即修辞格，是人类在漫长语用实践中形成的具有某种稳固结构、一定规律和鲜明生动表义功能的各种修辞方式。辞格是语言要素的综合运用，既同语言的内容比较贴切，又同语言的形式紧密相关，能将内容和形式完美地结合起来，达到一种特殊的表达效果。辞格的魅力很大，通常说的"语言的华巧"或"华巧的语言"就是针对辞格的。

【21】

☒ 当时在人们的观念里，以太代表一个绝对静止的参考系，而地球穿过以太在空间中运动，行驶速度很快，行驶时会遇到很强烈的逆风。

【22】

☒ 由6根导杆组成的机构相当灵巧，它装着铣刀，铣刀高速旋转便能加工出所需要的曲面。

【23】

☒ 砂轮表面分布着锋利的微小磨粒，起着刀具的作用，对工件表面进行微切削加工。

此三例表义很明确，但均为普通句，表达效果很一般，如果使用辞格，则表达效果会大大提升，特别在科普文章中，使用辞格更具意义。以下为修改后的句子，句一使用明喻，句二使用拟人，句三使用摹状、明喻，将表述对象描绘得形象逼真、栩栩如生，让人能够充分发挥想象，理解得更深、更透彻。

〈参考修改〉

- ✓ 当时在人们的观念里，以太代表一个绝对静止的参考系，而地球穿过以太在空间中运动，就像一艘船在高速行驶，迎面会吹来强烈的"以太风"。

- ✓ 由 6 根导杆组成的机构相当于灵巧的<u>手腕</u>，<u>握着</u>高速旋转的铣刀"<u>雕刻</u>"出所需的曲面来。
- ✓ 砂轮表面分布着的形状峥嵘的磨粒，<u>犹如无数把锋利的微小刀具</u>对工件表面进行微切削加工。

1.3.3 辞趣欠缺

对于某语言片段，若有使用某种表现形式可以达到某种辞趣的需要而未用，那么此语言片段辞趣欠缺。辞趣是通过调整字词的音、形、意的外在感观形式而达到某种意境和情趣。科技写作中较常见的是形趣，指字形图符、书写款式或排版格式所体现出来的某种情趣，改变字体、字形、字号，使用较特别的图形、符号等大体上可归为形趣范畴。

辞趣是语言形式单方面的运用，是语言文字本身的情趣，同语言的内容较为疏远。因此，辞趣欠缺纯属形式问题，没有错对之分，只有感观上的优劣。

1.4 内容与形式语病

语病从语句内容和形式的角度来考察可分为内容语病和形式语病。一个句子在语义表达上不明确、不通顺就有内容语病，如语义不准、逻辑不通等，在语言形式上不平匀、不稳密就有形式语病，如语音不美、用词不一致、语句不简洁等。

同一内容得到清楚表达的语言形式可能不止一种，广义上应包括表达该内容可用的所有语言形式，狭义上仅包括一般的同（近）义词语或句式，不同语言形式的表义可以相同，但修辞色彩往往有差异。语句表达必然有同义语言形式的选择问题，如为避免行文呆板或为有意强调，需重复某个词语，或为准确充分记述或表现事物的特点和复杂性，或为细致区分感情、风格色彩差异，需选用不同的同义词语或句式，选用结果的优劣决定表达效果的好坏。

人们对语言形式的追求是多样的，如均衡美、参差感等，但在遇到对形式和内容进行取舍的情况时，内容应优于形式，内容上精益求精，形式上在准确表达内容的前提下好上加好。形式通常是语句结构、感观上的，不一定影响语义，因此不要将形式当内容来要求；但不恰当的形式有时会影响或妨碍语义的准确表达，因此形式问题也要重视。

【24】

⊠ 把 <u>2 个凸台</u>的<u>平面</u>抛光后即可进行组装。

此例中充当定语的数量词组"2 个"所修饰的对象是"平面"还是"凸台"，有歧义，既可理解为"凸台的 2 个平面"，又可理解为"2 个凸台的一个或几个平面"，因此有内容语病。对前一种情况，应按领属定语在前、数量定语在后的原则修改；对后一种情况，则应写明抛光的是 2 个凸台的哪个或哪些平面。

<参考修改>

✓ 把凸台的 2 个平面抛光后即可进行组装。("2"也可改为"两"。)

✓ 把 2 个凸台的所有平面抛光后即可进行组装。("2"也可改为"两"。)

【25】

✗ 图 15.100 m 曲线仿真结果

此例中的"15.100"在形式上是一个小数,多数人看到时,恐怕第一直觉都是这个小数,但同时又为其表义而困惑。当看到正文中"图 15 为车辆通过 100 m 曲线半径时,走行轮和导向轮的摩擦功结果,与 50 m 曲线的结果基本一致。"这样的语句时,豁然开朗。原来"15.100"不是小数,而是"图 15."中的"15."和"100 m"中的"100"的组合,是两个事物叠加,其间未加适当的空格或未给予恰当的处理,造成形式语病。

<参考修改>

✓ 图 15　100 m 曲线仿真结果

✓ 图 15　通过 100 m 曲线半径时的仿真结果

✓ 图 15　一百米曲线仿真结果

【26】

✗ 图 9 600 kN 纵向牵引力作用下的车钩应力分布云图

此例的问题同例【25】,也由形式语病引起。"9 600 kN"容易被理解为一个整体量值,由数值"9 600"和单位"kN"组成(数值+单位),但说不通。

<参考修改>

✓ 图 9　600 kN 纵向牵引力作用下的车钩应力分布云图

✓ 图 9　在 600 kN 纵向牵引力作用下的车钩应力分布云图

✓ 图 9　六百千牛纵向牵引力作用下的车钩应力分布云图

✓ 图 9　六百千牛(600 kN)纵向牵引力作用下的车钩应力分布云图

【27】

✗ 图 116H 型钩舌几何结构

此例的问题与以上两例相似,也有形式语病。"图 116H 型"是何意,一时不好判断,既可理解为"图 1　16H 型",也可理解为"图 11　6H 型",其至理解为"图 116　H 型"也是可能的。因此,从形式上不好判断哪个对,需要结合上下文语境来判断。

〈参考修改〉

- ✓ 图 1　16H 型钩舌几何结构（若上文没有任何图出现）
- ✓ 图 11　6H 型钩舌几何结构（若上文有图 1～10 出现）

【28】

☒ 结合上述实验结果，根据国家标准，A、B、C3 种材料在前 2 点的表现差异不大，而实际淬透性曲线相差较多。

此例的数字"3""2"均用阿拉伯数字，在形式上达到了统一，符合常规出版要求，但因数字"3"与字母"C"紧相邻，容易误解为"C3"为一个整体单元。因此，这种形式上的统一造成形式语病，会妨碍对语义的准确理解。

〈参考修改〉

- ✓ 结合上述实验结果，根据国家标准，A、B、C 三种材料在前两点的表现差异不大，而实际淬透性曲线相差较多。（"两"也可改为"2"。）
- ✓ 结合上述实验结果，根据国家标准，3 种材料 A、B、C 在前两点的表现差异不大，而实际淬透性曲线相差较多。（"两"也可改为"2"。）

【29】

☒ 100 倍的代价有一个制造业公认的十倍定律，即概念设计阶段发现错误改正为 1；改正同一错误出现在第二阶段详细设计中时，需付出 10 倍的代价；如果错误出现在第三制造阶段，则要付出 100 倍的代价。

此例中用分号分隔的三句分别表述在概念设计、详细设计和制造三个阶段改正错误所付出代价的巨大差异，但句子结构差别较大，形式上参差不齐，可看作有形式语病。以下修改后，分号间句子结构相同或相近，表述匀称、规范，有均衡美。

〈参考修改〉

- ✓ 有一个制造业公认的十倍定律：概念设计阶段发现错误改正的代价为 1；第二详细设计阶段改正同一错误需要付出 10 倍的代价；第三制造阶段改正同一错误则要付出 100 倍的代价。（两个分号也可改为逗号。）

【30】

☒ 本文提出一种基于 CART（classification and regression trees）与 SlopeOne 的服务质量预测算法，使用了一些重要的参数，如平均绝对误差（mean absolute error, MAE）、归一化平均绝对误差（normalized mean absolute error, $NMAE$）等。MAE 用来评估预测准确度，$NMAE$ 用来衡量算法的预测准确度。MAE 的计算公式为

$$MAE = \frac{1}{N} \sum_{(u,s) \in testMatrix} |q_{u,s} - q_{u,s}|$$

NMAE 的计算公式为

$$NMAE = \frac{MAE}{(\sum_{(u,s) \in testMatrix} |q_{u,s}|)/N}$$

此例中,MAE 和 NMAE 分别出现了四次,均用斜体,存在形式语病。MAE 和 NMAE 分别为术语 mean absolute error(平均绝对误差)和 normalized mean absolute error(归一化平均绝对误差)的缩写,缩写当词用,一般用正体(规则一)。在公式中 *MAE* 和 *NMAE* 分别表示量"平均绝对误差"和"归一化平均绝对误差",量符号用斜体(规则二)。出版界有一个"统一"行规,相同符号的正斜体必须一致,编辑在加工以上语句时,往往对各处 MAE 和 NMAE 的正斜体进行统一。但是,不论统一为正体还是斜体,均不能同时满足以上两条规则。编辑为此类问题很郁闷,费尽了心思,甚至征求专家帮助,也未能解决问题。其实,缩写词的正斜体属于形式,不论用正体还是斜体,均不影响表义。笔者认为,若按一个符号、词语在某语境中只有唯一表义的原则来确定其正斜体,术语缩写用正体,量符号用斜体,则问题就解决了。

<参考修改>

✓ 本文提出一种基于 CART(classification and regression trees)与 SlopeOne 的服务质量预测算法,使用了一些重要的参数,如平均绝对误差(mean absolute error, MAE)、归一化平均绝对误差(normalized mean absolute error, NMAE)等。MAE 用来评估预测准确度,NMAE 用来衡量算法的预测准确度。MAE 的计算公式为

$$MAE = \frac{1}{N} \sum_{(u,s) \in testMatrix} |q_{u,s} - q_{u,s}|$$

NMAE 的计算公式为

$$NMAE = \frac{MAE}{(\sum_{(u,s) \in testMatrix} |q_{u,s}|)/N}$$

【31】

✓ 自汉以后,讲孔子、讲《老子》、讲庄子,以及讲其他古代哲学家之哲学者,其理论比孔子等原来之理论,实较明晰清楚。(冯友兰:《中国哲学史》)

此例画线部分表面上看有形式语病,三个"同类"名称并列有的加书名号,如"《老

子》",而有的不加书名号,如"孔子""庄子"。若按统一原则,给这三个名词都加或都不加书名号,则只是在表达形式上统一了,似乎是正确的,但从语境或内容看,这种统一不当。"今所有《老子》都曾经汉人整理编次,不能必成于一人之手",考虑这一客观语境,若不给"老子"加书名号,则讲不通;若将此书名号去掉,反而因形式统一问题而产生内容语病。可见,内容是本质,形式是外表,脱离内容谈形式,不管内容而追求形式的统一,容易走向错误,只有在保证内容的条件下追求表达形式才有意义。

1.5 语言要素的语病分类

语言要素有语音、语义、词汇、语法、逻辑、语境等多种,表达时应调整这些要素使其"适合",符合语言基本要求,如语音适合、语义适合、语法适合等,同时还可突破,如语音突破、语义突破、语法突破等,达到语言运用艺术。没有这种适合或突破,就会形成各类语病,即从语言要素的角度来考察语用错对或恰当与否的语病类别,如语音不美、语义不准、词汇不当等。

1.5.1 语音不美

语句是语言文字的组合,几个词语并列时,如果其语法结构相同,读起来就会顺畅;几个句子先后出现时,如果其末尾的词语押韵,读起来就会上口。在上下文或隔句相同位置上用相同(近)的韵字(词)而形成押韵,由音质(如洪亮、柔和、细微等)不同的元音而形成不同韵式的韵母,能使语言节奏鲜明,音调铿锵,音乐感强。语言表达没有达到词语间的这种关联就可能会形成语音不美,难以产生带有某种语音色彩的生动性、音乐性及优美性。

【32】

✗ 唐代张籍在《将军行》一诗中描写了唐朝军队与胡虏战斗的场面——"战车彭彭旌旗动,三十六军齐上陇",表现出战斗场面的宏大以及战斗的激烈与壮烈。

此例中画线部分为由两个偏正结构组成的联合结构:战斗场面的宏大+战斗的激烈与壮烈。二者的中心语分别是"宏大""激烈与壮烈","宏大"是形容词,"激烈与壮烈"是由两个形容词组成的联合词组,语法结构不同;修饰语分别是"战斗场面""战斗","战斗场面"是偏正词组,"战斗"是词(名词或动词),语法结构不同。这样,两个偏正结构对应部分的语法结构不同,导致其在语音上的不对称、不均衡,即语音不美。

<参考修改>

✓ 唐代张籍在《将军行》一诗中描写了唐朝军队与胡虏战斗的场面——"战车彭彭旌旗动,三十六军齐上陇",表现出战斗场面的宏大和激烈。(画线部分也可改为"场面的宏大与战斗的激烈"。)

【33】

☒ 轮式移动机器人具有<u>结构简单</u>、<u>重量轻</u>、<u>高速高效</u>、<u>实用</u>等优点,国内外空间探测机器人的研究以轮式机器人为主。

此例中并列词语(画线部分)的结构不同,"结构简单""重量轻"为主谓词组,"高速高效"为联合词组,"实用"为形容词或动词,它们并列出现时,其间不具语音和谐美。如果将"结构简单""重量轻"作为一组,将"高速高效"分成两个属性形容词"高速""高效",并与"实用"一起作为另一组,而且两组之间使用连词"以及"(前面加逗号停顿一下),那么语音就美了。

<参考修改>

✓ 轮式移动机器人具有<u>结构简单</u>、<u>重量轻</u>,以及<u>高速</u>、<u>高效</u>、<u>实用</u>等优点,国内外<u>对</u>空间探测机器人的研究以轮式机器人为主。

【34】

☒ 西门子的 S7-200 Smart 系列 PLC 已完全支持开放式以太网通信,这使得建立<u>编程友好</u>、<u>高性价比</u>、<u>高可靠性</u>的控制系统成为现实,最大限度地控制成本并实时实现立体车库控制系统的智能化和网络化。

此例中并列词语(画线部分)的结构不同,"编程友好"为主谓结构(谓词性),"高性价比""高可靠性"为偏正词组(体词性)。另外,"高"和"好"的韵母相同,如果将两处"高"分别移到相应词组的词尾(为避免重复,可考虑将重复的字提出来做共同成分或用另外的字代替),就能形成押韵,达到语音美。

<参考修改>

✓ 西门子的 S7-200 Smart 系列 PLC 已完全支持开放式以太网通信,这使得建立<u>编程友好</u>、<u>性价比高</u>、<u>可靠性高</u>的控制系统成为现实,可以最大限度地控制成本,并实现立体车库控制系统的智能化和网络化。(画线部分还可改为"编程友好及性价比、可靠性高"或"编程友好、性价比大、可靠性高"。)

1.5.2 语义不准

选词造句的核心是准确表达、传递语义,涉及语言表达的主题、意图、动机或目的。语义不管以何种形式表达出来,最终是为了传递内容,为表达内容服务,语义的充分表达是造句的首要目标。语言表达做不到语义准确表达时,就会造成语义不准。选词造句首先是表达语义,其次才是尽可能表达得生动有力。如果脱离了特定思想、感情的需要,没有准确表达语义,即使用尽了华丽的辞藻及语言的一切可能形式,恐怕也难有好效果。

【35】

⊠ 锥（图 1-10c）：也用骨制，比骨针粗大些。此时，已出现了原始织机。

此例中后面句子的"原始织机"出现得较为突然（其所有上文中未出现过"原始织机"），没有体现出它与前面句子的语义关联，至少是关联性不强，存在语义不准。

〈参考修改〉

✓ 锥（图 1-10c）：也用骨制，比骨针粗大些。此时，已出现了原始织机（原始织机上会用到锥）。

✓ 锥（图 1-10c）：也用骨制，比骨针粗大些。此时，已出现了原始织机，原始织机上会用到锥。

【36】

⊠ 超级大堵车，红绿灯不起作用了。

此例中"不起作用"有歧义，可有两种理解，一是"堵车使得红绿灯不起作用了（尽管红绿灯还在正常工作）"，二是"红绿灯不工作（如坏了、出故障了）引起了堵车"。如果将"不起作用"改为"根本就不起作用"或"坏""出故障"，就能准确表达语义。

1.5.3 词汇不当

词汇涉及词和词组，较为复杂，包括词语的声音、意义、形体、色彩、构成、句法，以及词汇系统的形成、发展、变化、规范等多个方面。造句时需要对词语进行选择和锤炼，从多个方面调整、安排。词汇从个体来说，除有理性义外，还可有色彩义；从类别来说，种类繁多（如上位词、下位词，同义词、反义词，单义词、多义词，同音词、同形词、异读词，褒义词、贬义词等），每类词都有其相应的色彩，恰当区分词汇类别，能使语言表达准确贴切、鲜明生动。由用词不当引起的语病称为词汇不当，语义不准是其中一个重要方面，如上节所述。

【37】

⊠ DNL 为马钢提供的世界最大的双流异型坯连铸机投产，该设备可生产世界上最大的梁坯，在三种规格的梁坯中，最大截面尺寸为 1300 mm× 510 mm×140 mm 和近 2700 kg/m 的单位长度重量。

此例中的术语（名称）"单位长度重量"不标准，应改为标准术语"线密度"。还有用词不搭配（DNL 为设备名称，与"投产"不能搭配）和结构不一致[语音不美，连词"和"前面（最大截面尺寸为 1300 mm×510 mm×140 mm）为主谓结构，而后面（近 2700 kg/m 的单位长度重量）为偏正结构]。

〈参考修改〉

✓ DNL为马钢提供的世界最大的双流异型坯连铸机,该设备可生产世界上最大的梁坯,在三种规格的梁坯中,最大截面尺寸为1 300 mm×510 mm×140 mm,线密度近2 700 kg/m。("提供"可改为"投产","2 700 kg/m"可改为"2.7×10^3 kg/m"或"2.7 t/m"。)

【38】

✗ 随着我国深水油气田的不断开发,势必要求我国在水下生产系统有所突破,以满足我国深水油气田的开发需求。

此例中介词"随着"使用不当,介词短语"随着……开发"做状语,谓语"势必要求"缺少主语。如果将"随着"去掉,该介词后面的部分(介词宾语)就成为句子的主语,句子就通了。如果一定要使用该介词,则需要修改后面的句子,使其成为有主语句。

〈参考修改〉

✓ 我国深水油气田的不断开发,势必要求我国在水下生产系统有所突破,以满足我国深水油气田的开发需求。

✓ 随着我国深水油气田的不断开发,我国在水下生产系统要有所突破,以满足我国深水油气田的开发需求。

(画线的"的"可以去掉,去掉后语义不变,但语句结构有变化。)

【39】

✓ 获悉尼克松总统曾表示希望访问中华人民共和国,周恩来总理代表中华人民共和国政府邀请尼克松总统于1972年5月以前的适当时间访问中国。

此例是1971年7月16日发布的一个震惊世界的公告中的语句(公告是基辛格秘密来中国和周恩来总理几次会谈的成果)。公告的公布人一位是周总理,另一位是尼克松的特使基辛格。全文不过二百字,从起草到达成协议也不过只有几十个小时,可为此花费了相当大的气力。为准确表达双方的意思,避免"谁先主动"这个问题,可以说是一字一字地抠,一句一句地磨,不是在咬文嚼字而是在咬撇嚼捺了。负责起草公告的黄华和章文晋,几乎到了把公告嚼碎了还能倒背如流的程度,才算基本定型下来。可最后定稿时,周总理还在一遍遍地仔细琢磨措辞,考虑尼克松要求来华,我方才邀请,会使美国的面子难看(语境),就用"获悉"替换了定稿前的"鉴于"(词语锤炼)。对这一改动,基辛格喜出望外,拍手称好,当即就爽快地同意在他秘密离开中国的第四天,同时由中美两国向外界宣布这个公告。(顾保孜,杜修贤:《毛泽东最后七年风雨路》)。

【40】

✗ 利用该组参数加工的工件如图 10 所示。

此例中的复杂词组"利用该组参数加工"（谓＋宾＋谓）做"工件"的定语，没有语法问题，但动词"利用"有修辞提升的空间（视作词汇不当）。可把"利用"改为介词"用""按""按照""根据"之类的词，这样就将复杂词组改为了介词词组（介词＋介宾）。

一个词可能有多个类别，类别不同，词性自然不同，因此掌握词的类别非常重要，避免因对词的类别掌握不够而导致用词过于谨慎而不用或误判用词不当。例如：

【41】

✓ 如果车厢的运动变为非匀速运动，例如使用制动器猛然煞车，那么车厢里的人就经验到一种相应的朝向前方的猛烈冲动。

此例中"经验"（相关文档全文中多处使用该词）一词做谓语。这是一个极为普通的日常用词，但有人认为它是一个名词，名词一般不能做谓语，进而认为此例中的"经验"用词不当，应改为"体验"。其实，这种修改是多余的，因为"经验"除做名词外，还可做动词，意思是经历、体验。

1.5.4 语法不对

造句不管用哪门语言，都要遵守其语法，这是语言正确表达的前提。语法为语言表达提供了表现形式，没有语法上千姿百态的各级语言单位以及各具特色的句型、句式、句类，就没有千变万化的语言形式，采用何种具体语法取决于语言表达的需要。由语法（含标点符号）不当引起的语病称为语法不对。

【42】

✗ 在惯性力与摩擦力交替作用下，研制一种显微注射用数字化进退装置。

此例画线部分为句首状语，表出"人"（作者）在"在惯性力与摩擦力交替作用下"研制出一种装置，含惯性力与摩擦力交替作用在人体上之意，这显然不是本意。其错误在于，将本应做宾语"装置"的定语的"在惯性力与摩擦力交替作用下"误做全句状语，语法出错。

<参考修改>

✓ 研制出一种在惯性力与摩擦力交替作用下的显微注射用数字化进退装置。

【43】

✗ 作者认为：所提出的算法的优点是：速度快，精度高。

此例中多处标点符号使用不当。其中，"优点是"与其后"速度快"之间、"认为"与其后"所提出"之间没有停顿，用冒号分隔是错误的。况且，全句很短，即使使用冒号，也不该连续使用两个冒号。另外，"速度快"与"精度高"之间语顿很短，用逗号也不妥。

<参考修改>

- ✓ 作者<u>认为，</u>所提出的算法具有<u>速度快、精度高</u>的<u>优点</u>。
- ✓ 作者认为<u>所提出</u>的算法具有<u>速度快、精度高</u>的<u>优点</u>。
- ✓ 作者认为<u>所提出</u>的算法的<u>优点是速度快、精度高</u>。

【44】

✓ Think different（非同凡想）

这一用语严重不合常规语法，却是语法锤炼、突破的极佳例子。它出自 1997 年 8 月乔布斯为其员工所作的一次主题演讲。用 different 修饰动词 think，常以副词形式出现，即 think differently（想得不同）。但他把 different 当名词用，如同 think victory、think beauty、think big（野心勃勃）。他说，想想表达之意，知其合乎语法。不是想同样的事，而是想不同的事，想一点不同的事，想很多不同的事，非同凡想，而想得不同表达不出此意。他创造了这一用语，专门描述这样的一类人（其员工）：

跳出固有模式进行思考的人，想用计算机改变世界的人。他们推动人类向前迈进。或许他们是别人眼里的疯子，却是我们眼中的天才。

1.5.5 逻辑不通

造句在于表义，表义若不合客观的规律性，或不合人的思维的规律，即不合逻辑，文辞再美，也难以站得住脚。但有时为修辞的需要，语言表达也可突破客观的规律性、思维的规律的某些限制，但必须以不引起歧义和造成思维混乱为前提。故意让语言表达不合客观的规律性、思维的规律所造成的逻辑上的某种变异就是逻辑突破。由逻辑错误或不当引起的语病称为逻辑不通。

【45】

✘ 月球表层的土壤，也叫"月壤"。月壤，一方面是<u>来自</u>流星尘埃，另一方面是月球表面岩石的<u>风化</u>。月壤结构松散，因为没有空气和水，也没有地质运动，所以<u>风化</u>的速度比地球慢得多。因此，踏上去留下深深的脚印，几十年甚至几百年仍然清晰可见。

此例中"风化"一词不合客观的规律性。月球表面和周围没有风，没有空气，何来风化？《现代汉语词典》对风化的解释是：由于长期的风吹日晒、雨水冲刷和生物的影响等，地表岩石受到破坏或发生分解。据此，风化应是"风吹日晒、雨水冲刷、生物的影响"的结果，但月球表面不具备这些条件，因此用"风化"严格意义上逻辑不通。

⟨参考修改⟩

✓ 月球表层的土壤,也叫"月壤"。月壤,一方面来自流星尘埃,另一方面是由月球表面岩石<u>长期受辐射作用而脱落所致</u>。月壤结构松散,因为没有空气和水,也没有地质运动,所以岩石表面受辐射作用脱落的速度比地球上的慢得多。……

【46】

☒ 沙船采用平板龙骨,比较弱,宽厚均比同级缯船小,结构强度仍比其他同级航海帆船大。它采用多水密隔舱以提高船的抗沉性,<u>又能耐浪,七级风能航行无碍</u>,所以沙船航程可远达非洲。

此例中"又能耐浪"和"七级风能航行无碍"顺序颠倒,逻辑不通,按事物(风和浪的关系)的客观规律性,无风便无浪,即先有风才有浪,故应先说耐风再说耐浪。

⟨参考修改⟩

✓ ……。它采用多水密隔舱以提高船的抗沉性,<u>七级风能航行无碍,又能耐浪</u>,所以其航程可远达非洲。

【47】

☒ 本文仿真结果验证了<u>本算法</u>的有效性,<u>改进后的 PRM 算法</u>能用较少的随机采样点找到一条可行路径,<u>提高了</u>节点的利用率,<u>降低了</u>路径中节点数目。

此例中"本算法"和"改进后的 PRM 算法"是同指,按正常的思维规律,应先说"改进后的 PRM 算法",接着再用指称"本算法",先指称、后全称的顺序不合正常的思维顺序,逻辑不通。

⟨参考修改⟩

✓ 本文仿真结果验证了<u>改进后的 PRM 算法</u>的有效性,<u>本算法</u>能用较少的随机采样点找到一条可行路径,<u>可提高</u>节点的利用率,<u>降低</u>路径中的节点数目。

1.5.6 语境不合

一个词在词典中的解释可能有多个义项,但进入到具体语境时,其语义就会被固定,与某个义项相对应,而且由具体语境作用所形成的最终语义也可能会与该义项发生偏差,甚至相反。语境分内部和外部两类。内部语境是语言自身的环境,如词语是否搭配、上下文是否衔接、语气是否顺畅、情调是否和谐等。外部语境是语言外部的环境,对语言表达的影响也很大,不同的社会、历史、文化背景,不同的时间、地点、场合,不同的身份、地位、学识等都会影响词语、句式、声调等的选用。由语境不适、不符引起的语病称为语境不合。

【48】

　　大约几百万年以前,当地球还非常年轻的时候,地面上尽是高山和岩石,既没有平地,也没有泥土。大地上是一片寂寞荒凉的景象,毫无生命的气息。
　　白天,烈日当空,石头被晒得又热又烫;晚上,受着寒气的袭击,骤然变冷。夏天和冬天相差得更厉害。几千万年过去了,这一冷一热,一胀一缩,终于使石头产生了裂缝。
　　有的时候,阴云密布、大雨滂沱,雨水冲进了石头缝里面,有一部分石头就被溶解。
　　到了寒冷的季节,水凝结成冰,冰的体积比水的体积大,更容易把石头胀破。
　　狂风吹起来了,像疯子一样,吹得<u>飞砂走石</u>;连大石头都摇动了。
　　还有冰川的作用,也给石头施上很大的压力,使它们破碎。
　　就是这样:风吹、雨打、太阳晒和冰川的作用,几千万年过去了,石头从山上滚落下来,大石块变成小石块,小石块变成石子,<u>石子变成砂子,砂子变成泥土</u>。
　　这些<u>砂子和泥土</u>,被大水冲刷下来,慢慢地沉积在山谷里,日子久了,山谷就变成平地。从此,漫山遍野都是泥土。这是风化过程。
　　但是呀!泥土还不是土壤,泥土只是制作土壤的原料。要泥土变成土壤,还得经过生物界的劳动。

　　"飞沙走石"本是一个成语,意思是沙土飞扬,石块滚动,形容风势狂暴。而此例用了"飞砂走石","砂"与"沙"虽一字之差,意思可不同,有人以为此例中"砂"字写错了,执意要将其改为"沙",并未考虑此例的整体自然客观语境。
　　此例首先总体上表述了几百万年以前,地球所呈现出的那种毫无生命气息的荒凉寂寞的景象,接着以丰富的想象力、高超的语言艺术手法,形象生动地描绘了地球在漫长历史长河中因风吹、雨打、日晒和冰川作用,最终石头从山上滚落下来、大石块变成小石块、小石块变成石子、石子变成砂子、砂子变成泥土,以及砂子和泥土被大水冲刷下来慢慢在山谷里沉积,进而山谷就变成平地、漫山遍野变成泥土的风化过程。其中所描写的对象之一是由"石头"逐渐演变来的"砂子",根本就不是"沙子",这是本例的自然背景,即客观语境。此例巧用仿词手法,造出"飞砂走石",表意极其准确、到位。若将"砂"改为"沙",反而就大错特错了!

【49】

　　✗面对这样的"大杀器",已经坚守六年、精疲力竭的宋军根本无法<u>防御</u>。
　　此例表义折射出的语境是,宋军进行了长达六年的长期防御,已是人困马乏,弹尽粮绝，对对方这时推出的"大杀器"不具备抵抗能力，面对"大杀器"的进攻，用"抵御"比"防御"更恰当。这属于按客观语境的词语锤炼了。

【50】

☒ 2020 年，<u>瓦尔特</u>正式开启了其第二个百年发展的新征程。面临诸多挑战<u>以及</u>市场的不确定性，通过巩固核心业务、积极开拓潜力行业及扩大客户群体，<u>瓦尔特公司</u>在中国逆势上扬，在日益严苛的市场环境中取得了引以为傲的销售业绩。为助力中国航空工业展翅翱翔，<u>瓦尔特中国</u>与中航国际供应链科技有限公司续签合作协议，实现强强联手。

此例为某文章的开头部分，先后出现了机构名称"瓦尔特""瓦尔特公司""瓦尔特中国"，形式上看应指同一机构——德国瓦尔特刀具有限公司（瓦尔特）。按同一名称在行文中应保持同一写法的原则，这里的三种写法应统一，这也是编辑出版界的一个普遍规则。但是问题并没有如此简单，名称具体所指还要看语境，只有在确定这三个名称确实是同指（内涵、外延均相同）时才可进行统一。按上下文语境，"瓦尔特中国"指"瓦尔特"的分公司——德国瓦尔特刀具（中国）有限公司，因此是没有问题的，不用和上文中的名称统一。

⟨参考修改⟩

✓ 2020 年，<u>德国瓦尔特刀具有限公司（瓦尔特）</u>正式开启了其第二个百年发展的新征程。面临诸多挑战及市场的不确定性，通过巩固核心业务、积极开拓潜力行业及扩大客户群体，<u>瓦尔特</u>在中国逆势上扬，在日益严苛的市场环境中取得了引以为傲的销售业绩。为助力中国航空工业展翅翱翔，<u>瓦尔特中国</u>与中航国际供应链科技有限公司续签合作协议，实现强强联手。

1.5.7　语体不适

语言表达总是在特定交际领域，为特定目的，向特定对象，传递特定内容，因此必须适合（切合）语体要求，受语体制约，为语体服务，与语体形成密切关系，最终体现出语用的语体差异。例如，口语比较随意、通俗、平实，书面语比较正式、典雅、庄重，科技语体一般不用文艺语体的典型性、形象化修辞方式，但有时也可使用比喻、拟人等修辞手法。由语境不适合、不妥当引起的语病称为语体不适。

【51】

✓ 在核素中，核子主要受两种力的作用。一种是存在于两个带正电的质子之间的库仑斥力，另一种是存在于任何两个核子之间的，具有很强吸引力的力，称为核力（exchange forces）。核力大而力程短（约 10^{-15} m），被视为只能对核素中的各核子起作用。核子间核力的作用要比库仑力强,所以它能够克服质子之间的库仑斥力,而把核子凝集成为原子核。但原子核中的各核子又不会被吸引到一起,实验证明当核子之间的距离小到 4×10^{-16} m 时,核力将从吸引力转化为极强的排斥力,因此每个核子在核内都占有同样大小的体积。

【52】

✓ 核能就是要让原子的核释放能量,而这个核是隐藏很深的,一般情况下它是非常孤独的,它的周围是一个由电磁力编织的巨大的空间,就如同在天安门广场放一个篮球,而整个的天安门广场就是它的密闭的独立单元。没有经过特殊的手段,任何其他物质都不可能进入到这个空间里,而这个核也不可能跑到外面去。

在这个巨大空间里独居的原子核浑身充满了力量,具体说,它拥有 4 种不同类型的力量,这就是强力、弱力、电磁力和引力。这也是宇宙力量武器库中的全部家当。这些家当中,强力最强,所谓的核能,就是强力的表现。但是,这个强力有一个特点,就是它的力程极短,也就是说,如果把它比作一个大力士,这个大力士却是没有胳膊的,它的可怕的力量只有在贴身使用的时候才能发挥。

以上两例所述内容均为核领域的,但在语体风格上有显著差别。

例【51】中大量使用科学术语,辅以一些科学数字,以非常严密的逻辑文法,准确、严谨地记述了核素中核子受库仑斥力和核力这两种力作用的特点和作用,尽显科学事实,没有掺加任何个人色彩。

例【52】更多地采用表现手法,使用较多通俗、大众化词语,虽然也用了一些科学术语,但有的术语(名称)不够准确;文法组织也没有例【51】的记述方式那样准确、严谨,还缺乏科学数字;较多采用比喻,还使用拟人,有关表达形象动人、生动有趣,个人感觉和体会色彩非常明显。

例【51】写法是学术语体,不适合科普语体;例【52】写法是科普语体,不适合学术语体。语体适与不适,主要取决于语句与语体的适应性,而不取决于语句本身。

【53】

✗ "潜龙二号"的外形更像一条可爱的大鱼,它是"十二五"期间国家 863 计划"深海潜水器技术与装备重大项目课题之一"。

【54】

✗ 传统科技期刊是一个默默的存在,特别是我国的科技期刊在学术导向上的作用远不及国际期刊,虽然国家发布了一系列支持科技期刊发展的政策措施,但这并不代表科技期刊的春天到来了,特别是对于行业科技期刊来说，面临的问题依然是人员少、财力不足和支持力量有限等，但与此同时，行业期刊也不是完全没有发展的机会。

此两例画线部分显然更适于文艺语体，在科技、学术语体中出现不大协调。例【53】中前后两句风格差别较大，放在一句里不大协调：前句使用明喻，形象逼真，通俗易懂，而后句专业、严谨，学术味浓厚。例【54】主要表述传统科技期刊落伍而少有发展机会的现状，本应严谨深刻，科技、学术味浓厚，但画线部分使用了修辞手法（拟人、比喻），抒发作者的一种情感，更适合在散文中出现。

【53】〈参考修改〉

✓ "潜龙二号"是"十二五"期间国家 863 计划"深海潜水器技术与装备"重大项目之一。其<u>外形更像一条可爱的大鱼，之所以设计成鱼的样子，主要是为了使它适应洋中脊复杂地形的要求，自如翻山越岭，便于水面回收，减少垂直面的阻力，增强水面航行能力</u>。

【54】〈参考修改〉

✓ <u>我国科技期刊发展缓慢，在学术导向上的作用远不及国际期刊。虽然国家发布了一系列支持科技期刊发展的政策措施，但这并不代表科技期刊就能加快发展</u>，特别对于行业科技期刊来说，依然面临人员偏少、财力不足和支持力有限等问题，当然也不是完全没有发展的机会。

1.5.8 风格不符

风格指文章或语句所表现出的主要思想、表述特点及气氛、格调，如民族风格、时代风格、地域风格、流派风格、语体风格或个人风格等。在某种语体框架下按常规语法和逻辑来行文而形成的风格称为常规风格，有意利用某种不协调而造成常规风格的不符则为风格不符。学术文章对常规风格的制约较大，科普文章对常规风格的制约较小，文艺文章则可以充分发挥个人特点，创造个人风格。风格涉及不同层面，非常复杂。下面以两个简单的风格不符的语言片段为例，点评其风格特点，给出按常规风格的修改方案。

【55】

✗ 随着文物专家的深入<u>研究</u>，一个令人震惊的数字突然<u>浮现出来，8000年</u>，这是这个独木舟距离今天的时间。专家们对它的成分进行了碳 14 <u>测定，得出</u>的结果令人十分震惊。

此例多处用倒装手法，行文太随意，表达较混乱，很不符合常规语法结构，呈现出常规语法风格不符。

〈参考修改〉

✓ 随着文物专家的深入<u>研究</u>，专家们对这个独木舟的成分进行了碳 14 <u>测</u>

定,得出了一个十分令人震惊的数字,它距今已有 <u>8 000 年</u>的历史了。

【56】

✗ 一般的语言具有多种功能,如表象、表情、称谓等,但<u>它</u>最基本的功能是表述功能。表述功能反映的是语言的基本信息,<u>它</u>把一切都转化为对事物的报道,使参与交际的双方知识状态趋于平衡。但是,反映艺术变态心理的艺术语言就不同了,<u>它</u>最基本的功能是表情功能。<u>它</u>对感情的传递,不是靠表述,而是靠情感的描述来反映,换一句话说,也就是对艺术变态心理的真实描摹来反映。所以,<u>它</u>对语言的表述,往往服从对情感的呈示,使情感通过变异的语言形式,成为可体验的、可感受的、可传递的。

此例中连续不断使用代词"它",指代上文提到过的某某事物,但按常规语法(如承前省略),多数情况下在不使用"它"时也能明确表义。因此此例呈现出风格不符(不用或少用"它"是常规风格)。一个语言片段中多次连续使用可能不同指的"它",容易增加阅读障碍,造成理解困难甚至出错,因此除非必要,最好减少"它"的使用频率。

〈参考修改〉

✓ 一般的语言具有多种功能,如表象、表情、称谓等,但最基本的功能是<u>表述功能</u>。表述功能反映语言的基本信息,把一切都转化为对事物的报道,使参与交际的双方知识状态趋于平衡。但是,反映艺术变态心理的艺术语言就不同了,(其)最基本的功能是<u>表情功能</u>。表情功能对情感的传递,不是靠表述,而是靠情感的描述来反映,换一句话说,也就是对艺术变态心理的真实描摹来反映。所以,<u>表情功能</u>对语言的表述,往往服从对情感的呈示,使情感通过变异的语言形式,成为可体验的、可感受的、可传递的。

第 2 章 语义不准

语言表达是为了传递意思，所表达出来的意思与作者想要表达的意思（本义、原义）应接近，而且越接近，读者看了所获得的意思也就可能与本义越接近。语义准确是语言表达和科技写作的基本要求。平常之所以对所写出的文章初稿不断修改，发表前还要经过多个环节由多种角色做修改，本质上就是要消除语病，提升语义表达的准确性，进而提升表达的效果，甚至达到语用的艺术性。所表达出的语义越准，所传递的意思越接近本义，写作的质量就越高。本章概述语义不准的三个层面（语义欠准确、色彩不合适和语义欠锤炼），剖析 19 个实例语句。

2.1 语义欠准确

语义欠准确是指表义模糊，或与作者想表达的本义有差距或出入，让人不能准确理解或把握语义。产生这种语病的原因是，句中的词、词组使用不当，或用来关联词、词组的语句结构有问题。每个实词都有其实际意义，同义词之间除了某些方面的共同意义之外，还有彼此不同的意义及使用范围，不考虑这些要求就会出现词义错用，即本该使用某个词而用了另外一个词，导致语义欠准确。

【1】

⊠ 布达佩斯地铁位于匈牙利首都布达佩斯，始建于 1896 年，是世界历史上<u>仅次于伦敦地铁</u>的地铁系统。

此例中的"仅次于"是指次序紧密排在第二的，句义是布达佩斯地铁在次序上位于伦敦地铁之后，即伦敦地铁排第一，布达佩斯地铁排第二。但这种排列是从哪个方面或角度来说的，是运营规模、建造或开通时间、运行里程、技术先进性，还是别的，并没有表达出来。可见，"仅次于"表义模糊。若指开通时间，则有以下修改方案。

<参考修改>

✓ 布达佩斯地铁位于匈牙利首都布达佩斯，始建于 1896 年，是世界历史上<u>继伦敦地铁之后的第二个</u>地铁系统。

【2】

⊠ 列车的车距和速度都由计算机控制，工作人员只需<u>发表</u>通告、停运后清理站台、监控轨道状况。

此例中"发表"语义欠准确，改为"发布"更合适。"发表"是向集体或社会表达（意见）或宣布，或指在报刊或互联网上登载文章、绘画、歌曲等。"发布"是宣布命令、指示、新闻等。这两个词尽管都有"宣布"之意，但宣布的对象（内容）及面向的人员有差别，前者范围更大，后者则小得多。此例中由工作人员宣布通告，属于地铁站的正常工作，仅在地铁站内进行，宣布的对象为具体的命令或指示，用来协助对列车的控制，因此用"发布"比"发表"更合适。

〈参考修改〉

✓ 列车的车距和速度均由计算机控制，工作人员只须<u>发布</u>通告、停运后清理站台、<u>监控</u>轨道状况。

【3】

✗ 早在 1992 年，大众概念车 IRVW Futura 上已经<u>搭载</u>自动泊车技术，后来由于技术原因<u>没有实现量产</u>。

此例中"搭载"语义欠准确。搭载是搭乘（乘、坐交通工具如车、船、飞机等）、运载（装载和运送）。大众概念车本来就是交通工具，是被乘、坐的对象，不可能有自己进行乘、坐的行为，而用来装载和运送技术也不符合句义。此例原本想表达在车上使用了一种技术，因此改为"使用"就准确了。

〈参考修改〉

✓ 早在 1992 年，大众概念车 IRVW Futura 上<u>就已经使用</u>自动泊车技术，后来由于技术原因<u>没有实现该车的量产</u>。（最后一个画线部分也可改为"对它没有实现量产"。）

【4】

✗ 本书能够带领<u>青少年</u>完整了解地铁通车的全过程，让其了解和感受生活中的小知识，达到科普的积极效果。

此例为某科普书的内容介绍。该书的读者对象其实并不限于青少年，该书对科技领域有探索热情的广大公众也有较大的参考价值，因此用"青少年"不准确，会丢失掉一部分读者，对书的宣传也不利。可将"青少年"改为"读者"，若要突出、强调"青少年"，则可在其后补充另外类别的读者对象。

〈参考修改〉

✓ 本书能够带领<u>读者</u>完整地了解地铁通车的全过程，让其了解和感受生活中的小知识，达到科普的积极效果。

✓ 本书能够带领青少年<u>或对地铁有探索热情的</u>广大公众完整地了解地铁通车的全过程，让其了解和感受生活中的小知识，达到科普的积极效果。

【5】

☒ 磨的上层另开一个或者两个通孔，俗称"磨眼"，供待加工粮食由磨眼漏下，到上下磨盘接触处磨碎。加工后的粮食由上下磨盘的夹缝流到磨架上，即可得到面粉了。

此例的"粮食"语义欠准确。粮食的外延远远大于句中其所指的语义范围。粮食是供食用的谷物、豆类和薯类的统称，而此例中所说的粮食明显不包括豆类和薯类，去除豆类和薯类的粮食应该用"谷物"。谷类作物是稻、麦、谷子、高粱、玉米等作物的统称，通称谷物。因此，此例中两处"粮食"应改为"谷物"，"供"也可去掉。

2.2 色彩不合适

色彩不合适是指语义体现出的色彩与本义不相吻合，例如用贬义词表示褒义，用褒义词表示贬义。产生这种语病的原因是没有区分语义的褒贬色彩，褒贬错位。

【6】

☒ 在基础共性通用零部件设计中，组合优化系列设计首当其冲，其他设计技术，尤其是保质设计技术要紧跟而上。

此例使用成语"首当其冲"不妥。它的意思是最先受到攻击或遭遇灾难，"冲"是要冲之意，感情色彩为贬义，这里用它来说明没有贬义色彩的"组合优化系列设计"，显然不合适。

<参考修改>

✓ 在基础共性通用零部件设计中，组合优化系列设计应首先开展起来，其他设计技术尤其是保质设计技术要紧跟而上。

【7】

☒ 希望丛书的出版对普及制造业基础知识，提升大众的制造业科技素养，激励制造业科技创新，培养青少年制造业科技兴趣起到推波助澜的作用。

此例的问题同例【6】。"推波助澜"也是一个成语，比喻促使或助长事物（多指坏的事物）的发展，使扩大影响。该成语的感情色彩也为贬义，不适合用来对培养青少年科技兴趣所起作用的描述。

<参考修改>

✓ 希望丛书的出版对普及制造业基础知识，提升大众的制造业科技素养，激励制造业科技创新，培养青少年制造业科技兴趣起到积极引领的作用。（三个逗号也可改为顿号。）

2.3 语义欠锤炼

语义欠锤炼是指语义的准确性有提升的空间,即当前的表义虽然已达到准确或较为准确,但通过修辞锤炼可以选择另外的词语而达到更加准确、理想的表达。

【8】

☒伊斯坦布尔另有一条称为杜乃尔(隧道)的古老<u>地铁线</u>,通车于 1875 年。<u>杜乃尔地铁线路仅有两个车站,总长约 573 m</u>,是世上最短的地铁线。

此例说杜乃尔地铁线全长约 573 m,读者看到后首先有疑惑感,世界上有如此短的地铁线路吗?然后有好奇感,世上无奇不有,也许真有这么短的地铁线路,那是它一种什么样的地铁线路呢?"总长约 573 m"的语义应该是没有问题的,但可能欠锤炼,最好重新表达,让读者容易看懂。经笔者查证,原来这条地铁线路是隧道内的地下观光用缆索,当然属于地铁线路,但不是客运线路。

〈参考修改〉

✓ 伊斯坦布尔另有一条称为杜乃尔(隧道)的古老地铁线路,通车于 1875 年。<u>该线路仅有两个车站,总长约 573 m,属于隧道内的地下观光用缆索,</u>可以说是世上最短的地铁线路。

✓ 伊斯坦布尔另有一条称为杜乃尔(隧道)的古老地铁线路,通车于 1875 年<u>(该线路在 1910 年前一直采用马车行驶)</u>。它仅有两个车站,总长约 573 m,是世上最短的地铁线路。

【9】

☒进行了网络化工作系统的需求<u>分析</u>,描述了满足需求的网络化工作系统的方案设计和实现技术,并对系统中各功能模块<u>做</u>了功能<u>阐述</u>。

【10】

☒国内外许多学者对封闭母线系统的涡流场、热性能及母线短路动力特性等方面<u>作</u>了较细致的研究,而<u>针</u>对桥式母线系统噪声方面的研究还未见报道。

从语义内容看,"作"表示的动作性不强,意义较抽象、泛化,书面色彩重,如"作文、作案、作价、作为、作用、作对、作罢、作怪、作战、作阐述";"做"表示的动作性较强,意义较具体、实在,具体东西的制造多用"做",如"做研究、做论文、做手势、做游戏、做桌子、做衣服、做饭、做贡献"。

例【9】的"做"改为"作",例【10】的"作"改为"做"更妥当。另外,对于例【9】,最后一句中的"阐述"本是动词,还可直接取代"做"做谓语,对首句中的动词"分析"

也可做类似的处理，这样三句就有相同的句式结构，读起来顺口。例【10】也类似，可以用动词"研究"直接取代"作"做谓语。

【9】〈参考修改〉

- ✓ 进行了网络化工作系统的需求分析，描述了满足需求的网络化工作系统的方案设计和实现技术，并对系统中各功能模块作了功能阐述。

- ✓ 分析了网络化工作系统的需求，描述了满足需求的网络化工作系统的方案设计和实现技术，并阐述了系统中各功能模块的功能。

【10】〈参考修改〉

- ✓ 国内外许多学者对封闭母线系统的涡流场、热性能及母线短路动力特性等方面做了细致的研究，而针对桥式母线系统噪声方面的研究还未见报道。

- ✓ 国内外许多学者已对封闭母线系统的涡流场、热性能及母线短路动力特性等进行了细致的研究，而关于桥式母线系统噪声方面的研究还未见报道。（第一画线部分还可改为"进行了细致研究"或"细致地进行了研究"。）

"做研究""进行研究"为动宾结构，"做""进行"为动词，做谓语，"研究"也为动词，做宾语；"细致的研究"为定中结构，形容词"细致"做定语，修饰中心语"研究"；"细致地进行"为状中结构，"细致"做状语，修饰中心语"进行"。其实，"研究"是探求事物的真相、性质、规律等，本身就含有"细致"之意，因此以上修改后的句子中的"细致的""细致""细致地"均可去掉。

【11】

- ✗ 文献［57］、［58］使用构建分析模型的方法在静态和动态环境中确定车辆的数目，文献［59］使用仿真的方法来确定车辆的数目，仿真的方法要比纯数学分析的方法简单，也更容易得到理想的结果，但难点在于仿真模型的构建。

动词"使用"的对象通常指物或工具，而其同义词"应用"的对象多指原理、理论、方法和成果。此例中"使用"的对象明显指方法，改为"应用"更妥当。

〈参考修改〉

- ✓ 文献［57］、［58］应用构建分析模型法确定在静态和动态环境中车辆的数目，文献［59］应用仿真法来确定车辆的数目。仿真法比纯数学法简单，也更容易得到理想的结果，但难点在于仿真模型的构建。

【12】

✗ 压缩机是空调的主要噪声源之一，而作为一个压缩机的主要部件，储液器也对噪声级有重要的贡献，其内部高雷诺数流体产生的压力脉动是引发噪声的关键。

如果不是为了某种特殊的修辞需要，此例中不必使用"贡献"一词。"贡献"做名词的意思是对国家或公众所做的有益的事，做动词的意思是拿出物资、力量、经验等献给国家或公众，此例中"贡献"是名词，意指"影响"或"作用"。

<参考修改>

✓ 压缩机是空调的主要噪声源之一，而作为压缩机的一个主要部件，储液器对噪声级也有重要影响，其内部高雷诺数流体产生的压力脉动是引发噪声的关键。（第二画线部分也可改为"储液器对噪声的产生也有重要作用"。）

✓ 压缩机是空调的主要噪声源之一，而作为压缩机的一个主要部件，储液器是空调的另一种不可忽视的噪声源，其内部高雷诺数流体产生的压力脉动是引发噪声的关键。

【13】

✗ 由气体润滑膜和负载质量组成的等效弹簧阻尼质量系统本质上属于一种非线性系统。

【14】

✗ 为了可持续的利润和企业成长，以顾客为中心的战略是许多企业的目标。但上述过程组成了一个有缺陷的改进循环。

以上两例中的"组成"改为"构成"更妥当。"组成"为动词，意思是"（部分、个体）组合成为（整体）"，"组"为动词，意为组合（组织成为整体）；"构成"为动词，意为形成、造成。

【13】<参考修改>

✓ 由气体润滑膜和负载质量构成的等效弹簧阻尼质量系统，本质上属于一种非线性系统。

【14】<参考修改>

✓ 为了利润及企业自身的可持续成长，许多企业把"以顾客为中心"作为发展的战略目标。然而，上述过程构成了一个有缺陷的改进循环。

【15】

✗ 随着不同领域高科技的迅猛发展，对具有特殊功能零件的需求越来越多。

此例的"多"改为"大"或"高"更妥当。"需求"表示由需要而产生的要求，其程度用"大""高"表示比用"多"更合适。"多"表示数量大，跟"少""寡"相对；"大"表示在体积、面积、数量、力量、强度等方面超过一般或所比较的对象，跟"小"相对；"高"表示在一般标准或平均程度之上，跟"低"相对。另外，此例还使用了对字句，前面的"随着不同领域高科技的迅猛发展"做状语，介词"对"的主体明显缺乏，可以补上该主体如"人们"，或将介词"随着"去掉，使其后"不同领域高科技的迅猛发展"成为后句的主语，这样"对"就有主体了。

〈参考修改〉

✓ 随着不同领域高科技的迅猛发展，人们对具有特殊功能零件的需求越来越大。（"大"可改为"高"。）

✓ 不同领域高科技的迅猛发展，对具有特殊功能零件的需求越来越大。（"大"可改为"高"，逗号也可去掉。）

【16】

✗ 疟原虫发育到一定程度就会生出很多新的疟原虫来，这些新的疟原虫再从蚊子的胃部转移到蚊子的唾液腺里，到这个时候蚊子就能够传播疟疾了。

"能够"表示具备某种能力或达到某种程度，也表示有条件或情理上许可；而"能够……了"则强调"能力"或"条件"从不具备到具备的变化，多用于人们所希望的事。例如："我们能够自主开发这种新产品"，表示我们有能力开发这种新产品；"我们能够自主开发这种新产品了"，则表示我们过去不会开发这种新产品，而现在会开发了，经历了一个从"不会"到"会"的过程。对于负面的事情，一般不用"能够……了"。此例最后一句，显然既不表示蚊子有能力传播疟疾，也不表示它经历了一个从不会到会的传播疟疾过程，而是直接表示传播疟疾，因此助动词"能够"多余，可用"传播"直接做谓语。

〈参考修改〉

✓ 疟原虫发育到一定程度就会生出很多新的疟原虫来，这些新的疟原虫再从蚊子的胃部转移到蚊子的唾液腺里，此时蚊子就传播疟疾了。

【17】

✗ 有时看到地铁线路会分叉，那并不是说地铁会分裂成两辆车，而是代表不同的班次会到达不同的终点站，比如上海地铁 11 号线在嘉定新城站分为两个方向，<u>一个方向的终点是嘉定北站，另一个方向的终点是花桥站</u>。

"叉"是名词，指条状物末端的分支，但指道路等的分支一般用名词"岔"，如岔路、岔道。此例中的"分叉"指地铁线路，属于道路，改为"分岔"更恰当。

<参考修改>

✓ 有时看到地铁线路会<u>分岔</u>，那并不是说地铁会分裂成两辆车，而是代表不同的班次会到达不同的终点站，比如上海地铁 11 号线在嘉定新城站分为两个方向，<u>终点站分别是嘉定北站和花桥站</u>。

【18】

✗ 洞庭湖地区杨幺起义军<u>利用高宣</u>建造了大批车船，<u>有</u>"大和载""大德山""大乐山""大钦山""混江龙"等。

此例本义是说起义军在高宣的帮助下建造了车船，或起义军建造车船得到了"高宣"这个人的帮助，但使用"利用"一词，表义虽说得通，但容易让人理解为"用手段使人或事物为自己服务"之意，因此语义有提升的空间。

<参考修改>

✓ 洞庭湖地区杨幺起义军<u>在高宣的帮助下</u>建造了大批车船，<u>如</u>"大和载""大德山""大乐山""大钦山""混江龙"等。

✓ 洞庭湖地区杨幺起义军<u>得到了高宣的帮助</u>，建造了大批车船，<u>如</u>"大和载""大德山""大乐山""大钦山""混江龙"等。

【19】

✗ 张衡精心研究阴阳之学（包括天文、气象、历法诸种学问），<u>精辟地研究出测天文仪器的正确道理</u>，制作浑天仪。

此例的"正确道理"略有简短（苟简），指"测天文仪器"的什么方面，如工作、运行、结构等，让人想象，也有提升的空间。另外，"测"多余。

<参考修改>

✓ 张衡精心研究阴阳之学（包括天文、气象、历法诸种学问），<u>精妙而透彻地研究出天文仪器的运行原理，制作了</u>浑天仪。

✓ 张衡精心研究阴阳之学（包括天文、气象、历法诸种学问），<u>精妙而透彻地掌握了天文仪器的工作原理和结构规律，制作了</u>浑天仪。

第 3 章 词语不当

语义准不准与选用的词语直接相关，词语不当会导致语义不准，词语选用是否恰当是衡量语义准确与否的核心。第 2 章已从语义欠准确、色彩不合适、语义欠锤炼三个层面列举了语义不准，本章将词语不当按词语的类别（词类）进行分类，即从词类的角度对词语不当进行考察、归类，如实词（名词、动词、形容词、数量词、代词）不当，虚词（副词、介词、助词、连词）不当，以及词组（如偏正词组、联合词组）不当多个层面或角度，剖析 196 个实例语句。

3.1 词类不当

词类不当是指一个词处于具体句子中时，它充当某种句子成分应具备的词类与其本身的词类不匹配，或它与句中其他词语进行组合所产生的彼此之间在词类上的不匹配。有的词从词类上能够做句子的某个成分而有的不能，或能够与另外的词组合而有的不能。这类问题通常与词的语法性质即词性密切相关，每个词类都有其自身的语法特点和使用规则。因此，在选用词语时，必须正确区分词类，掌握词性，以免出现词类不当。

3.1.1 词类误用、词性违背

将一种词类错误地当作另一种词类来使用就是词类误用，例如将名词误做动词、形容词等。使用词时违背了其所属类词的基本用法，例如名词一般不能做状语，名词做谓语也不多见，绝大多数副词不能修饰名词，不及物动词不能带宾语等，就是词性违背。

【1】

⊠ 从某个角度上讲，北京的中关村<u>缩影</u>着整个中国的高科技。

此例中将名词"缩影"误做动词，即用名词"缩影"做句子的谓语。

〈参考修改〉

✓ 从某个角度上讲，北京的中关村<u>是</u>整个中国高科技的<u>缩影</u>。

✓ 从某个角度上讲，北京的中关村<u>成为</u>整个中国高科技的<u>缩影</u>。

【2】

⊠ 国有企业、合资企业分别约<u>占比</u>三分之一、五分之一。

此例中将名词"占比"误做动词，即用名词"占比"做句子的谓语。

<参考修改>

✓ 国有企业、合资企业分别约占1/3、1/5。

✓ 国有企业、合资企业的占比分别约为1/3、1/5。

（"1/3、1/5"可改为"三分之一、五分之一"。）

【3】

✗ 这台刚从国外引进的自动化装置好像是个很智慧的人。

此例中将名词"智慧"误做形容词，可改为形容词"聪慧"，或在"智慧"前加"有"。

【4】

✗ 数据模拟了六缸动态特性在一致和有差异的情况下动态耦合的强度和规律。

此例用名词"数据"做句首状语。名词一般不能做状语，可将"数据"改为"用数据方法"。注意：某些表示工具、手段、方式、原因等的名词可以做状语，如"政治解决""历史地看待""手机联络"等，这种现象虽不多见但有增多的趋势，从这一角度，"用数据方法"也可改为名词"数值"（表示方法，做状语）。也可改用"进行"做谓语、"数值模拟"做宾语的对字句。

<参考修改>

✓ 用数据方法模拟了六缸动态特性在一致和有差异时的动态耦合强度及规律。

✓ 数值模拟了六缸动态特性在一致和有差异时的动态耦合强度及规律。

✓ 对六缸动态特性在一致和有差异时的动态耦合强度及规律进行了数值模拟。

3.1.2 必需、必须、须要、须

这几个词表义相同或相近，但词类不同（除"须要"和"须"的词类相同外），在句中所做的成分也不同，不加区分就易出错。

【5】

✗ 资源分类是制造资源建模的重要部分，必需采用一致的分类方法，使制造资源建模具有一致性。

此例中"采用"是谓语动词,其前面用"必需"修饰不恰当。"必需"也是动词,意思是一定要有或不可少,可改为副词"必须"或助动词"须要""须"。

【6】

☒新时期科学家需要研究更加尖端的新式武器。

此例语义非常明确,但从语法上看,可有两种理解——两种成分分析法:一种是动词"需要"做谓语,其宾语是动宾词组"研究更加尖端的新式武器"(动词性词组);另一种是动词"研究"做谓语,其前面的"需要"为修饰成分。通常,"需要"宜用名词或名词性词组做其宾语,但用动词或动词性词组做宾语也是可以的。因此按第一种成分分析法,也可将"研究更加尖端的新式武器"改为名词性词组。按第二种分析法,"需要"本是动词,再用来修饰另一动词"研究"不妥,可改用助动词"须要""须"或副词"必须"。

<参考修改>

✓ 新时期科学家需要更加尖端的新式武器研究。

✓ 新时期科学家需要对更加尖端的新式武器进行研究。

✓ 新时期科学家须要研究更加尖端的新式武器。("须要"可改为"须"或"必须"。)

【7】

☒我们需要提醒人们去思考在这个星球上人口过多带来的后果——食物短缺,水资源匮乏,污染严重,太多的人拥挤在被农药和有毒物质污染的城市中心。

【8】

☒要做测试员,不仅需要有能力在没有任何记录的情况下,学习新软件并抓住主旨,而且需要具备检查它的能力,于是需要寻找永恒的怀疑论者,他们从不认为任何事情是想当然的。

此两例同例【6】,既可理解为"需要"做谓语,也可以理解动词"提醒""有""具备""寻找"做谓语。按第一种理解不太好改,按第二种理解可将"需要"改为"须要""须"或"必须"。

【9】

☒本标定方法由于须要使用特殊的测量设备(激光跟踪仪)来获得实验数据,并且需要较长的操作时间,所以比较适用于在实验室环境下进行标定。

从语法上看此例没有语病，但"须要"可改为动词"需要"，这样就可与后面的"需要"一致，但不可将"需要"改为"须要"，因为"须要"是助动词，不能单独做谓语。

<参考修改>

✓ 本标定方法由于<u>需要</u>使用特殊的测量设备（激光跟踪仪）来获得实验数据，并且<u>需要</u>较长的操作时间，所以比较<u>适于</u>在实验室环境中使用。

【10】

✗ 大量的仪器设备还<u>须要进口</u>。

【11】

✗ <u>须要输入的常数</u>是屈服应力和塑性斜率。

【12】

✗ 纳米结构陶瓷层具有优异的性能，有望替代现有的普通结构陶瓷涂层，在<u>须要提高耐磨损、耐腐蚀、抗氧化、抗热震等性能的零部件</u>上获得十分广泛的应用。

此三例中的"须要"在形式上分别充当其后词语"进口""输入""提高"的谓语，但实际上不能做谓语，因为是助动词，改为"需要"就妥当了。修改后，例【10】中"需要"为谓语动词，其宾语为动词"进口"；例【11】中"需要"与其后定中词组"输入的常数"一起组成名词性词语做主语；例【12】中"需要"与其后复杂定中词组"提高耐磨损、耐腐蚀、抗氧化、抗热震等性能的零部件"一起做介词"在"的宾语。

3.2 名词不当

这里所说的名词是广义的，涉及一般名词、通用术语，名称、名词词组。名词不当是指所用名词不正确或其语义与语境不匹配。不正确指所写出的名词与其标准写法有出入或不专业；语境不匹配指所写出的名词虽然在形式上正确，语义上却与语境不相配，比如把适于过去某个历史时期的旧称用在现时期中，或领域换位。

3.2.1 用词不标准

用词不标准是指所写出的名称与其正确或标准的名称有出入，如漏字（有字词丢失）、多字（插进别的字词）。

【13】

✗ 大型挖掘机市场主要被三一重工、卡特彼勤、<u>小松</u>、徐工等垄断，国产品牌在小型挖掘机市场的竞争力更强。

此例中"小松"可有"小松集团总部"或"小松（中国）"两种理解，由名称书写不完整所引起。株式会社小松制作所（即小松集团）是一家大型的工程机械、矿山机械和产业机械的制造企业，成立于1921年，至今已有100年历史。小松集团总部位于日本东京，在北美洲、欧洲和亚洲设有地区总部，在中国的小松集团便是小松（中国）。此例中"小松"应改为"小松（中国）"。

【14】

✗ 镜面磨刀加工系统（MSFS）可以直接在机床内修整刀具，提高了刀具径向跳动精度、形状精度和刀尖<u>粗糙度</u>。

此例中的"粗糙度"是一个术语，但不完整，应为"表面粗糙度"。这是一个衡量零件表面粗糙程度的参数，反映的是零件表面微观的几何形状误差。

【15】

✗ TRIZ 即<u>发明解决理论</u>，使用 TRIZ 能够缩短产品周期、提高产品设计成功率<u>以及</u>增强产品的可预见性。

此例中"发明解决理论"不完整。TRIZ 是俄文词语（对应的英文为 Theory of the Solution of Inventive Problems）的首字母缩写即简称，其准确的中文名是"发明问题解决理论"。另外，连词"以及"使用不当。以下除最后一个修改方案外，均针对全文中 TRIZ 在此句中首次出现的具体情况，这里的全文指包含此句的原语言片段或整个文章。

<参考修改>

- ✓ 使用<u>发明问题解决理论（TRIZ）</u>能够缩短产品研发周期<u>，</u>提高产品设计成功率<u>，并</u>增强产品的可预见性。（括号中逗号前后的全称和简称可换位。）

- ✓ 使用<u>发明问题解决理论（Theory of the Solution of Inventive Problems，TRIZ）</u>能够缩短产品研发周期<u>，</u>提高产品设计成功率<u>，并</u>增强产品的可预见性。（括号中逗号前后的全称和简称可换位。）

- ✓ 使用 <u>TRIZ（Theory of the Solution of Inventive Problems，发明问题解决理论）</u>能够缩短产品研发周期<u>，</u>提高产品设计成功率<u>，并</u>增强产品的可预见性。

- ✓ 使用 TRIZ 能够缩短产品研发周期<u>，</u>提高产品设计成功率<u>，并</u>增强产品的可预见性。（全文中 TRIZ 在此句上文中已出现过）

【16】

✗ 3Cr13Cu 是一种马氏体不锈钢，其化学成分中<u>含碳量高且</u>经热处理后具有很高的硬度。

"含量"本是一个常用名词,指一种物质中所包含的某种成分的数量。此例中表述 3Cr13Cu 中包含"碳"的数量即"碳含量",但错将"碳含量"写成"含碳量",即"含量"中插进别的字词,破坏了名词的标准性。

<参考修改>

✓ 3Cr13Cu 是一种马氏体不锈钢,其化学成分中<u>碳含量</u>高,它经过热处理后具有很高的硬度。

【17】

☒ 曲轴斜油孔是润滑油的通道,因此对其表面质量有较高的要求。例如:某曲轴斜油孔要求<u>粗糙度值</u> $Ra=6.3~\mu m$。

此例中的"粗糙度值"不完整,也即不标准,原因在于缺少"表面",而"表面粗糙度"才是一个标准术语。另外,Ra 是评定表面粗糙度的参数,其前面用"数值"更标准。

<参考修改>

✓ 曲轴斜油孔是润滑油的通道,因此对其表面质量有较高的要求,例如某曲轴斜油孔要求<u>表面粗糙度数值</u> $Ra=6.3~\mu m$。

3.2.2 用词不专业

用词不专业是指本可以用专业术语或行业普遍用语(标准术语)而用了其他一般名词(不标准术语),或领域换位,即把适于一个领域的名词用在另一个不适于的领域。

【18】

☒ 路面综合养护车是对路面局部出现的坑槽、龟裂、松散、拥包等<u>问题</u>进行快速<u>修补</u>的综合性设备。

此例用"问题"这一大众熟词作为对"坑槽、龟裂、松散、拥包"等路面现象的总括性上位词,虽然在表义上没有问题,但不够专业,而且"问题"与动词"修补"也不搭配。工程机械行业中表述这类现象有一个专门的术语,这就是"病害"。

《现代汉语词典》(第7版)对"病害"的解释是:细菌、真菌、病毒或不适宜的气候、土壤等对植物造成的危害,如引起植物体发育不良、枯萎或死亡。按此释义,病害是专门针对植物来说的,用在此例中来代替"问题",指"路面"而不是"植物",其语义得到引申。

<参考修改>

✓ 路面综合养护车是<u>一种</u>对路面局部出现的坑槽、龟裂、松散、拥包等<u>病害</u>进行快速<u>修补</u>的综合性设备。

【19】

❌ 最新 PVD 涂层技术使这种刀具拥有更高的抗氧化性能和更高的高温硬度，耐磨性优异，被加工工件表面光洁度好，能搭载不同型号刀杆使用。

在机械加工领域，用来计量或表征工件表面微观不平度的标准术语是"表面粗糙度"，而不是"表面光洁度"。因此，此例中的"表面光洁度"用词不专业。（"表面光洁度"曾作过专业术语，属于旧称，但现在多用"表面粗糙度"。）

〈参考修改〉

✓ 这种刀具因使用最新 PVD 涂层技术，故具有更高的抗氧化性能和更高的高温硬度，耐磨性优异，加工出的工件表面粗糙度小，还能搭载不同型号刀杆使用。

【20】

❌ 柳工全年净利润预增 116%～159%，工程机械版块在 2018 年上半年实现营业收入 95.5 亿元，同比增长 67.0%，毛利润达到 22.2%。

此例的"版块"仅从语义上讲是没有问题的，但不专业，这里是指营业收入中工程机械收入这个组成部分，应该用"板块"。"比喻具有某些共同点或联系的各个部分的组合"这类语义一般用"板块"。

《现代汉语词典》（第 7 版）对这两个词的解释是：板块：①大地构成理论指地球上岩石圈的构造单元，由海岭、海沟等构造带分割而成。②比喻具有某些共同点或联系的各个部分的组合。用于报刊、节目时一般作版块。版块：同板块②。

〈参考修改〉

✓ 柳工全年净利润预增 116%～159%，其中工程机械板块在 2018 年上半年实现营业收入 95.5 亿元，同比增长 67.0%，毛利润达到 22.2%。

3.2.3 用词不一致

用词不一致是指同一语句中对同指的事物或概念随意混用不同的名词来表达，造成行文、表达不严谨，甚至混乱，容易引起阅读不适或增加阅读障碍。

【21】

❌ 聚四氟乙烯材料是四氟乙烯的聚合物，颜色为白色。聚四氟乙烯具有以下五个特点。

此例后面一句中的名称"聚四氟乙烯"就是指上文提到的"聚四氟乙烯材料"，用词不一致。

⟨参考修改⟩

✓ 聚四氟乙烯是四氟乙烯的聚合物，颜色为白色。聚四氟乙烯具有以下五个特点。

✓ 聚四氟乙烯是四氟乙烯的聚合物，颜色为白色，具有以下五个特点。

✓ 聚四氟乙烯是四氟乙烯的聚合物，颜色为白色。这种材料具有以下五个特点。

✓ 聚四氟乙烯是四氟乙烯的聚合物，颜色为白色。它具有以下五个特点。

【22】

☒ 2020年11月15日，中国与东盟十国以及韩国、日本、澳大利亚，新西兰15国正式签署区域全面经济伙伴关系协定（RCEP）。这个协议将大大有利于中国的外贸企业发展，促进稳定投资。

此例中的"这个协议"就是指上文提到的"区域全面经济伙伴关系协定"，但"协议"与"协定"不一致，宜改为一致。另外，"15国"与其前面所列举的那些国家的关系不太明确，不好理解，应按客观语境（实际情况）来修改。

⟨参考修改⟩

✓ 2020年11月15日，中国与东盟十国以及韩国、日本、澳大利亚、新西兰四国正式签署区域全面经济伙伴关系协定（RCEP）。这个协定将大大有利于中国的外贸企业发展，促进稳定投资。

✓ 2020年11月15日，中国、东盟十国以及韩国、日本、澳大利亚、新西兰15国正式签署区域全面经济伙伴关系协定（RCEP）。这个协定将大大有利于中国的外贸企业发展，促进稳定投资。

【23】

☒ 机车在机务段及车站内作为被拖车更换轨道时往往不停机作业，因此控制系统也能采集到各参数触发警惕倒计时。……技术改进时，可通过增加主发电压参数判断机车是否处于"加载"工况，从而排除被拖机车在"无载"工况下仍然具有机车速度、柴油机转速和闸缸压力等参数的特殊情况。

此例中对主体概念"机车"的下位概念混用"被拖车"和"被拖机车"，用词不一致，应统一，那么究竟用哪个更合适呢？下位概念词用上位概念词前加限定语的形式，往往能使概念间层次、隶属关系更加分明。因此，这里虽用"被拖车"也还可以，但改为"被拖机车"更合适，若主体概念为"车"，则用"被拖车"合适。

【24】

✗ 主机架非常关键，主要由<u>前铰支座</u>、<u>机架主体板</u>、后桥板、后面板等构成，如图 1 所示。

　　图 1　主机架结构示意　1. <u>铰接支座</u>　2. <u>主体侧板</u>　3. 后面板　4. 后桥板

　　此例显示了图文不一的问题。对主机架的相同组成部分和名称，正文中用了名词词组"前铰支座""机架主体板"，而在图注中相应的部分为"铰接支座""主体侧板"，用词不一致，容易让人误将同一事物视作两个不同的事物，进而出错。

<参考修改>

✓ 主机架非常关键，主要由<u>前铰支座</u>、<u>机架主体板</u>、后面板、后桥板等构成，如图 1 所示。

　　图 1　主机架结构示意　1. <u>前铰支座</u>；2. <u>机架主体板</u>；3. 后面板；4. 后桥板

【25】

✗ <u>我国</u>是世界上天文学发展最早的国家之一。在<u>我国</u>，天文学不仅直接关系到农业生产这一国家经济命脉，而且还是统治者了解"天意"、施行政令的重要手段。所以在官方的大力支持下，<u>中国</u>古代的天文学在天文观测、历法制定、天文仪器的制造和使用等方面，一直走在世界各文明古国的前列。

　　此例中"我国""中国"混用，不严谨，也属于用词不一致。

<参考修改>

✓ <u>我国</u>是世界上天文学发展最早的国家之一。天文学不仅直接关系到农业生产这一国家经济命脉，而且还是统治者<u>借以</u>了解"天意"、施行政令的重要手段。所以在官方的大力支持下，<u>我国</u>古代天文学在天文观测、历法制定、天文仪器的制造和使用等方面，一直走在世界各文明古国的前列。（如果表达需要，可将"我国"改为"中国"。）

【26】

✗ <u>四方</u>研制的地铁车辆已在北京、广州、天津、沈阳和成都等中心城市的 10 余条线路上运营。2019 年 5 月 20 日，<u>中车四方股份公司</u>出口新加坡的无人驾驶地铁车辆在青岛港装船发运。

　　此例中先后出现"四方""中车四方股份公司"，前者是后者的简称。在同一文章特别是同一段落中，相同的名称应该保持一种叫法，为了简化语言，可以使用简称，但应该是先全称后简称，若先简称后全称，就违反了人们正常的思维逻辑。这种语病也属于用词不一致。

〈参考修改〉

✓ 中车四方股份公司（四方）研制的地铁车辆已在北京、广州、天津、沈阳和成都等中心城市的10余条线路上运营。2019年5月20日，<u>四方</u>出口新加坡的无人驾驶地铁车辆在青岛港装船发运。["中车四方股份公司（四方）"也可改为"四方（中车四方股份公司）"或更简短的"四方"。]

【27】

✗ <u>平面拉伸试验</u>也是在橡胶专用的微机控制电子万能试验机上进行，<u>该实验</u>是为了得到在纯剪条件下样品的应力应变关系。

此例中的"该实验"指代上文提过的"平面拉伸试验"，"实验"与"试验"不区分，用词不一致。"实验""试验"均可做动词，但"实验"还可做名词（指实验的工作），而"试验"只能做动词，此例中的相关语义指"实验的工作"，从这个角度可统一用"实验"。"电子万能试验机"中的"试验"是否改为"实验"，应以此机器的标牌名称为准。（关于"实验"与"试验"做动词的语义差别参见3.3.3节中有关内容。）

〈参考修改〉

✓ 平面拉伸<u>实验</u>也是在橡胶专用的微机控制电子万能<u>实验</u>机上进行的，做该实验是为了得到在纯剪条件下样品的应力应变关系。（画线的"是""的"可去掉而不用"是……的"句。）

【28】

✗ <u>塑料制品生产主要集中在广东、浙江、安徽、江苏等地区</u>。全国十大省份塑料制品总产量为6 674.18万 t，<u>占全国塑料制品总产量的81.55%</u>。

此例中的名词"省份"在表义上是明显承接上文的名词"地区"的，二者应一致，考虑到"广东、浙江、安徽、江苏"是众所周知的省名，"地区"改为"省份"更好。另外，最后一句还可改为"在全国塑料制品总产量中的占比达81.55%"。

3.2.4　词间不对应

词间不对应是指所用名词的内涵或外延与语句中的相关词语表述不相扣。

【29】

✗ 与去年相比，出口金额增长幅度最大的前五位<u>省份</u>是：<u>内蒙古自治区</u>、辽宁省、吉林省、<u>天津市</u>、山西省。

此例中的名词"省份"用词有提升空间。省份一词从外延上，一般不包括直辖市和自治区，故此例中它与其后所列的"内蒙古自治区""天津市"不对应。

<参考修改>

✓ 与去年相比，出口金额增长幅度最大的前五位省市自治区是：内蒙古自治区、辽宁省、吉林省、天津市、山西省。（第一画线部分可改为"省、市、自治区"。）

【30】

✗ 经耙式整经是古代整经的主要形式，它出现的年代虽然较早，但有关的图文记载是在元代及以后才有的。根据这些记载，经耙式牵经工具的整体结构大致由溜眼、掌扇、经耙、经牙、印架等几部分结合而成。

此例中后面的"经耙式牵经"与前面"经耙式整经"应是同指，但因一字"变异"，造成词间不对应。其实后面同指的名称用代词就恰当了。（此例也可理解为用词不一致。）

<参考修改>

✓ 经耙式整经是古代整经的主要形式，其出现的年代虽然较早，但有关图文记载是在元代及以后才有的。根据这些记载，这类工具的整体结构大致由溜眼、掌扇、经耙、经牙、印架等几部分结合而成。

【31】

✗ 如图7所示，选用重量为18682g的钢板，长宽厚为350 mm×170 mm×40 mm，进行磁力可控探头的磁力检测，将其放在测重仪上并归零，利用工作台夹持探头在Z轴方向移动，根据测重仪上的数值变化记录探头对钢板的磁吸力大小。

此例中"重量""长宽厚"用词不当，存在词间不对应。

"重量"为量名称，其单位为N（牛），此例中用"质量"的单位g做重量的单位，不对应。可将g改为N，并进行数值换算；也可将"重量"改为"质量"，必要时后面的名称"测重仪"也应做相应的修改，如改为"质量测定仪"。

"长宽厚"为三个量名称并列，其单位均为长度的单位，而"mm×mm×mm"是一个用长、宽、厚相乘表示的"体积"，其单位为体积的单位，因此"长宽厚"与"350 mm×170 mm×40 mm"不对应。

<参考修改>

✓ 如图7所示，选用重量为183.084 N的钢板，其体积为350 mm×170 mm×40 mm（长×宽×厚），进行磁力可控探头的磁力检测，将其放在测重仪上并归零，利用工作台夹持探头在Z轴方向移动，根据测重仪上的数值变化记录探头对钢板的磁吸力大小。[在"183.084 N"后面可加括注"（合质量18.682 kg）"。]

✓ 如图 7 所示,选用质量为 18.682 kg 的钢板,其长、宽、厚分别为 350 mm、170 mm、40 mm,进行磁力可控探头的磁力检测,将其放在测重仪上并归零,利用工作台夹持探头在 Z 轴方向移动,根据测重仪上的数值变化记录探头对钢板的磁吸力大小。

(修改方案一中的"(长×宽×厚)"可去掉,方案二中的"测重仪"是否改为"质量测定仪"或其他名称,取决于其实际名称,不必硬性统一。)

3.2.5 用词不新颖

这里的不新颖是指陈旧、落伍,跟不上时代,用词不新颖是指使用一个词的旧称,而未用其现有的新名称即当前的正式名称。

【32】

✗ 丝素蛋白具有无毒、无刺激、无污染、独特的机械性能及优良的透气性、透湿性和生物相容性,支持组织细胞的生长与增殖。

此例中的术语"机械性能"在表义上没有问题,但"机械性能"是旧名称,现在其标准名称是"力学性能"。力学性能是材料、力学等领域的一个常用专有名词,属于专业术语。用词应紧跟时代用现时的新名称,除非必要一般不用旧称。

〈参考修改〉

✓ 丝素蛋白具有无毒、无刺激、无污染、独特的力学性能,以及优良的透气性、透湿性、生物相容性,支持组织细胞的生长与增殖。(",以"可去掉。)

【33】

✗ 结果表明,相同条件下含空位的模型发生扩散的几率要高于不含空位的模型。

此例的问题同例【32】,"几率"是"概率"的旧称,"概率"是现时的标准名称。

〈参考修改〉

✓ 结果表明,相同条件下含空位的模型发生扩散的概率要高于不含空位的模型发生扩散的概率。(第二画线部分去掉会更简洁。)

【34】

✗ 宋元史书中有大量关于"襄阳砲"的记载。《元史·亦思马因传》云:"亦思马因,回回氏,西域旭烈人也。善造炮,至元八年(1271 年)与阿老瓦丁至京师。十年,从国兵攻襄阳未下,亦思马因相地势,置炮于城东南隅，重一百五十斤，机发，声震天地，所击无不摧陷，入地七尺。"这里所描述的就是用"襄阳砲"攻陷襄阳的故事。

此例的问题同例【32】、【33】，混用等义词（同指）"砲"和"炮"来指称同一事物。其实"砲"是"炮"的旧称，应统一使用现时名称"炮"，除非引用的原文中用的是"砲"。但不管是用"砲"还是"炮"，应选其一而用之，除非必要不宜混用。

3.2.6 表义不明确

表义不明确是指在一定语境中所用名词的表义较为含混、模糊，令人费解。

【35】

✗ 为了得到端面密封的脱开转速，需要研究<u>此时</u>的动静力矩平衡方程。

此例的名词"此时"使用不当，因为没有前词对应或语境衬托，究竟指什么时候不明确。

<参考修改>

✓ 为了得到端面密封的脱开转速，需要研究<u>端面密封脱开时</u>的动静力矩平衡方程。

【36】

✗ 在离岸较远<u>一些</u>的地方，<u>由于</u>经济、技术等<u>因素</u>的限制，建造栈桥式钻井平台受到了限制，<u>此时</u>自然就出现了钻井驳船，1932 年美国德克萨斯公司建造了第一条钻井驳船 Mcbride，进行人类第一次"浮式钻井"。

此例的问题同例【35】，"此时"语义较模糊。另外，表过去或较远的时间宜用"那时"，而"此时"多指现在或较近的时间，因此例【36】中的"此时"用"那时"更好。

<参考修改>

✓ <u>那时</u>在离岸较远一些的地方，<u>因受</u>经济、技术等<u>条件</u>的限制，建造栈桥式钻井平台受到了限制，自然就出现了钻井驳船。1932 年美国德克萨斯公司建造了第一条钻井驳船 Mcbride，进行人类第一次"浮式钻井"。

【37】

✗ 华为目前的年收入<u>大概</u>是 <u>7 000 多</u>亿元，在全球 170 多个国家有生意，每年输出 2 亿多部手机，集团有 18.9 万员工，每天的邮件量达到 280 万封，整个集团一年产生的数据有 3.5 PB。

此例出自笔者于 2021 年复审的一本书稿，虽无语法问题，但名词"目前"所指时间不明确，是指哪年或哪段时间？对作者来说，指撰写书稿的时间如 2019 年；对审者来说，指审查书稿的时间如 2021 年；对读者来说，指阅读作品的时间如 2022 年或以后。"目前"有明确的词典义（"指说话的时候"），虽然所指时间是不确定的，但处在句中时应明确。

<参考修改>

✓ 华为 <u>2018 年</u>的年收入<u>首次突破</u> 7 000 亿元，在全球 170 多个国家有生意，每年输出 2 亿多部手机，集团有 18.9 万员工，每天的邮件量达到 280 万封，整个集团一年产生的数据有 3.5 PB。（"2018 年"可改为"前几年"，"首次突破"可改为"大概超过了"。）

3.3 动词不当

主语和谓语是句子最重要的两个成分，而谓语通常由动词来充当，动词在句中的作用相当重要。动词表示动作、行为或发展变化，做谓语成分时起陈述作用，在特定语境中还能使表达深刻、透彻、丰满、活跃，启发读者展开丰富联想和想象。可以说，动词是句子的灵魂，是否使用动词及使用恰当与否直接决定表义的准确性及语句表达的优劣。动词不限于做谓语，还可做句子的其他成分，因此动词不当还可以体现在它做其他句法成分上。

3.3.1 成分不搭配

成分不搭配主要指动词充当谓语时与句中另外的成分（如宾语、主语等）在语义上不能搭配，即说不通，详见第 6 章。

【38】

✗ SWCH680S-150M 全液压履带式桩架与原 SWCH680S-140M 型相比，其发动机功率、行走减速机、主卷扬、液压系统等重要核心部件都<u>进行了</u>重大技术升级。

动词"进行"的意思是从事某种活动，主语通常是"人"，即人来从事某种活动。此例中将非"人"的"发动机功率、行走减速机、主卷扬、液压系统等重要核心部件"表达为"进行"的主语，不大搭配，这些"物"本身不能进行技术升级，而是对它们进行技术升级，即"物"不是技术升级的完成人（施事），而应是技术升级的对象（受事）。另外，"发动机功率"归为"部件"不当，其中"功率"多余。

<参考修改>

✓ SWCH680S-150M 型全液压履带式桩架与原 SWCH680S-140M 型相比，其<u>发动机</u>、行走减速机、主卷扬、液压系统等重要核心部件<u>得到了</u>重大技术升级。

✓ 与原SWCH680S-140M型全液压履带式桩架相对比,对SWCH680S-150M型的发动机、行走减速机、主卷扬、液压系统等重要核心部件进行了重大技术升级。

"发动机、行走减速机、主卷扬、液压系统等重要核心部件"在前一修改方案中做主语("得到"为谓语),在后一修改方案中做介词"对"的宾语("进行"为谓语)。

【39】

✗ 在此情况下,我国工程机械企业应进一步深化国际化步伐,努力践行"一带一路"倡议,扎实稳步推进贸易高质量发展和产业国际化进程,……,不断扩大适应市场变化的高技术产品出口。

此例子中动词"深化"使用不当。"深化"的意思是向更深的阶段发展或使向更深的阶段发展,与名词"步伐"在语义上不能搭配,因为步伐是不能被深化的。此例中明显是说要"加快"步伐,因此"深化"应该用"加快"这一动词来替代。这种语病从成分间的搭配来说,可列入搭配不当,但从谓语动词的角度看,属于动词不当。

3.3.2 语义不通顺

语义不通顺是指表义不合客观的规律性或思维的规律,本质上就是逻辑问题,详见第11章。

【40】

✗ 地铁就此组成了交通领域的重要一环,在世界范围内快速发展起来。从那一刻起,从你家到我家的距离,成百上千倍地缩短了。

此例中谓语动词"组成"使用不当。按语义,是地铁"成为一环"或"组成一环的一部分"(成为……组成部分),但不能说"组成一环",造成语义不通顺。

〈参考修改〉

✓ 地铁就此成为交通领域的重要一环,在世界范围内快速发展起来。从那时起,从你家到我家的距离就成百上千倍地缩短了。("一环"可改为"组成部分"。)

【41】

✗ 在强降雨天气发生时,首先影响工作人员的瞭望,工作人员视线模糊不清,会导致事态发展无法得到有效的遏制,此外高速运行的动车组碰见密集的雨滴也会对列车产生较大的冲击,进一步造成更大的损失。

此例中的动词"碰见"使用不当。"碰见"的意思是事先没有约定时间而见到,通常是指"人"的行为,此例的行为主体是"高速运行的动车组",显然用"碰见"不太通顺,可改为"碰到""遇到"之类的词。

<参考修改>

✓ 在强降雨天气时,<u>工作人员进行瞭望受到影响</u>,其视线模糊不清,会导致事态发展难以得到有效的遏制,<u>同时高速运行的动车组碰到密集的雨滴时</u>,也会受到较大的冲击,进而造成更大的损失。

3.3.3 用词不准确

有些动词如"启动"与"起动"、"实验"与"试验"等,表义相近甚至相同,在不加严格区分时容易错用、混用,造成表义不准确,即用词不准确。

【42】

✗ 无试重平衡技术利用转子动力学理论和有限元数值方法,在工程实际中,实现一次<u>启车</u>并取得较好的平衡精度。而对于高精度机床,<u>起停车</u>相对较方便,但动平衡品质要求为G0.4级,二者相比,提高动平衡精度成为动平衡的首要问题。

此例中"启车"的"启"是"启动","起停车"的"起"是"起动","启动"和"起动"这两个动词的意思相同,均指机器、仪表、电气设备等开始工作,这里不必要地混用不太妥当,应择其一。严格来说,"启动"与"起动"在语义上有细微差别,前者侧重电路、软件等开始工作,后者侧重设备、设施等开始工作,此例中用"启"更好些。

<参考修改>

✓ 无试重平衡技术利用转子动力学理论和有限元数值方法,在工程实际中能实现一次<u>启车</u>,并取得较好的平衡精度。对于高精度机床,<u>启、停车</u>相对较方便,但动平衡品质要求为G0.4级。二者相比,提高动平衡精度成为动平衡的首要问题。

【43】

✗ 本文对当前较为通用的制造手段的可行性进行较为全面的总结,并进行了<u>试验性加工</u>。……作者选用较为成熟的几种精密加工技术进行分析研究和<u>实验性加工</u>,由车削中心完成车、铣和钻等结构尺寸,<u>保证质量和生产效率</u>。

此例中省略号前后为同一文章中的两句,对同一概念的表达前句用"试验性加工",后句用"实验性加工",显然没有区分"试验"和"实验",可根据表义择其一。实验是为了检验某种科学理论或假设而进行某种操作或从事某种活动,而试验是为了察看某事的结果或某物的性能而从事某种活动。从科学研究的角度，前者较正式，如为科学研究所从事的长期性科研活动，层次较高，周期较长；后者为一般用词，层次相对低一些，如为验证某种想法或某种工艺等所进行的临时性验证活动，一般不属科学研究，更多在技术或操作层面，周期较短。本例所述活动明显不是科学研究，而是一种机械加工工艺操作，因此用"试验"更准确。

<参考修改>

✓ 本文对当前较为通用的制造手段的可行性进行较为全面的总结，并进行<u>试验性加工</u>。……作者选用较为成熟的几种精密加工技术进行分析研究和<u>试验性加工</u>，由车削中心完成车、铣和钻等结构尺寸的<u>加工</u>，以保证<u>加工质量及生产效率</u>。

【44】

✗ 庆鸿机电视挑战为最振奋人心的老师，通过与客户持续对话，<u>理清现在所遇问题、明了不足之处、深究解决之道</u>，订下发展方向并贯彻执行，与客户共同突破、寻求发展，创新成果顺势而出、水到渠成。

此例中的"理清"，由动词"理"加形容词"清"做补语构成，不如直接用动词"厘清"更准确，意思是"梳理清楚"。

<参考修改>

✓ 庆鸿机电视挑战为最振奋人心的老师，通过与客户持续对话，<u>厘清现在所遇问题，明了不足之处，深究解决之道</u>，定下发展方向并贯彻执行，与客户共同突破、寻求发展，创新成果顺势而出、水到渠成。

【45】

✗ 专业、高端人才资源匮乏已经成为产业发展的<u>硬伤</u>。要想推动大数据产业加速发展，必须在人才引进与培养上下功夫，利用各种人才引入政策和人才培养机制来<u>破解</u>这一<u>痛点</u>。

此例中的动词"破解"用词不准确，与"痛点"不搭配，应改用"消除"，同时将"硬伤"改为"痛点"。另外还可以这样考虑，"这一痛点"是指上文的"硬伤"，如果为用词一致，将"痛点"改为"硬伤"，相应地再将"消除"改为"消灭"或"治疗"，则表达效果更好。

<参考修改>

✓ 专业、高端人才资源匮乏已经成为产业发展的<u>痛点</u>。要想推动大数据产业加速发展，必须在人才引进与培养上下功夫，利用各种人才引入政策和人才培养机制来<u>消除</u>这一<u>痛点</u>。

✓ 专业、高端人才资源匮乏已经成为产业发展的<u>硬伤</u>。要想推动大数据产业加速发展，必须在人才引进与培养上下功夫，利用各种人才引入政策和人才培养机制来<u>消灭</u>这一硬伤。（"消灭"可改为"治疗"。）

3.3.4 动词冗余

动词冗余是指句子中有多余的动词。有两种情况：一是不必要用动词而用了动词，就是使用某动词纯属多余，去掉后完全不影响表义；二是使用了语义有重复（部分重叠或完全相同）的两个动词，即其中某个动词多余，去掉后不仅不影响表义，而且还可使语言得到简化。动词冗余属于语句冗余，详见第 5 章。

【46】

✗ 由以上<u>的</u>论述分析可知，传统分析悬臂板的主要方法是<u>结合实验以及理论计算</u>。

此例中的动词"结合"使用不当。"结合"指人或事物间发生密切联系，使用该词的关键是要明确谁与谁结合。很明显，此例的字面义是"方法"与"实验"和"理论计算"相结合，句中的"结合"多余，不如直接说"方法是实验与理论计算"简洁明快。如果一定要使用"结合"，则它应位于"实验"与"理论计算"之间。

<参考修改>

✓ 由以上论述分析可知，传统分析悬臂板的主要方法是<u>实验与理论计算</u>。

✓ 由以上论述分析可知，传统分析悬臂板的主要方法是<u>实验结合理论计算</u>。

【47】

✗ 农户在成本高于收益情况下<u>是</u>不会实施亲环境行为，那么经济激励看似<u>是</u>最直接有效方式，但随着研究的不断深入，越来越多的学者证实了农户保护农业环境并非仅仅出于经济利益。

此例中两处动词"是"冗余。第一处"是"也可保留，但需要在其所在单句的结尾加"的"，这样就构成"是……的"句，语气顺畅。"看似"是动词，意思是从表面看着好像，充当谓语，宾语是"最直接有效方式"，构成谓宾结构"看似最直接有效方式"，故在"看似"后加"是"纯属多余。

<参考修改>

✓ 农户在成本高于收益<u>的</u>情况下不会实施亲环境行为，<u>因此，虽然</u>经济激励看似最直接有效<u>的</u>方式，但随着研究的不断深入，越来越多的学者证实了农户保护农业环境并非仅仅出于经济利益。

✓ 农户在成本高于收益的情况下是不会实施亲环境行为的，因此……

【48】

✗ 农户亲环境行为由于存在信息不完备和不对称会导致监管并不能及时进行反应，农户保护环境会依赖自主性选择，具有高度自我决定性特征。

此例中"由于"为连词，其后画线部分为表原因的分句，但动词"存在"多余，淹没了谓语动词"导致"的主语"信息不完备和不对称"。同时，"由于"位置不当，因位于"农户亲环境行为"后，使得"农户亲环境行为"成为全句的主语，但没有相应的词语来充当该主语的谓语，即谓语残缺。另外，"并"字多余。

<参考修改>

✓ 由于农户亲环境行为信息不完备和不对称会导致监管不能及时进行反应，故农户保护环境会依赖自主性选择，具有高度自我决定性特征。

【49】

✗ 在地台上设置两个座椅，一个座椅下连接有一个液压缸，另一个座椅下连接有四个同样的液压缸，两个座椅下的液压缸通过管路相连。

此例中的两处动词"有"使用不当。因为动词"连接"中已含有"有"的语义，即连接了一个液压缸，结果必然是有了这个液压缸，因此"有"多余。另外，"有"的"连接"语义较淡甚至没有，因此不宜保留"有"而去掉"连接"。

<参考修改>

✓ 在地台上设置两个座椅，一个座椅下连接一个液压缸，另一个座椅下连接四个同样的液压缸，这些液压缸通过管路相连。

3.4 形容词不当

形容词用来描写或修饰名词或代词，表示人或事物的性质、状态、特征或属性，常做定语，也可做表语或补语，在句子中也起着很重要的作用。在一定语境中使用不合适或错误的形容词来描写或修饰就会造成形容词不当。

【50】

✗ 葡萄牙里斯本地铁站由西班牙设计师圣地亚哥-卡拉特拉瓦设计，具有酷炫的玻璃效果。下图显示了绚丽的里斯本地铁。

此例两句分别用形容词"酷炫""绚丽"来描写里斯本地铁站。从表义看，句二应承接句一，也用"酷炫"，而不用"绚丽"；若用"绚丽"，那么句一的"酷炫"就应改为"绚丽"。

<参考修改>

✓ 葡萄牙里斯本地铁站由西班牙设计师圣地亚哥·卡拉特拉瓦设计，具有<u>酷炫</u>的玻璃效果，如下图所示。

✓ 葡萄牙里斯本地铁站由西班牙设计师圣地亚哥·卡拉特拉瓦设计，具有<u>酷炫</u>的玻璃效果。下图显示了这种<u>酷炫效果</u>的里斯本地铁站。（后一个"酷炫"可去掉。）

✓ 葡萄牙里斯本地铁站由西班牙设计师圣地亚哥·卡拉特拉瓦设计，具有<u>酷炫</u>的玻璃效果。下图显示了里斯本地铁站的<u>这种酷炫效果</u>。（后一个"酷炫"可去掉。）

【51】

✗ 5G与工程机械行业的融合将迎来新的商业模式，开启<u>更快</u>的创新周期，是推动商业转变的领先技术。

此例中用形容词"快"来修饰名词词组"创新周期"，不妥当。"周期"是指一段时间，用"长"或"短"来修饰，与快慢没有直接关系，不适合用"快"或"慢"来修饰。

<参考修改>

✓ 5G与工程机械行业的融合将迎来新的商业模式，开启<u>更短的创新周期</u>，是推动商业转变的领先技术。（画线部分可改为"更快的创新速度"。）

【52】

✗ 依靠旋挖产品<u>充沛</u>的加压力和扭矩的稳定输出，在工艺工法、钻具改进、动力输出等方面进行技术支持，上述工程项目在<u>成桩质量、成桩效率</u>、施工成本等方面赢得了业主和总包方的高度认可。

此例中的形容词"充沛"使用不当。"充沛"指充足而旺盛，多指精神方面的，但这里用来修饰"加压力"，描述"加压力"之大，不妥当。其实改为常用的形容词"充足"非常合适，不仅语义准确，而且与后面的形容词"稳定"并列更顺畅。

<参考修改>

✓ 依靠旋挖产品<u>充足</u>的加压力和<u>稳定</u>的输出扭矩，在工艺工法、钻具改进、动力输出等方面进行技术支持，上述工程项目在<u>成桩质量与效率</u>、施工成本等方面赢得了业主和总包方的高度认可。

3.5 数量词不当

数量词是数词和量词连用时的合称。数词是表示数目的词,由汉语数字和阿拉伯数字充当[①];量词是表示人、事物或动作的单位的词,常由单位的国际符号、中文符号充当。数量词不当就是数词和(或)量词使用不当,大体有以下几个方面。为表述方便,以下有时将数词或数量词所表示的数目的大小称为数量。

3.5.1 二和两不分

"二"和"两"均为数词,是指一加一所得的数目,但二者用法不完全相同,若不加仔细区分,就容易造成二和两不分。

【53】

✗工作原理是旋转着的叶轮直接与被搅拌混合的介质相接触,带动介质的运动来实现单相、两相或多相介质的混合和反应。

【54】

✗学科的满意度函数对让步的两阶导数应小于或等于零。

【55】

✗进行了两维无摩擦接触问题的边界形状优化,比较了二种不同目标函数的优化计算结果。

【56】

✗推导了优化过程中灵敏度全解析分析的相关表达式,用序列两次规划法对目标函数进行优化。

此四例中的"两相""两阶""两维""二种""两次"应分别改为"二相""二阶""二维""两种""二次"。相空间的相数、导数的阶数、坐标的维数、指数的幂次等属于序数,用"二"不用"两";事物的类别数或在一般量词前,常用"两"不用"二"。

3.5.2 数量不准确

数量不准确是指所表示的数目大小出错,与实际值相比不准确、有偏差或有出入,或者是指数量词不完整,如缺少数词或量词,造成数量表达不准确。

---

① 严格意义上说,阿拉伯数字不属于汉语的数词。科技文章中的数量多用阿拉伯数字来表达,阿拉伯数字与汉语数字除形式上不同外,在表义上的作用是相同的。因此,为本书撰写方便,这里将阿拉伯数字和汉语数字一同作为数词看待。

【57】

✗ 许多商品的价格都由市场来"调整"了,有些以前卖 10 元的商品,现在竟然卖到了 100 元,价格足足增长了 10 倍。

此例中数字从 10 增加到 100,应该说增长了 9 倍或增长到 10 倍,而不能说增长了 10 倍。表示数字增长时,"增长了"只指净增数,不包括底数,而"增长到"指增加后的总数,包括底数。因此本例中最后一处数字"10"错误,应为"9"。

〈参考修改〉

✓ 许多商品的价格由市场来"调整"了,有些以前卖 10 元的商品,现在竟然卖到了 100 元,价格足足增长了 9 倍。("增长了 9 倍"可改为"增长到以前的 10 倍",其中"增长到"还可改为"增长为"。)

【58】

✗ 重点对过载保护、接地装置、绝缘电阻、定子绕组耐电压、外露转动件防护、规定点效率、电泵输入功率、泵轴功率、电动机定子的温升限值、规定点流量和扬程、汽蚀余量、振动、噪声 13 个项目进行了检验。

此例中的数字"13"不准确,应改为"14"。此数字的准确值等于其前面所列举的项目(参数)的数量。从形式上看,画线部分中有 12 个顿号,分隔 13 个项目,但仔细看,其中"规定点流量和扬程"形式上是一个项目,实际上却是两个项目,即将"规定点流量"和"规定点扬程"合称"规定点流量和扬程"。这样,项目数共计 14 个,而不是 13 个。

【59】

✗ 一个人有个苹果,另一个人有个桃子,如果要共享,只能每人各有半个苹果、半个桃子。

此例中前面两处量词"个"前缺少数词,造成用量词直接充当数量词,数量表达不完整。况且,为了与后面两处"半"相对应,也应在前面两处"个"前补上数词。

〈参考修改〉

✓ 一个人有一个苹果,另一个人有一个桃子,如果要共享,只能每人各有半个苹果、半个桃子。

【60】

✗ 如果通过发展智慧物流,把物流成本降低到世界平均水平,就会节约 4 万亿,这其中的 2.5 万亿给供方和需方实体企业分享,剩下 1.5 万亿给智慧物流、智慧产业、金融业等各种服务业分享。

此例中三处"万亿"后均缺少量词"元"（人民币单位），仅用数词表示数目，不完整，应补上该量词。

3.5.3 倍数表示不当

这里所说的倍数不是汉语词汇"倍数"（一个数能被另一个数整除，这个数就是另一个数的倍数；一个数除以另一个数所得的商），而是指由数词与量词"倍"所组成的数量词组。倍数表示不当常见的是用倍数表减少、降低。倍数能否表减少、降低，目前是有争议的。笔者按《现代汉语词典》（第7版）对"倍"的解释（倍是指"跟原数相等的数，某数的几倍就是用几乘某数"），提倡用倍数表示增加、提升，不提倡表示减少、降低，表示减少、降低宜用百分数、分数或成数（一成为十分之一）。但在某种语境中或因修辞需要，用倍数表示减少、降低也不是不可以的。

【61】

✗ 因美日贸易摩擦的升级，美国与日本的外贸出口额比去年同期降低了2倍。

此例中"降低了2倍"表示不妥。表示降低不宜用倍数，而应该用百分数、分数或成数。这里的"2倍"可改为"20%""1/5"或"两成"，按真实的表义，也可考虑改为"50%""1/2"或"五成"。

【62】

✗ 若用主轴前端的整机静刚度值来衡量，结合面刚度较大与较小时相比，二者相差约1倍。

此例中"二者相差约1倍"表示不当，因为与上文"较大与较小"不对应，应是"较小"与"较大"而不是"较大"与"较小"相差。若保留"二者相差约1倍"，则应调整"较大"与"较小"的顺序。

〈参考修改〉

✓ 若用主轴前端的整机静刚度值来衡量，结合面刚度较大与较小时相比，前者是后者的2倍。

✓ 若用主轴前端的整机静刚度值来衡量，结合面刚度较小与较大时相比，二者相差约1倍。（"，二者"可去掉。）

3.5.4 数量范围不妥

数量范围是指从一个数量（起始数量）到另一个数量（截止数量）之间的所有数量，即两个数量之间的数量，形成数量区间。这两个数量是该数量区间的端点，可以属于或不属于这个区间。表示这个区间用连接号（常用浪纹线），即"起始数量～截止数量"，这种表达形式通常有一个潜规则，就是起始数量与截止数量之间还有别的数量，当其间没有别的数量时，就不宜用浪纹号的形式。表示数量范围还要注意数字结构的清晰。

【63】

☒ 涂料一般渗入 1～2 个砂粒，当紧实压力较高或浇注温度较高时，不能有效阻止金属液的渗入而产生粘砂，因此一般要求涂料能渗入砂型（芯）表面大约 1.5～3 倍砂粒直径。

此例中有两处表示数量范围（1～2 个、1.5～3 倍），表面上看没有问题。然而，严格意义上讲，"1～2 个"表达不规范，因为在"1 个"和"2 个"之间没有别的"个"，如不可能再有"1.5 个""1.8 个"等；"1.5～3 倍"表达规范，因为在"1.5 倍"和"3 倍"之间还可以有别的倍，如"1.6 倍""1.88 倍""2 倍""2.5 倍"等。

〈参考修改〉

✓ 涂料一般渗入 1 或 2 个砂粒，当紧实压力较高或浇注温度较高时，不能有效阻止金属液的渗入而产生粘砂。因此，一般要求涂料能渗入砂型（芯）表面 1.5～3 倍砂粒直径的深度。（"1 或 2 个"可改为"一两个"。）

【64】

☒ 实验参数的值在 20～50∶1 之间。

此例中的"20～50∶1"数量范围结构不清，可理解为 20∶1 到 50∶1，或 20 到 50∶1，容易造成误解。如果指 20∶1 到 50∶1，则有以下修改方案。

〈参考修改〉

✓ 实验参数的值为 20∶1～50∶1。
✓ 实验参数的值在 20∶1～50∶1 之间。（"之间"可以去掉。）
✓ 实验参数的值的范围是从 20∶1 到 50∶1。

（"20∶1""50∶1"可分别改为"$\frac{20}{1}$"和"$\frac{50}{1}$"。）

3.5.5 约数语义矛盾

约数就是大约的数量，也称近似数或大略数，其表达形式通常是在数量词前或（和）后加一个表示近似或大概的词（如"约、近、大于、多于、小于、少于、多、左右"等，以下称这类词为约词），常见的有"约＋数""数＋左右"等形式。这种形式实质上是定数与约词的组合，组合的前提条件是语义上能够匹配，若语义上有冲突，或其间或其前后加进了产生语义冲突的不协调的词语，那么就形成约数语义矛盾。

【65】

✗ 2020 年，42.5 万考生报考北京市硕士招生单位，较去年增幅达到<u>近 11%多</u>，在全国考研报名人数中<u>约占 12.5%</u>。

此例有两处数量词表达，前一处"近"与"多"矛盾，后一处没有问题。

〈参考修改〉

✓ 2020 年，42.5 万考生报考北京市硕士招生单位，较去年增幅达到 <u>11%</u>，在全国考研报名人数中约占 12.5%。（"11%"还可改为"近 11%"或"11%多"。）

【66】

✗ 当转速<u>约大于 9000 r/min 左右</u>时，系统消耗功率将随转速增加而逐渐增加。

此例中数量词表达语义矛盾，即"约""大于""左右"矛盾。

〈参考修改〉

✓ 当转速<u>大于 9 000 r/min</u> 时，系统消耗功率将随转速增加而逐渐增加。（"大于"也可改为"达到"或"约"；也可将"大于"去掉，而在"时"前加"左右"。）

【67】

✗ 此仪器的使用倍率<u>约 100～1000 倍之间</u>。

此例中"约"与数量范围"100～1000"并列不妥，因为后者表示一个数值区间，包括很多或大或小的数字，前面再冠以"约"，发生强烈的语义冲突，而且"倍率"与"倍"也有语义冲突。

〈参考修改〉

✓ 此仪器的使用倍率<u>为 100～1 000</u>。

✓ 此仪器的使用倍率<u>在 100～1 000 之间</u>。（"之间"可去掉。）

【68】

✗ 测试结果表明，该膨胀机的效率在 <u>5%～20%左右</u>。

此例中"5%～20%"是一个数量范围，与"左右"矛盾。

<参考修改>

✓ 测试结果表明，该膨胀机的效率为 5%~20%。

✓ 测试结果表明，该膨胀机的效率在 5%~20%之间。（"之间"可去掉。）

3.5.6 量词选用不妥

量词成员较多，选用量词要充分考虑量词及相关词语的内涵和外延，选出语义匹配的合适的量词。量词选用不妥就是使用的量词不合适或不正确。

【69】

✗ 农业机械是一个特殊的产品，它的作业对象是千差万别的自然农业条件，使用者是技术素质高低不一的农民，若机器的可靠性不好，关键的作业季节就会贻误农时，影响全年收益，造成巨大经济损失。

此例中的"一个"应改为"一种"。"种""个"均为量词，但"种"表示种类，"个"不能表示种类。"农业机械"是"产品"的一种类别，只有具体到"农业机械"中的某台机器、设备时，才能说它是一个产品。

<参考修改>

✓ 农业机械是一种特殊的产品，其作业对象千差万别，涉及各种自然农业条件，使用者是技术素质高低不一的农民，若机器的可靠性不好，关键的作业季节就会贻误农时，影响全年收益，造成巨大经济损失。

【70】

✗ 人类按性别分为男性和女性，也属于定类数据。虽然定类数据表现为类别，但为了便于统计管理，可以将不同的类别用不同的数字或编码来表示，如 1 表示女性，2 表示男性，这些数码不代表着这些数字可以区分大小或进行数学运算。

此例中的"这些数码"指上文所述"不同类别的数据"，语义侧重数据的"类别"，而不是"数量"，故量词"些"不太妥当，可改用"种"。"些"表示不定的数量，"种"表示种类。

<参考修改>

✓ 人类按性别分为男性和女性，也属于定类数据。虽然定类数据表现为类别，但为了便于统计管理，可以将不同的类别用不同的数码来表示，如 1 表示女性，2 表示男性，这种数码不一定可以区分大小或进行数学运算。

【71】

⊠ 永州的石刻以摩崖石刻最为著名，据不完全统计，永州摩崖石刻现存<u>总量至少为</u>1700<u>通</u>。

月岩摩崖石刻数量在潇贺古道石刻中占比最大，合计 58 <u>方</u>，均为历代敬仰周敦颐理学思想的名人志士所提。

此两句来自同一文章，混用量词"通""方"做石刻的记数单位，不大妥当，应择其一而统一。在不加严格区分时，"通"和"方"均可做石刻的量词，但严格区分时，二者表义有差别。"通"做名量词（还可做动量词），常用于文书电报等。文书电报主要起传达、使知道的作用，而"通"正有此意。石刻文字（碑文）属于书文类，因此说一通石刻(碑文、碑记)是合适的。人们立碑、撰写碑文（石刻），其目的是记录一些事情让后人知道，而这也正是"通"字的含义。"方"仅做名量词，常用于表述方形的东西。

<参考修改>

✓ 永州的石刻以摩崖石刻最为著名，据不完全统计，永州摩崖石刻现存至少 1700 <u>通</u>。

月岩摩崖石刻数量在潇贺古道石刻中<u>的</u>占比最大，合计<u>有</u> 58 <u>通</u>，均为历代敬仰周敦颐理学思想的名人志士所提。

3.5.7 并列项不规范

同类型的不同数量词并列或先后出现时，所用量词（如单位）应一致，表义清晰，以方便对比和理解。

【72】

⊠ 我国的宇航事业从 1992 年立项起，到 2002 年发射"神舟"4 号止，共投入资金约 <u>20 亿美元</u>。"神舟"5 号投入资金约 <u>10 亿元人民币</u>。

此例中使用美元和人民币两个不同的币种来表达投入资金的数量，给读者对两个同类的不同数量进行对比带来不便。应该统一币种，要么都用人民币，要么都用美元，最好都用人民币表述，必要时可注明人民币约合美元的数量。

<参考修改>

✓ 我国的宇航事业从 1992 年立项起，到 2002 年发射"神舟四号"止，共投入资金 <u>×亿元人民币</u>（约 20 亿美元）。"神舟五号"投入资金约 <u>10 亿元人民币</u>。（括号部分可去掉。）

【73】

⊠ 目前我国年龄在 45 岁以下的教授和副教授已分别占到总数的 <u>1/4 和 4 成</u>。

此例中画线部分按语义应是"1/4"与"4成"并列,但容易被理解为"1/4"与"4"并列而共同以"成"为单位,这样就会造成理解上的困难甚至出错。

<参考修改>

✓ 目前我国年龄在45岁以下的教授和副教授已分别占到总数的 <u>2成5和4成</u>。(画线部分还可改为"25%"和"40%"或"1/4和2/5"。)

3.6 代词不当

代词不当是指代词或代词词组的表义不明确,即指代不明。在不使用代词也能明确表义的情况下不必使用代词,若使用代词,通常会造成表义冗余,这也属代词不当。

3.6.1 指代不明

代词使用时若没有明确或准确的前词对应或语境衬托就容易造成指代不明。代词在代词词组中的位置不当也会引起指代不明。

【74】

✗ <u>结晶器振动装置</u>是现代连铸机的<u>关键设备</u>,<u>该机构</u>受到外驱动力、惯性力、重力和铸坯摩擦力等的作用。

此例中代词词组"该机构"与其前面哪个词(前词)对应不明确,造成指代不明。"该机构"按语义应该指"结晶器振动装置"(不是"关键设备",因为"关键设备"是"结晶器振动装置"的一个上位词,范围大得多),可改为"该装置"或"它"。

【75】

✗ 本算例为某钢厂<u>矩形坯结晶器振动系统</u>,由作者设计的椭圆齿轮驱动,进行非正弦振动。<u>该铸机</u>的浇铸条件如表2。

此例的问题同例【74】,代词词组"该铸机"对应的前词不明确。"该铸机"按语义应指"矩形坯结晶器振动系统",因此可改为"该系统""此系统"或"它"("它的"可改为"其")。

【76】

✗ 那个年代,计算机无疑是奢侈品,而且买计算机需要<u>外汇</u>,从哪里能<u>找到这些钱</u>呢?

此例中的指示代词"这些"指代不明,因为没有明确的前词对应。"外汇"属钱的范畴,和"钱"在语义上可以对应,但在用词形式改为一致(如都用"外汇")就更加对应。另外,"这些钱"是复数意义上的,"外汇"为单数意义上的,不一致,宜改为一致。

〈参考修改〉

✓ 那个年代,计算机无疑是奢侈品,而且购买计算机需要外汇,从哪里能弄到这笔外汇呢?("外汇"可改为"钱"。)

【77】

✗ 我国工程机械的质量水平总体而言,与国外产品还存在一定差距,包括工程机械核心零部件(如高端液压元件、传动元件和发动机等),这些差距仍集中反映在基础部件技术水平方面。

此例中的指示代词词组"这些差距"有前词"一定差距",但不能准确对应,因为"这些差距"表复数,而"一定差距"在本例中明显是单数意义上的,因此有一定程度的指代不明。

〈参考修改〉

✓ 总体而言,我国工程机械的质量水平与国外产品还存在一定差距,包括工程机械核心零部件如高端液压元件、传动元件和发动机等,这种差距仍集中反映在基础部件技术水平方面。("一定""这种"可分别改为"一些""这些"。)

【78】

✗ JILES 等从分子电流的观点出发,根据磁畴理论建立了 JILES-ATHERTON 铁磁磁滞模型,此方法建立的模型准确,多用于优化控制。

此例中的代词词组"此方法"对应的前词不明确,或前词较为隐含,造成指代不明。

〈参考修改〉

✓ JILES 等从分子电流的观点出发,根据磁畴理论建立了 JILES-ATHERTON 铁磁磁滞模型,此模型较为准确,多用于优化控制。("此"可改为"该"。另外,两处"模型"可改为"方法"。)

【79】

✗ 由于铜及其合金有优良的导电性、导热性、耐蚀性和塑形等性能指标,故而它就很自然地成了触指的首选材料。

此例中的人称代词"它"虽然有前词"铜及其合金"对应,但指代还是不明。"它"是单数,从数的对应来看,应指"铜"或"铜合金",但显然不合语义;那就是指"铜及其合金",但"铜及其合金"是复数意义,只有将"它"改用"它们"或"其"才说得通。其实此例可以通过交换前句中关联词"由于"和主语"铜及其合金"的位置,后句以"主承前主"的方式承接主语"铜及其合金"而省去代词"它"。

<参考修改>

- ✓ 由于铜及其合金有优良的导电性、导热性、耐蚀性和塑形性等性能指标，故而<u>它们</u>很自然地成了触指的首选材料。（"它们"可改为"其"。）
- ✓ 铜及其合金由于有优良的导电性、导热性、耐蚀性和塑形性等性能指标，故而很自然地成了触指的首选材料。

【80】

✗ 该设备产业化过程中具有诸多创新亮点。

至少可以从以下三个视角来考察此句的语病。

视角一："该设备产业化过程中"是句子的状语，句子缺少主语（"具有"是谓语），若补充主语有困难，可以考虑改为没有语病的无主语句。

视角二："该设备"是句子的主语，"产业化过程中"做句中状语，这样就应该在"产业化过程中"前面加介词"在"字。

视角三："中"字多余，"该设备产业化过程"是句子的主语，但问题是，指示代词"该"是指"设备"还是"过程"，涉及代词的位置问题，需要斟酌而调整，必要时可加字或减字。

<参考修改>

- ✓ <u>在</u>该设备产业化过程中，<u>产生了</u>诸多创新亮点。（无主语句）
- ✓ <u>该设备在产业化过程中</u>具有诸多创新亮点。
- ✓ <u>该设备的产业化过程</u>具有诸多创新亮点。

【81】

✗ <u>第一阶段</u>为吸收水分阶段，<u>第二阶段</u>为体积膨胀阶段，在<u>该阶段</u>中，土壤气隙是逐渐减小的。

此例中的代词词组"该阶段"虽然在形式上有前词对应，但前词可以有两个，分别是"第一阶段""第二阶段"，那么"该阶段"的准确前词究竟是哪个呢？按语义，土壤中的水分只有被吸收后，其气隙才能逐渐减小，故"该阶段"应指第一阶段。

<参考修改>

- ✓ 第一阶段为吸收水分阶段，第二阶段为体积膨胀阶段。在<u>第一</u>阶段中，土壤气隙是逐渐减小的。（最后一个"第一"可改为"前一"。）

3.6.2 其字不当

"其"是一种特指代词，有人称和指示两类，前一种指代"他（她、它）的，他（她、它）们的；他（她、它），他（她、它）们"，后一种指代"那个、那样"（如"查无其事"

"不厌其烦"的"其"),或用来虚指(如"忘其所以"的"其"),主要做定语、宾语,不宜做主语。

【82】

✗ <u>管材本身</u>有薄壁、中空的形状特征,<u>其</u>在弯曲变形过程中受多重因素影响所表现出的特殊性和复杂性,给弯曲变形解析和弯曲成形极限的研究带来很大困难。

此例中的"其"做分句的主语,但可以主承前主(管材本身)而省去,省去后只在形式上没有出现,但暗含的主语仍是"管材本身"。若保留分句中的此主语,用"它"比用"其"更好。

【83】

✗ <u>由于</u>压电陶瓷有更大的应变,直到 20 世纪 50 年代<u>磁致伸缩材料在应用中一直被其替代</u>。

此例中的"其"做介词"被"的宾语,但指代不明,读起来也不顺畅。

<参考修改>

✓ 压电陶瓷有更大的应变,直到 20 世纪 50 年代,<u>在材料应用中一直用它替代磁致伸缩材料</u>。("在材料应用中"可以去掉。)

【84】

✗ 以上所列转子的<u>分岔和混沌运动</u>是复杂运动,往往会造成故障,<u>他们</u>都是由非线性因素造成的。

此例中的"他们"不指人,应改为"它们"或去掉。"他们"和"它们"都是人称代词,但前者通常表示人,后者表示人以外的事物。

<参考修改>

✓ 以上所列转子的<u>分岔和混沌运动</u>是复杂运动,往往会造成故障,<u>它们</u>都是由非线性因素造成的。

✓ 以上所列转子的<u>分岔和混沌运动</u>是复杂运动,往往会造成故障,<u>都是由非线性因素造成的</u>。("都是"也可改为"都"或"均",同时结尾的"的"去掉。)

【85】

✗ 识别<u>从属特征实体</u>和<u>从属操作实体</u>时,<u>他们</u>的实体属性也<u>被</u>识别并<u>被</u>设置。

此例同例【84】，可用"其"代替"他们的"，或将"他们"改为"它们"。

<参考修改>

✓ 识别从属特征实体和操作实体时，<u>其</u>实体属性也被识别并设置。

✓ 识别从属特征实体和操作实体时，<u>它们</u>的实体属性也被识别并设置。

3.6.3 相近代词混淆

易混淆的相近代词常见的有它、它们、他、他们，那、哪等。它、它们、他、他们均为人称代词：它指人以外的事物——常指一个事物；它们指不止一个的事物——常指多个事物；他指自己和对方以外的某个人——常指一个人；他们指自己和对方以外的若干人——常指多个人。"那"是指示代词，用于特指，而"哪"是疑问代词，用于泛指。

【86】

✗ 结绳记事与刻痕记数的方法甚至到了 20 世纪中期，在我国西南的一些少数民族中仍在使用。<u>这种</u>计量、记录法，因为简便易行而得到广泛传承。<u>它</u>不仅是人类史前时代取得的重大成果，也是后来数据思想发展的源头。

此例中表述两种方法"结绳记事"与"刻痕记数"，用单数意义的"它""这种"来指称不太妥当，应改为"它们""这两种"。另外，"它"所在句与其前面的句子之间停顿较短，其间的句号也可改为逗号。

<参考修改>

✓ 结绳记事与刻痕记数的方法甚至到了 20 世纪中期，在我国西南一些少数民族中仍在使用。<u>这两种</u>计量、记录法，因为简便易行而得到广泛传承。它们不仅是人类史前时代取得的重大成果，也是后来数据思想发展的源头。（"它们"前的句号或"。它们"可改为"，"。）

【87】

✗ 一个人在数字化平台上进行协同时，<u>不需要</u>知道对方是男是女，<u>他</u>的宗教信仰是什么，<u>大家都</u>依据同一种研发语言体系、同一套数字化研发业务活动来进行协同。

此例中的"大家"是指上文的"对方"，明显表复数意义，因此用单数意义的"他的"来限定"宗教信仰"不当，"他"应改为"他们"，或直接用"其"。

<参考修改>

✓ 一个人在数字化平台上进行协同时，<u>无须</u>知道对方是男是女，<u>他们</u>的宗教信仰是什么，<u>大家</u>依据同一种研发语言体系、同一套数字化研发业务活动来进行协同。（"他们的"可以改为"其"。）

【88】

✗ 所谓"清流",是封建统治阶级中的不当权派,官僚、文人、名士是<u>它</u>的主要成员。<u>它</u>是随着中国民族危机的加深和国内阶级矛盾的激化,而从封建统治阶级中分化出来的。<u>他们</u>从封建统治阶级的自身利益出发,对外呼喊反对侵略,对内呼喊"整顿纪纲"。在民族灾难深重的岁月里,<u>他们</u>抨击时政,曾经博取时誉,被目为"清流"。但是,这些"清流"虽和当权派有矛盾,却有时又为当权派所利用;虽也反对当权派,却又依附当权派,这是由<u>他们</u>当时的社会地位决定的。

此例中"它""他们"指称相同,均指"清流",但混用不大妥当。如果侧重"清流"这个整体,用单数意义浓的"它"更合适。行文中可适当辅以混用同义的"其",使语言表达变得灵活,也可不用人称代词而直接用原词语或代词词组,使表达直截、明快。

<参考修改>

✓ 所谓"清流",是封建统治阶级中的不当权派,官僚、文人、名士是<u>其</u>主要成员。<u>它</u>是随着中国民族危机的加深和国内阶级矛盾的激化,而从封建统治阶级中分化出来的。它从封建统治阶级的自身利益出发,对外呼喊反对侵略,对内呼喊"整顿纪纲"。在民族灾难深重的岁月里,<u>它</u>抨击时政,曾经博取时誉,被目为"清流"。但是,这些"清流"虽和当权派有矛盾,却有时又为当权派所利用;虽也反对当权派,却又依附当权派,这是由<u>其</u>当时的社会地位决定的。

✓ 所谓"清流",是封建统治阶级中的不当权派,官僚、文人、名士是<u>其</u>主要成员。<u>清流</u>是随着中国民族危机的加深和国内阶级矛盾的激化,而从封建统治阶级中分化出来的。<u>这类人</u>从封建统治阶级的自身利益出发,对外呼喊反对侵略,对内呼喊"整顿纪纲"。在民族灾难深重的岁月里,<u>他们</u>抨击时政,曾经博取时誉,被目为"清流"。但是,这些"清流"虽和当权派有矛盾,却有时又为当权派所利用;虽也反对当权派,却又依附当权派,这是由<u>其</u>当时的社会地位决定的。

【89】

✗ 儿童思维的直观形式与原始思维的直观感受性是有异同的。相同的是,<u>他们</u>都是直观地利用表象,<u>他们</u>所感受到的表象都不是真正的客体表象在镜中的原形,<u>它们</u>或多或少都有所改变。不同的是,支配原始思维的是那些神秘的集体表象,<u>而</u>支配儿童思维的<u>却</u>是一些具有独特风格的个人表象。

此例中没有严格区分人称代词"他们"和"它们",可有不同的理解:"他们"指上文"儿童思维的直观形式与原始思维的直观感受性"(主语),指物即不指人时应该用"它们";"他们"指上文主语中的"儿童"(定语),第二处"他们"冗余;"它们"在形式上明显承接上文指"他们",即"它们"与"他们"是同指。

<参考修改>

✓ 儿童思维的直观形式与原始思维的直观感受性是有异同的。相同的是,它们都是直观地利用表象来感受的结果,所利用的表象都不是真正的客体表象在镜中的原形,或多或少都有所改变。不同的是,支配原始思维的是那些神秘的集体表象,支配儿童思维的却是一些具有独特风格的个人表象。

✓ 儿童思维的直观形式与原始思维的直观感受性是有异同的。相同的是,他们都直观地利用表象,都不是真正的客体表象在镜中的原形,或多或少都有所改变。不同的是,支配原始思维的是那些神秘的集体表象,支配儿童思维的却是一些具有独特风格的个人表象。

【90】

✗ 无论以上的那种算法,都不能满足测试的精度要求。

此例中所述的"算法"显然属泛指,因此应将表示特指的"那"改为表示泛指的"哪"。

<参考修改>

✓ 无论以上哪种算法,都不能满足测试的精度要求。("都"可改为"均"。)

3.7 副词不当

副词不当主要有副词错用、位置不当、混杂、短缺,较多出现在多重否定句中。

3.7.1 副词错用

副词错用是指不必用副词而用了副词,造成副词多余;也指本该用某副词而用了另一副词,或本该用非副词而用了副词,造成副词不当。

【91】

✗ 上海轨道交通 6 号线有 70%的线路都是在隧道内,但按照车型分类标准仍然属于轻轨线路。

此例中副词"都"多余,与数字"70%"有语义冲突,应连同其后的"是"一起去掉。

【92】

✗ 村规民约一般都以中华传统美德为基准,包括孝敬父母、尊敬老人、不偷盗、不欺诈等内容。

此例中副词"都"多余，与形容词"一般"有语义冲突，可去掉"都"。如果保留"都"，则去掉"一般"，语法上虽没有问题，但表义绝对化，不太合适。

<参考修改>

✓ 村规民约一般以中华传统美德为基准，包括孝敬父母、尊敬老人、不偷盗和不欺诈等内容。

【93】

☒ 雷达图统计数据显示，大多数评估项目都在4分以上，表明该产品已经达到用户需求预期。

此例中副词"都"多余，与名词"大多数"有语义冲突，可去掉"都"。同时，"大多数"可放在"评估项目"后，从简洁的角度，"大多数"可直接改用副词"大多"。

<参考修改>

✓ 雷达图统计数据显示，大多数评估项目在4分以上，表明该产品已经达到用户需求预期。

✓ 雷达图统计数据显示，评估项目大多在4分以上，表明该产品已经达到用户需求预期。（"大多"可改为"大多数"。）

【94】

☒ 机构工作空间能力 M_r^3 的空间维度很显然为6。

此例的副词"很"放在形容词"显然"之前不妥，因为"显然"已有非常明显的意思，其前面不必再加"很"来修饰，"很"多余。

【95】

☒ 我国的钢产量现在已经是世界第一，但是很大量的精品还需要进口。

此例同例【94】，副词"很"放在形容词"大量"之前不妥，因为"大量"已有数量很多的意思，其前面不必再加"很"来修饰，"很"多余。

【96】

☒ 文中通过对 GMAW 短路过渡的高速摄像照片进行观察发现了一个现象——即短路过渡过程并不是一次引弧完成的，而是存在二次引弧现象。

此例中副词"即"多余，与其前面的破折号"——"在语义上重复。

<参考修改>

✓ 文中通过对 GMAW 短路过渡的高速摄像照片进行观察，发现了一个现

象——短路过渡过程并不是一次引弧完成的，而是存在二次引弧现象。（也可保留"即"，将破折号改为逗号，或将"——即"用冒号替换。）

【97】

✗随着医学的进步，人们越来越认识到劳与逸、运动与休息<u>本</u>是一对矛盾，<u>二者处于相对平衡状态，生命才能保持活力</u>。

此例中"本"是副词，指本来，读到"人们越来越认识到劳与逸、运动与休息本是一对矛盾"时，往往会想下文大概要讲后来怎样，但此例并未表"本来……后来……"之义。因此"本"错用，可去掉，或改用其他副词如"向来""一直""始终"等，表示强调。

<参考修改>

✓ 随着医学的进步，人们越来越认识到劳与逸、运动与休息是一对矛盾，<u>只有二者处于相对平衡的状态，生命才能保持活力</u>。

✓ 随着医学的进步，人们越来越认识到<u>，劳与逸、运动与休息向来是一对矛盾，只有二者处于相对平衡的状态，生命才能保持活力</u>。（"向来"可以改为"一直"或"始终"。）

【98】

✗使关键产品特征达到所<u>必须</u>的尺寸精度的决定性因素被称为关键控制特征。

副词在句中主要用来修饰动词或形容词，此例中却用副词"必须"修饰名词"尺寸"，即"必须"做"尺寸"的定语，造成副词不当。此例使用了"所"字结构，这种结构应由结构助词"所"加在动词前组成。不难看出，此例明显缺少一个关键的动词，将"必须"改为动词"必需"就解决问题了（必须、必需语义相同，但词性截然不同）。

<参考修改>

✓ 使关键产品特征达到所<u>必需</u>的尺寸精度的决定性因素称为关键控制特征。（"必需的"改为"需"更简洁。）

3.7.2 副词位置不当

副词常用来修饰动词、形容词，也可以修饰谓词性词组或其中的谓词性词语。因此，一个副词与一个谓词性词组因有修饰关系而组合时，就有副词位于整个词组前，还是位于该词组中的某个或哪个词语前的位置问题。这就需要确定副词修饰的对象，将副词放在修饰对象前，但当谓词性词组较为复杂时，其中可能包含多个词语，即副词可能有多个修饰对象，究竟应位于哪个修饰对象前，需要缜密考虑。一般来说主要考虑语义关系，即看副词与各备选修饰对象的语义关系,选择其中与其关系最密切的修饰对象。考察的顺序通常是:与整体词组的语义关系→与词组中词语一的语义关系→与词组中词语二的语义关系……。

对于"副词+主谓词组"的格式,副词以位于主要的谓词之前为宜,如例【99】;对于"副词+介词词组+中心语"的格式,副词以位于中心语之前为宜,如例【100】;在有的句子里,副词以修饰整个词组结构为宜,如例【101】。

【99】

⊠在市场经济中,<u>略微价格有些上涨</u>是比较理想的,不是飞涨,也不是通缩。

此例中画线部分应为"副词+主谓词组"格式,其中副词为"略微""有些",主谓词组为"价格上涨"("价格"是主语,"上涨"是谓语)。从语义上看,"略微""有些"应修饰"上涨",故二者均应放在"上涨"前,此例中"略微"位于"价格"前,位置不当,应移到"有些"前。

【100】

⊠再这样滥砍滥伐,在保护区外,神农架林区的成材林<u>将在 5 年后荡然无存</u>。

此例中画线部分应为"副词+介词词组+中心语"(将+在 5 年后+荡然无存)格式。从语义上看,副词"将"与形容词"荡然"的关系紧密,即"将"应修饰"荡然",而不是修饰介词词组"在 5 年后",故"将"的位置不当,应放在"荡然"前。

【101】

⊠祝愿爱科学的少年朋友,在丰富多彩的科技活动中,大胆幻想,勤奋学习,扬起智慧的风帆破浪前进,祖国现代化建设的明天<u>等待着你们在接班</u>。

此例中画线部分说不通,也不符合语法结构规则。从语义上看,副词"在"应修饰"等待着你们接班"整个词组(该词组的结构是一个兼语词组),因此将"在"放在"等待着你们"和"接班"之间不合适,副词位置不当,应将"在"移到"等待"前。

3.7.3 副词混杂

副词混杂是指句中出现了两个甚至多个语义重复或冲突的副词,造成表义混乱或不准。

【102】

⊠1997 年开通的广州地铁 1 号线也采用了选型<u>几乎完全</u>相同的安达西门子模块化列车。

此例中两个同义副词"几乎"和"完全"连用,语义重复,应去一留一。

【103】

✗ 随着世界经济的全球化，外国公司将进入中国市场，事实上国外的一些大公司已经和我们正在较量。

此例中混用副词"已经"和"正在"，语义有矛盾，可去一留一，或将"正在"改为"在"可能好一些。"已经"表示动作、变化完成或达到某种程度，而"正在"表示动作在进行或状态在持续中。

<参考修改>

✓ 随着世界经济的全球化，外国公司将进入中国市场，事实上国外的一些大公司已经在和我们较量了。

✓ 随着世界经济的全球化，外国公司将进入中国市场，事实上国外的一些大公司已经和我们较量上了。

✓ 随着世界经济的全球化，外国公司将进入中国市场，事实上国外的一些大公司和我们正在较量。

✓ 随着世界经济的全球化，外国公司将进入中国市场，事实上国外的一些大公司已经和我们在较量了。

【104】

✗ 这一分析对于进行正确可靠的轴承腔润滑设计是十分重要和必须的。

此例中副词"必须"与副词"十分"在语义上冲突（不能说"十分必须"），与形容词"重要"在词性上不同类，不宜组成联合词组"重要和必须"。况且，副词是用来修饰或限制动词和形容词的，这里"必须"用来做谓语，也不妥当。

<参考修改>

✓ 这一分析对正确可靠地设计轴承腔润滑是十分重要的，也是非常需要的。（"的，"可去掉。）

3.7.4 副词短缺

副词短缺是指缺少必要的副词而造成语句不畅，属于苟简，参见第4章。

【105】

✗ 对每个故障模式知道的信息越多，分类的效果应该越好。

此例的助动词"应该"之前最好加副词"就"，以表示在某条件或情况下自然会有某种结果的意思。

〈参考修改〉

✓ 对每个故障模式<u>知道的信息越多</u>，分类的效果<u>就</u>应该越好。

✓ 对每个故障模式<u>的信息知道得越多</u>，分类的效果<u>就</u>应该越好。

【106】

☒ 该方法将整个求解域离散为独立的节点，而<u>不需要</u>将节点连成单元，这样<u>可以完全避免了</u>网格划分和网格重构。

此例同例【105】，助动词"可以"前应加副词"就"。另外，助词"了"也多余。

〈参考修改〉

✓ 该方法将整个求解域离散为独立的节点，而无<u>须</u>将节点连成单元，这样<u>就可以完全避免</u>网格的划分及重构。

3.7.5 多重否定副词不当

若干否定意义的词在句中同时出现时就形成多重否定。多重否定可加强句子的语气，双重否定表示肯定，三重否定仍表示否定。多重否定句中因副词使用不当而造成语义相反表达的语病就是多重否定副词不当。

【107】

☒ 难道谁能<u>否认</u>地球<u>不</u>是绕太阳转的吗？

此例使用了否定动词"否认"和否定副词"不"，已为双重否定，又用副词"难道"表示反问语气，也是一种否定，连起来为三重否定，整体意为否定，表义为"地球不是绕太阳转"，不合事理，若将"不"去掉，就是肯定了，符合事理。

【108】

☒ 谁也<u>不</u>能<u>不</u>相信，语言<u>不</u>是交际工具。

此例使用了三个否定副词"不"，为三重否定，整体意为否定，与表义相反，应去掉"不相信"或"不是"中的"不"。

3.8 介词不当

介词不当主要体现在错用、多余、短缺和结构不当几个方面。

3.8.1 介词错用

介词错用是指使用了不适合、不恰当的介词，即本该用某介词而用了另一介词。

【109】

☒ 以表 2 可以看出，国家标准对 J1.5 点要求较严格，即更为关注淬硬性，而对 J13 和 J25 要求较为宽泛。

此例中介词"以"错用，应改为"从"。如果使用"以"，则应修改相应的表达。

<参考修改>

✓ 从表 2 可以看出，国家标准对 J1.5 要求较严格，即更关注淬硬性，而对 J13 和 J25 要求较宽泛。

✓ 以表 2 的结果可以看出，国家标准对 J1.5 要求较严格，即更关注淬硬性，而对 J13 和 J25 要求较宽泛。

【110】

☒ 关于制约我国智能制造快速发展的突出矛盾和问题我国科学家和学者必须进行研究分析。

此例中画双线部分是科学家和学者研究分析的对象，其前面用介词"关于"不恰当，应改为"对于"。介词"关于"用来引进关涉的对象，"对于"用来引进对象或事物的关系者。

<参考修改>

✓ 对于制约我国智能制造快速发展的突出矛盾和问题，我国科学家和学者必须进行研究分析。

✓ 我国科学家和学者必须对制约我国智能制造快速发展的突出矛盾和问题进行研究分析。

"关于"和"对于"的区别：

（1）表示关涉，用"关于"不用"对于"，如：关于织女星，民间有个美丽的传说。指出对象，用"对于"不用"关于"，如：对于文化遗产，我们必须进行研究分析。兼有两种情况的可以用"关于"，也可以用"对于"，如：关于（对于）订立公约，大家都很赞成。

（2）"关于"有提示性质，用"关于"组成的介词结构，可以单独做文章的题目，如：关于人生观；关于科技论文写作。用"对于"组成的介词结构，只有跟名词组成偏正词组，才能做题目，如：对于提高科技期刊编辑出版质量的几点意见。

3.8.2　介词多余

介词多余是指不该用介词而误用了介词，往往破坏了句子的正常结构，使原来正确的结构变为错误的结构，即所用介词冗余。不必要地重复使用某介词，也属介词多余。

【111】

✗ <u>由于</u>这种特殊的沉锚施工方法<u>使</u>吸力锚在经济技术性能上具有较多显著特点。

此例中的介词"由于"多余,导致句子的主语部分"这种特殊的沉锚施工方法"被淹没而变为该介词的宾语,使得全句为无主语句。

<参考修改>

✓ 这种特殊的沉锚施工方法,<u>使</u>吸力锚在经济技术性能上具有较多显著特点。("使"前面的逗号可去掉,或将",使"改为"使得"。)

【112】

✗ <u>因</u>先导阀口螺旋角的<u>存在</u>,<u>导致</u>流出阀口流体的流速方向与参考平面存在空间夹角,如图所示,阀口的速度矢量方向与 yoz 平面存在夹角,<u>正因</u>此角度的<u>存在</u>,<u>使</u>稳态液动力在 x 方向存在分量,即液体流经螺旋阀口存在轴向液动分力。

此例按语义有两组句子,以第四个逗号("正因此角度"之前)来分隔,若将该逗号改为句号,则这两组之间的区分更明显。为表述方便,以下将这两组句子称为句一、句二。两处介词"因"多余,导致两处主语"存在"被淹没,使得句一、句二成为无主语句,谓语动词分别为"导致""使"。也可将"因"视作连词,而将句一、句二都改为由关联词"因……故"引导的因果复句。若在主语或原因从句前加"正是",表达会更加流畅、自然。

<参考修改>

✓ 先导阀口螺旋角的<u>存在</u>,<u>导致</u>流出阀口流体的流速方向与参考平面存在空间夹角,如图所示,阀口的速度矢量方向与 yoz 平面存在夹角。此角度的<u>存在</u>,<u>使</u>稳态液动力在 x 方向存在分量,即液体流经螺旋阀口存在轴向液动分力。(句二开头即"此角度的存在"前可加"正是"。)

✓ <u>因</u>存在先导阀口螺旋角,<u>故</u>流出阀口流体的流速方向与参考平面存在空间夹角,如图所示,阀口的速度矢量方向与 yoz 平面存在夹角。<u>因</u>存在此角度,<u>故</u>稳态液动力在 x 方向存在分量,即液体流经螺旋阀口存在轴向液动分力。(句二开头的"因"可改为"正是因为"。)

实际中介词多余这类语病较多,下面再看一些例子:

【113】

✗ <u>通过</u>实验<u>表明</u>,该方法仿真结果与实验数据吻合,假设合理,模型准确。

【114】

✗ 通过对动力集成式水泵与内燃机柱塞式水泵组合系统在工作原理与结构、工作特点、性能指标等方面的对比分析,表明前者具有效率高、体积小、重量轻、结构紧凑、成本低、易于匹配等显著特点。

【115】

✗ 通过误差测试和分析表明,该系统具有较高的测量精度;对样件的测量实验表明,该系统具有较高的测量速度和分辨率。

【116】

✗ 按工业轧机实际数据验证,表明采用微单元方式计算轧制力预报精度高,可用于生产实践。

【117】

✗ 由于物流系统的随机性、复杂性和不确定性使求解过程变得难以预测。

【118】

✗ 20世纪后期以来,由于电子信息、航空航天等尖端技术的迅速发展,对新材料的研究与开发起到了很大的刺激与促进作用。

例【113】~例【115】中的介词"通过",例【116】中的介词"按",以及例【117】、例【118】中的介词"由于"均多余,使句子本来的主语变成了介词的宾语,淹没了句子的主语而使全句成为无主句。去掉这些介词后,其后的宾语就变为全句的主语,谓语动词后面的语句就成为宾语部分。

【113】〈参考修改〉

✓ 实验表明该方法仿真结果与实验数据吻合,假设合理,模型准确。

✓ 实验表明,该方法仿真结果与实验数据吻合,假设合理,模型准确。

【116】〈参考修改〉

✓ 工业轧机实际数据验证表明,采用微单元方式计算轧制力预报精度高,可用于生产实践。

✓ 进行了工业轧机实际数据验证,结果表明采用微单元方式计算轧制力预报精度高,可用于生产实践。

【119】

✗ 通过冷态流化实验,得到了最小流化速度和操作流化速度。

此例中的介词"通过"不是多余的，去掉后就说不通了，因为"得到"的主语是诸如"作者""我们""笔者"之类的人，而不是"冷态流化实验"。还可有以下修改方案：

〈参考修改〉

✓ 进行了冷态流化实验，得到了最小流化速度和操作流化速度。

✓ 由冷态流化实验，得到了最小流化速度和操作流化速度。（逗号可去掉。）

【120】

✗ 随着纳米粒子的质量分数从7%～16%变化时，微纳米磁流变的正应力逐渐降低。

此例中的介词"随着"多余，不仅与"时"不能搭配，而且淹没了从句（纳米粒子的质量分数从 7%～16%变化时），使此从句在形式上变成"随着"的宾语。若一定保留"随着"，则应将其后的句子（指上面括注的从句）变成词组（纳米粒子的质量分数在 7%～16%的变化）而成为介词结构（随着纳米粒子的质量分数在 7%～16%的变化），做后面主句（微纳米磁流变的正应力逐渐降低）的状语。

〈参考修改〉

✓ 纳米粒子的质量分数在7%～16%变化时，微纳米磁流变的正应力逐渐降低。（原句中介词"从"不恰当，此句中改为了"在"。）

✓ 随着纳米粒子的质量分数在7%～16%的变化，微纳米磁流变的正应力逐渐降低。

【121】

✗ 这是一种以挤压为辅（制坯）、以切削为主的生产工艺。

此例中顿号前后间的停顿很短，没有必要重复使用介词"以"，第二个"以"应去掉。

3.8.3 介词短缺

介词短缺是指该用介词而未用，表现为介词词组不完整，即缺少介词，只有加上合适的介词，才能形成一个完整的介词词组。这种语病属于苟简。

【122】

✗ 江苏维达机械有限公司年初四（2020 年 1 月 28 日）接到客户电话，急需一套 500mL 消毒液包装瓶的模具用于生产。

此例中的时间状语"年初四"前面缺少介词"在"，因丢字而造成语气短促。

<参考修改>

✓ 江苏维达机械有限公司在年初四（2020年1月28日）接到客户电话，急需一套500 mL消毒液包装瓶的模具用于生产。

【123】

✗ 广州和上海地铁1号线依靠德国贷款进口制造地铁所需的机电设备。

此例中"德国"前缺少介词"向"，使得向谁贷款不明确，本来出款方是德国，而本句中"德国贷款"容易被误解为贷款方（贷款者）是德国。另外，在动词"贷款"后若加一个动词"来"，则语言表达更加准确、流畅。

【124】

✗《国务院关于同意新增部分县（市、区、旗）纳入国家重点生态功能区的批复》（国函〔2016〕161号），云南以21个县（市、区）入列排第二，生态功能地位突出。

此例画线部分是一个文件名，相当于名词词组，不能独立成句，按语义应在它前面补充介词如"按""按照"或"由"而构成句首状语，必要时还要在其结尾补充与所补充介词对应的词语。

<参考修改>

✓ 按《国务院关于同意新增部分县（市、区、旗）纳入国家重点生态功能区的批复》（国函〔2016〕161号），云南省以21个县（市、区）入列排第二，生态功能地位突出。（"按"也可改为"按照""由"之类的介词。）

【125】

✗ 非黏结柔性管主要由拉伸等工艺制造而成的聚合物层和钢制材料铠装层组成。

此例中的介词"由"是与中间的"而成"搭配，还是与句尾的"组成"搭配？若与前者搭配，则"由"的作用对象是"拉伸等工艺制造"，那么就缺少与"组成"搭配的介词"由"（由……组成），即缺少引出对象"由拉伸等工艺制造而成的聚合物层和钢制材料铠装层"的介词；同理，若与后者搭配，则缺少与"而成"搭配的介词，如"由"（由……而成）、"通过"（通过……而成）或"按"（按……而成）等，即缺少引出对象"拉伸等工艺制造"的介词。

<参考修改>

✓ 非黏结柔性管主要由由拉伸等工艺制造而成的聚合物层和钢制材料铠装层组成。（第二个"由"可改为"通过"或"按"。）

【126】

❌ 试验药粉中包括金属粉和造渣剂两类,金属粉占比 <u>25%～30%之间</u>,主要包括电解锰、钼粉、金属铬、镍粉、铌粉、钛粉、硼铁和铁粉等,粒度均<u>在 80～100 目之间</u>,使用前经 150 ℃烘干 5 h 去除水分。

此例中在数字区间"25%～30%"前面缺少介词"在",而且从与后面的介词结构"在 80～100 目"一致的角度,也应补上该介词。另外,两处"之间"可去掉。

【127】

❌ 对于海水中 a_0/W 为 0.5 的试样,<u>由直流电位法和显微镜观察法得到的曲线</u>如图 3 所示,可以看出<u>两测量方法</u>得到的裂纹长度基本一致。

此例中在"两测量方法"前面缺少介词"由",而且从与前面的"由直流电位法和显微镜观察法得到的曲线"介词结构一致的角度,也应补上该介词。

〈参考修改〉

✓ 对于海水中 a_0/W 为 0.5 的试样,<u>由直流电位法和显微镜观察法得到的曲线</u>如图 3 所示,可以看出,<u>由两种测量方法</u>得到的裂纹长度基本一致。

【128】

❌ <u>低温时</u>,温度对油液动力黏度影响远大于高温,所以<u>变化相同的温度</u>,低温时示功图面积相差更大,即低温对减振器阻尼特性影响大于高温。

此例中在"变化相同的温度"前面缺少介词"对于",使本应做介词宾语的"变化相同的温度"(此介词结构做状语)变为结果从句的主语,而其谓语是什么,还不好确定。

〈参考修改〉

✓ <u>低温时</u>温度对油液动力黏度的影响远大于高温时,所以<u>对于变化相同的温度</u>,低温时示功图面积相差更大,即低温对减振器阻尼特性的影响大于高温。

表时间、处所的词语前加介词做状语时,有时省去介词也有不错的效果。例如例【129】中的时间状语"在 1933 年 4 月"(介词+表时间的名词性词语),例【130】中的地点状语"在地球"(介词+表处所的名词),虽为语法结构完整的介词结构,但介词"在"省去后表达会更简洁。

【129】

❌ <u>在 1933 年 4 月</u>,法国考察船"拉纳桑"号来到中国南海进行水文测量。

【130】

☒ 据统计,在地球上平均每天会发生一万多次地震。幸运的是,其中99%的地震是极其微小的,如果不用仪器观测,人们根本无法察觉到。

3.8.4 介词结构不当

介词结构不当是指句中的介词组织不当,要么缺少介词,要么缺少与介词配套的词语,要么介词宾语(介宾)安排不妥,造成介词结构不完整,或介宾与其后主句的主语不一致。

【131】

☒ 该策略在对工序间延迟约束进一步研究的基础上,提出标准工序、延迟工序和扩展加工工艺树概念。

此例中的"该策略"因其前面缺方式介词"用"而成为主语(本应做状语),与谓语"提出"不搭配,属于介词结构不完整。该状语也可改为单句,这样全句就是复句了。

<参考修改>

✓ 用该策略在对工序间延迟约束进一步研究的基础上,提出标准工序、延迟工序和扩展加工工艺树概念。(单句)

✓ 用该策略对工序间延迟约束做进一步的研究,提出标准工序、延迟工序和扩展加工工艺树概念。(复句)

【132】

☒ 本文介绍的设计方法,可避免出现两杆间的十字交叉铰接。

此例同例【131】,"本文介绍的设计方法"因其前面缺方式介词"用"而成为主语(本应做状语),与谓语"可避免"不搭配,属于介词结构不完整。若不补充介词"用"而补充动词"使用",则可改为复句。

<参考修改>

✓ 用本文介绍的设计方法,可避免出现两杆间的十字交叉铰接。(逗号可去掉)

✓ 使用本文介绍的设计方法,可避免出现两杆间的十字交叉铰接。(复句)

✓ 使用本文介绍的设计方法,避免了两杆间十字交叉铰接的出现。(复句)

以下三例(例【133】~例【135】)中画线部分的前面均缺介词"对",介词词组不完整,造成文理不通。应加上"对"组成介词词组,形成对字句,以引出对象。

【133】

❌ 在超静电动机振动控制中,<u>叠层定子圆环振动特性</u>的了解是至关重要的。

此例画线部分充当"了解"的定语,但说不通,原因在于其前面缺少介词"对",造成介词结构不完整,虽然对象(叠层定子圆环振动特性)给出了,但缺少引出此对象的介词。

【134】

❌ <u>自由面节点碰壁情况</u>的处理已在文献[9]中作了详尽描述,此处不再赘述。

此例的问题同例【133】,画线部分充当"处理"的定语,但说不通,原因在于其前面缺少介词"对",造成介词结构不完整,虽然对象(自由面节点碰壁情况)给出了,但缺少引出此对象的介词。

【135】

❌ 由于<u>化学成分等一些因素</u>的影响规律无法量化,采用神经网络校正的方法对变形抗力进行修正。

此例的问题同例【133】、例【134】,画线部分充当"影响规律"的定语,但说不通,原因在于其前面缺少介词"对",造成介词结构不完整,虽然对象(化学成分等一些因素)给出了,但缺少引出此对象的介词。另外,若补充与"由于"搭配的关联词,如"故""所以"或其他类似的词,则语气会更顺畅。

<参考修改>

✓ 由于<u>对</u>化学成分等因素的影响规律无法量化,<u>故</u>采用神经网络校正的方法对变形抗力进行修正。

【136】

❌ <u>当密封处在脱开转速条件</u>,有 $\overline{M}_p = r_{\rm r}(I\omega_{\rm sep}^2 - k) = F_{\rm c}R = M_{\rm c} = r_{\rm r}k$。

此例中画线部分为介词结构,介词为"当",意思是正在(那时候),其结构通常为"当……时""当……的时候"。此例中明显缺少与"当"配套的"时"或"的时候",介词结构不完整,语气不顺畅。

【137】

❌ <u>当密封转速高于脱开转速后</u>,随着转速的增加,密封开启力有增大的趋势。

此例中的介词词组"当密封转速高于脱开转速后"虽是完整的,但"当……后"不符合表达习惯（通常说"当……时""当……的时候"）。可将"后"改为"时"或"的时候"，或将介词"当"去掉。

<参考修改>

✓ 当密封转速高于脱开转速时，随着转速的增加，密封开启力有增大的趋势。

✓ 密封转速高于脱开转速时，随着转速的增加，密封开启力有增大的趋势。

✓ 密封转速高于脱开转速后，随着转速的增加，密封开启力有增大的趋势。

（前面两句中的"时"可改为"的时候"。）

【138】

✗ 作为一种新型的多能量源交通工具，混合动力汽车的性能与其采用的能量管理策略密切相关。

此例为单句，介词"作为"的宾语"交通工具"指"混合动力汽车"，而句子的主语是"性能"，"混合动力汽车"充当"性能"的定语，造成介宾与其后主句的主语不一致。可保留"作为"，而修改句子的主语使其与介宾一致，或去掉"作为"，全句改为复句。

<参考修改>

✓ 作为一种新型的多能量源交通工具，混合动力汽车在性能上与其采用的能量管理策略密切相关。

✓ 混合动力汽车是一种新型的多能量源交通工具，它的性能与采用的能量管理策略密切相关。（"它的"可改为"其"。）

3.9 助词不当

助词不当主要体现在助词错用或多余、混淆、短缺几个方面。

3.9.1 助词错用

助词错用是指不必要用助词而用了助词。这种助词要么多余，去掉后不影响语义；要么表义不妥，应该用别的词（如趋向动词）来替换。"的"字过多是一种特殊类型的助词错用，由句中过多使用"的"而造成语句结构不清和阅读绕口。

【139】

✗ 为了克服现有三维测量方法存在的缺陷，实现对大型工件的快速精确测量，提出了一种由 CCD 摄像机、激光线投射器和振镜组成的全场视觉自扫描测量系统。

时态助词"了"含动作、变化已完成或实现的语义,谓语动词所含的这种语义较为明显时,其后一般就不用跟"了"。本例中"提出"已有较明确的完成之义,其后"了"多余。

【140】

⊠该方法将整个求解域离散为独立的节点,而无须将节点连成单元,这样<u>就可以完全避免了</u>网格的划分及重构。

此例中的助动词"可以",含有将来"避免"之义,因此在"避免"的后面再出现"了"会造成语义冲突,"了"应去掉。

【141】

⊠电液复合制动平顺性控制策略能够<u>有效提高了</u>复合制动系统的响应速度,同时显著<u>降低了</u>制动模式切换时的冲击,<u>提升了</u>制动平顺性和乘坐舒适性。

此例第一画线部分中"能够"与助词"了"语义不协调,应去掉"了"。当去掉"了"时,为使句间协调或语音和谐,后两句中的"了"也应去掉。也可不去掉这些"了",而将"能够"去掉。

【142】

⊠这是我们两国之间第一次<u>的</u>友好合作,具有深远意义。

此例中的助词"的"多余,可去掉,也可以放在"第一次"之前。

【143】

⊠基于振动信号的故障诊断方法在某些场合下<u>存在着</u>局限性。

此例中的动词"存在"和助词"着"在语义上有重复,"着"可去掉(不去掉时有冗余感)。动词"存在"指事物持续地占据着时间和空间,或指实际上有但还没有消失。助词"着"用在动词或形容词的后面表示动作或状态的持续。"存在"也可改为"有"。

【144】

⊠作者也<u>曾</u>对摩擦学系统的复杂性进行<u>了</u>研究。

此例中助词"了"与副词"曾"语义有重复,可将"了"改为助词"过",或去掉"曾"。("曾"同"曾经",表示从前有过某种行为或情况。"过"用在动词后表示某种行为或变化曾经发生,但并未继续到现在。"了"用在动词后表示动作或变化已经完成,但可继续到现在。)

【145】

⊠通过仿真和实验对UKF的估计性能<u>进行</u>评估,并与EKF<u>进行了比较</u>。

此例中前一分句的谓语"进行评估"与后一分句的谓语"进行了比较"在结构上不协调,可将"进行了比较"中的"了"去掉("了"多余),或将"进行评估"改为"进行了评估"("了"短缺)。

【146】

☒ 本文还将利用小波变换所具有的特性,分析了Morlet小波与动态振动系统响应之间的关联。

此例前一分句的"将利用"与后一分句的"分析了"在语义上矛盾,"了"多余。

【147】

☒ 本文分析了两种不同波长的双脉冲的脉冲间延迟的等离子体温度和电子数密度的特性,为理解飞秒双脉冲LIBS的机理提供更好的途径。

此例前一分句中有4个"的"字,"的"字过多。除非必要,一个单句中的"的"字一般不宜超过3个。

〈参考修改〉

✓ 本文分析了两种不同波长的双脉冲间延迟的等离子体温度和电子数密度的特性,为理解飞秒双脉冲LIBS的机理提供了更好的途径。

✓ 本文对两种不同波长的双脉冲间延迟的等离子体温度和电子数密度的特性进行了分析,为理解飞秒双脉冲LIBS的机理提供了更好的途径。

【148】

☒ 座谈会上,柬埔寨、印度、印度尼西亚等国家人员对富来威最新研发的产品表达了浓厚的兴趣,希望在原销售渠道基础上,再引进更先进、更智能的插秧机和移栽机产品,特别是可实现无人驾驶的乘座式高速插秧机。

此例中"表达了浓厚的兴趣"不大通顺,应该是"表达出兴趣",而不是"表达了兴趣"。因此,助词"了"错用,应替换为趋向动词"出"。

〈参考修改〉

✓ 座谈会上,柬埔寨、印度、印度尼西亚等国家的人员对富来威最新研发的产品表达出浓厚的兴趣,希望在原销售渠道的基础上,再引进更先进、更智能的插秧机和移栽机产品,特别是可实现无人驾驶的乘坐式高速插秧机。

3.9.2 助词混淆

助词混淆是指未区分助词之间的差别，本该使用某助词而用了别的助词，较为普遍的是"的、地、得"不区分，它们的意思相近，较难区分，混用较为普遍。

1. "的"误做"地"

"的"误做"地"是指因将定语后的"的"错误地表达为"地"而把定语表达为状语，较为常见的是将定中结构（定语＋中心语）表达为状中结构（状语＋中心语）。

【149】

✗ 经过实验以及理论研究，其结果具有很好地吻合性。

此例中"很好地吻合性"为状中结构，做谓语动词"具有"的宾语不妥当，应为定中结构"很好的吻合性"，错误在于将"的"误做"地"，定中结构变成了状中结构。

〈参考修改〉

✓ 实验及理论研究的结果具有很好的吻合性。

✓ 经过实验及理论研究，实验与理论结果具有很好的吻合性得到验证。

✓ 实验及理论研究表明，实验与理论结果具有很好的吻合性。

【150】

✗ 随着我国石油工业和管道建设事业的飞速发展，埋弧焊接螺旋钢管得到了广泛地应用，高压、高强度、长距离输送对钢管质量要求越来越高。

此例中"广泛地应用"充当谓语动词"得到"的宾语，其中的"地"应改为"的"，也可去掉（这种去掉只是形式上的省略，并不影响其应有的定中结构）。

〈参考修改〉

✓ 随着我国石油工业和管道建设事业的飞速发展，埋弧焊接螺旋钢管得到了广泛的应用，高压、高强度、长距离输送对钢管质量的要求越来越高。

【151】

✗ 为了对馈能型悬架的使用性能（汽车的行驶平顺性）和馈能性能（节能性能）进行研究，首先必须对馈能装置的力学特性进行正确地解析。

此例中"正确地解析"充当谓语动词"进行"的宾语，其中的"地"应改为"的"，也可去掉。

【152】

☒随着现代社会的发展和物质生活水平的提高，人们对车辆的各方面性能提出了<u>更高的要求</u>，主动控制技术<u>获得越来越多地关注</u>。

此例中"越来越多地关注"充当谓语动词"获得"的宾语，其中的"地"应改为"的"。"更高的要求"里的"的"也可去掉。

2."地"误做"的"

"地"误做"的"是指因将状语后的"地"错误地表达为"的"而把状语表达为定语，较为常见的是将状中结构表达为定中结构。

【153】

☒系统可以<u>动态的</u>分割新的岩层。

从语义上看，此例中的形容词"动态"应修饰谓语动词"分割"做状语，因此用定中结构"动态的分割"不妥，应将其中"的"改为"地"而表达为状中结构。

【154】

☒由这个规范的线性关系可以很<u>容易的</u>得出高锰钢高温零塑性温度与磷含量的关系为 $T = 1220 - 1520 \cdot w_P\%$。

此例中形容词"容易"与谓语"得出"之间的"的"应改为"地"。因全句较长，在"得出"后还可以加逗号。

【155】

☒Al_2O_3 / 316L 梯度功能材料可以连续改变材料的组成和结构，使其内部界面消失，能够<u>很好的缓和</u>热应力。

此例中"很好"与"缓和"之间的"的"应改为"地"。为简化表达，"能够"也可以去掉。

【156】

☒金属塑性成形过程中，坯料和模具的接触表面<u>不可避免的存在</u>摩擦，而摩擦是<u>影响</u>金属塑性变形和流动的重要<u>影响</u>因素。

此例中的"不可避免"修饰"存在"做状语，其间用"的"不当，应该用"地"。另外，"影响"重复，第二个"影响"可去掉。

【157】

☒注意这个补偿可以和摩擦补偿<u>互不影响的单独进行</u>。

此例中"互不影响"修饰"单独进行"做状语,其间用"的"不当,应该用"地"。也可将"互不影响的单独进行"改为一个连谓单句或两个单句。

<参考修改>

✓ 注意这个补偿可以和摩擦补偿<u>互不影响地单独进行</u>。

✓ 注意这个补偿可以和摩擦补偿<u>互不影响而单独进行</u>。(连谓单句)

✓ 注意这个补偿可以和摩擦补偿<u>互不影响,单独进行</u>。(两个单句)

【158】

☒所以下面的设计就要使 e_2 <u>尽量的小</u>。

此例中"尽量的小"做宾补(宾语为 e_2),其中副词"尽量"修饰形容词"小"做状语,副词修饰形容词时,其间不必加别的词语,若加则加"地",而一般不加"的"。因此,此例中的"尽量的小"应改为"尽量小"或"尽量地小"。

【159】

☒在滑动阶段,因工作台仅在较小区域内低速运动,故<u>近似的</u>把摩擦力矩<u>假设</u>为库仑摩擦力矩 M_c。

此例中的形容词"近似"位于介词结构"把摩擦力矩"前做谓语动词"假设"的状语,"的"使用不当,应改为"地"。

3. "得""的"混淆

"得""的"混淆是指该用"得"时用了"的",或该用"的"时用了"得"。"得"通常用在动词或形容词后面连接表示结果或程度的补语(中补结构),而"的"通常用在定语和中心语之间构成定中结构(偏正结构)。

【160】

☒加筋水泥土排桩具有改善路基应力分布的效果,能使路基内附加应<u>力分布的更加均匀</u>。

此例中形容词"均匀"由副词"更加"修饰,组成形容词词组,做动词"分布"的补语,其间用"的"不当,应改为"得"。

<参考修改>

✓ 加筋水泥土排桩具有改善路基应力分布的效果,能使路基内<u>的</u>附加应力<u>分布得更加均匀</u>。

【161】

✗ 该方法<u>不需要</u>预先设计稳定补偿器,设计简单,<u>且</u>不确定性适用范围较大,<u>而且</u>所设计得控制器反馈增益小,便于工程实现。

此例中的"所设计"(所字结构)做"控制器"(中心语)的定语,其间的"得"应改为"的"。还存在"的"字漏用、连词"且"和"而且"连用的语病。

<参考修改>

✓ 该方法<u>无须</u>预先设计稳定补偿器,设计<u>也较为</u>简单,不确定性<u>的</u>适用范围较大,<u>而且</u>所设计<u>的</u>控制器反馈增益小,便于在工程上实现。("无须"也可改为"不必"。)

✓ 该方法<u>无需对</u>稳定补偿器<u>的</u>预先设计,设计也较为简单,不确定性<u>的</u>适用范围较大,<u>而且</u>所设计的控制器反馈增益小,便于在工程上实现。

3.9.3 助词短缺

助词短缺是指句子缺少必要的助词,即该用助词而未用,造成句中时态不相扣、结构不妥当或语音不协调。

【162】

✗ 现阶段<u>已有</u>许多文献对悬臂板的振动固有频率<u>进行</u>分析。

此例中谓语动词"进行"(含有现在时意味)后面缺少助词"了",与前面的"已有"的过去时含义(完成了、进行过)不相扣,加上该助词后的效果更好。

<参考修改>

✓ 现阶段<u>已有</u>许多文献对悬臂板的振动固有频率<u>进行了</u>分析。("已有"可改为"有"。)

✓ 现阶段<u>有</u>许多文献已对悬臂板的振动固有频率<u>进行了</u>分析。

【163】

✗ 由于切粒模板切粒带均匀分布,本文仅对模板切粒带的一部分<u>进行了</u>模拟。

按语义,此例中的"切粒模板"是定语,"切粒带"是中心语,即应为定中词组"切粒模板的切粒带",但二者之间缺少助词"的",造成结构不妥当。

<参考修改>

✓ 由于切粒模板的切粒带均匀分布,本文仅对模板切粒带的一部分<u>进行了</u>模拟。("进行了"可改为"进行"。)

【164】

☒ 实验用节流口可调式液压阻尼减振器<u>是</u>在某液压减振器基础上改进而成。

此例应为"是……的"句,末尾漏用了"的",造成因助词短缺所引起的语音不协调。

<参考修改>

✓ 实验用节流口可调式液压阻尼减振器是在某液压减振器基础上改进而成<u>的</u>。("是"之前可以加逗号,主语与谓语间停顿一下。)

3.10 连词不当

连词不当主要包括连词错用、多余和结构不清等。

3.10.1 连词错用

连词错用是指使用了表义错误或不准确的连词,多由没有准确区分近义连词的语义差异而随意使用了不太合适的连词所造成。

【165】

☒ 郭孔辉等研究了温升对抗蛇行减振器的危害<u>以及</u>提出了相关的解决措施,吴国祥基于 MATLAB 仿真分析了铁道车辆油压减振器温升对车体<u>以及</u>转向架构架的影响。

此例中有两处"以及",第一处错用,第二处也有提升的空间。"以及""及"的基本作用是连接词和词组,一般不连接句子;连接的成分在意义上通常有主次之分,前面的成分往往是主要的,后面的往往是次要的。第一处"以及"前后均为句子,可改为连词"并"或"并且";第二处"以及"前后的两个成分有主次("转向架构架"次于"车体"),但改为"及"更好,或直接用顿号。

<参考修改>

✓ 郭孔辉等研究了温升对抗蛇行减振器的危害<u>并</u>提出相关的解决措施,吴国祥基于 MATLAB 仿真分析了铁道车辆油压减振器温升对<u>车体及转向架构架</u>的影响。

✓ 郭孔辉等研究了温升对抗蛇行减振器的危害,<u>并</u>提出了相关的解决措施;吴国祥基于 MATLAB 仿真,分析了铁道车辆油压减振器温升对<u>车体及转向架构架</u>的影响。

("车体及转向架构架"可改为"车体、转向架构架"。)

【166】

⊠ 海天国际控股有限公司2019年度收入虽然同比下降9.6%，但由于原材料价格相对稳定及公司发展所采取的策略性措施收到成效，2019年毛利润为31.6%，与2018年相同。

　　此例中的连词"及"前后均为句子，"及"使用不当，可改为"，而且"，或直接改为逗号。另外，连词"但"表示转折，是针对前面的"下降"来说的，后面对应的自然就是没有下降，但没有出现对应语句。

〈参考修改〉

✓ 海天国际控股有限公司2019年度收入虽然同比下降9.6%，但由于原材料价格相对稳定，而且公司发展所采取的策略性措施收到成效，其2019年度毛利润没有下降，为31.6%，与2018年度相同。（"而且"可去掉，"没有下降"与"为31.6%"可换位。）

【167】

⊠ 建立主动弹性隔振系统的理论模型，推导及分析反馈控制、前馈控制在主动弹性隔振系统中的应用框架。

　　此例中用连词"及"连接并列的动词"推导""分析"不当，通常"及"连接并列的名词或名词性词组，而不是动词。可将"及"改为"并""与""和"三者之一。

【168】

⊠ 声音的传播像水波一样，由近及远向周围扩散，如果遇到东西阻挡就会减弱或消失。

　　此例中的"减弱"和"消失"不是供选择的两项，而是事物变化过程中的两种不同状态，前后为递进关系，其间用连词"或"错误。应将"或"改为"乃至""甚至"，以表示将渐变而出现的最终状态。

【169】

⊠ 化验证明，许多卫生纸未经消毒和消毒不彻底，含有大量的细菌。

　　此例中的"未经消毒"和"消毒不彻底"是供选择的两项，有仅指其中之一的意思，其间用连词"和"错误，应改为"或"。

【170】

⊠ 2017年英国大西部铁路公司花费57亿英镑购买了日本日立公司生产的全新列车。然后其首次运行就问题不断，出现了空调漏水、停电等多种情况。

连词"然后"常用来表示承接（顺承、连贯）关系，构成联合复句中的承接复句。本例中"然后"后面与前面部分之间不是承接关系，而是转折关系，因此"然后"使用错误。应将"使用"改为"但""但是""然而"之类表示转折关系的连词，构成偏正复句中的转折复句，同时将"其"改为"它"或"列车"（如果全句侧重转折部分的语义，则可以将第一个句号改为逗号）。

【171】

✗ 复位机构包含运动平台 <u>1 和 6</u> 个 UPS 运动链 <u>2 和</u>基座 <u>3</u>。

此例中的连词"和"容易使人误以为数字"1"和"6"并列，其实这两个数字不在同一层面，与数字"1"并列的是后面的"2""3"，不是"6"。因此"和"错用。

〈参考修改〉

✓ 复位机构包含<u>一个</u>运动平台 1、<u>六个</u> UPS 运动支链 2 和<u>一个</u>基座 3。

✓ 复位机构包含运动平台 1、UPS 运动支链 2<u>（6 个）</u>和基座 3。

3.10.2 连词多余

连词多余是指没有必要用连词而用了连词，多余的连词可去掉或用合适的标点替换。

【172】

✗ 找准缺陷所在位置，<u>根据缺陷的范围以及判断缺陷处铸件本体应力大小</u>，再选择合适的螺纹规格。

此例画线部分中的"根据缺陷的范围"为介词短语，"判断缺陷处铸件本体应力大小"为句子（省略了主语），按语义，前者应是后者的状语，因此在状语和主句间的"以及"纯属多余，应去掉。若将"以及"改为逗号或动词"来"，表达层次会更加清晰。

【173】

✗ 最后的杀手锏就是网控，<u>甚至可以在邻线协调控制客流量</u>。

此例中后面分句的意思用来补充前面"网控"的作用或结果，没有强调或突出"更进一层的意思"，因此连词"甚至"多余。

〈参考修改〉

✓ 最后的杀手锏就是网控，<u>可以在邻线协调控制客流量</u>。（"可以"后还可以加"实现"。）

✓ 最后的杀手锏就是网控，<u>结果是可以在邻线协调控制客流量</u>。

【174】

⊠ 由于动静不对中，必然会引起端面间接触应力分布不均，设 r_r 为动环相对于静环的偏斜量，建立图 3 所示的分析模型。

此例有四句，前面两句有语病。"动静不对中"本应做"必然会引起端面间接触应力分布不均"的主语，但多余的连词"由于"淹没了该主语，使得"由于动静不对中"成为表原因的从句，而"必然会引起端面间接触应力分布不均"成为表结果的主句，但无主语。故修改方案是，去掉"由于"，或保留"由于"而补充缺少的主语。

<参考修改>

✓ 动静不对中必然会引起端面间接触应力分布不均。设 r_r 为动环相对于静环的偏斜量，建立如图 3 所示的分析模型。

✓ 由于动静不对中，因此端面间接触应力分布不均。设 r_r 为动环相对于静环的偏斜量，建立如图 3 所示的分析模型。

3.10.3 结构不清

结构不清是指由连词及其关联的词语所组成的连词词组在句法结构上有问题，容易造成在表义上可以有几种不同的理解。句中有多个连词时更易出现这种语病。

【175】

⊠ 止停距离和水滴直径及速度变化的关系。

此例中的连词"和""及"使用不当，语句结构不清，没有表达清楚是"止停距离"与"水滴直径、速度变化"的关系，还是"止停距离、水滴直径"与"速度变化"的关系，还是"止停距离、水滴直径、速度变化"的关系。

<参考修改>

✓ 止停距离与水滴直径、速度变化的关系。

✓ 止停距离、水滴直径与速度变化的关系。

✓ 止停距离、水滴直径、速度变化之间的关系。

【176】

⊠ 由微米 TiC 颗粒和纳米 TiN 颗粒产生的穿晶断裂和沿晶断裂，以及均匀致密的微观组织导致显著的增韧补强效应。

此例中的连词"和""以及"使用不当，语句结构不清，未表达清楚"均匀致密的微观组织"是否也是由"微米 TiC 颗粒和纳米 TiN 颗粒"产生的。

<参考修改>

- ✓ 由微米 TiC 颗粒和纳米 TiN 颗粒产生的穿晶断裂、沿晶断裂及均匀致密的微观组织，导致显著的增韧补强效应。
- ✓ 由微米 TiC、纳米 TiN 两种颗粒产生的穿晶断裂、沿晶断裂及均匀致密的微观组织，导致显著的增韧补强效应。

（"穿晶断裂、沿晶断裂"中第一处"断裂"可去掉。）

【177】

✗ TiAl 基金属间化合物由于晶体中金属键与共价键相同，可能同时兼有金属的韧性和陶瓷的高温性能，及由此产生高比强度、比模量、良好的抗氧化性、抗蠕变性及优良的高温强度、刚度以及低密度等，这些特点使之优于目前的镍基合金和铁基合金，成为一类最具有发展潜力的高温结构材料。

此例中连用同义连词"及""以及"，而且标点也不当，结构层次不清，表义混乱。

<参考修改>

- ✓ TiAl 基金属间化合物由于晶体中金属键与共价键相同，可能同时兼有金属的韧性和陶瓷的高温性能，以及由此产生的高比强度、比模量，良好的抗氧化性、抗蠕变性，优良的高温强度、刚度和低的密度等，这些特点使之优于目前的镍基合金和铁基合金，成为一类最具有发展潜力的高温结构材料。

【178】

✗ 在具有地域特点发育的淤泥质潮滩海岸、鼓丘海岸以及河海体系与大陆架沉积以及大西洋深海平原陆源沉积效应研究等方面有重要的贡献。

此例中两处连词"以及"在同一单句中，层次非常不清，表义较为混乱难懂。仔细考察句中各部分的层次和并列关系，应去掉一个"以及"。

<参考修改>

- ✓ 在具有地域特点发育的淤泥质潮滩海岸、鼓丘海岸，以及河海体系与大陆架沉积、大西洋深海平原陆源沉积效应研究等方面有重要的贡献。

【179】

✗ 堆焊层中的二次渗碳体的存在，奥氏体的加工硬化和碎屑在摩擦作用下的碎化、动态氧化并热压烧结，是堆焊层具有更优异磨损性能的原因。

此例中,"堆焊层中的二次渗碳体的存在""奥氏体的加工硬化""碎屑在摩擦作用下的碎化、动态氧化并热压烧结"三项间是一种联合关系,有主次和先后之分,因此其间用连词"和"不妥,可改为"以及"(前面加逗号)。而且,第三项中使用连词"并"不当,应该改为"和",因为"并"表示更进一层,宜连接并列的双音节词或分句,而不宜连接词组("动态氧化""热压烧结"均为词组)。

<参考修改>

✓ <u>堆焊层中二次渗碳体的存在,奥氏体的加工硬化,以及碎屑在摩擦作用下的碎化、动态氧化和热压烧结</u>,是堆焊层具有更优异磨损性能的原因。

3.11 偏正词组不当

偏正词组包括定中词组和状中词组,"定"是定语,"状"是状语,做"中"的修饰语,"中"就是中心语。偏正词组不当主要体现为定中词组错用、修饰语所做成分不妥、修饰语和中心语组合不当等。

3.11.1 定中词组错用

定中词组错用是指将定中词组表述为动宾词组或主谓词组,造成不通、变化甚至完全相反的语义。这种语病通常由缺少助词"的"形成苟简而引起。

【180】

✗ 中国方面要求美方放宽对中国<u>出口纺织品</u>的限制。

此例中的"出口纺织品"表示由美国向中国出口之义,与实际要表达的"由中国向美国出口"正好相反。发生错误的原因是苟简,丢失"的"而误将定中词组"出口的纺织品"(定语"出口"+中心语"纺织品")表达成动宾词组(动词"出口"+宾语"纺织品")。

<参考修改>

✓ 中方要求美方放宽对中国<u>出口的纺织品</u>的限制。("的限制"可改为"进行限制"。

【181】

✗ 经文物工作者考证,这座辽代古墓距今已有880多年,墓中壁画是目前在全国<u>发现辽代古墓</u>中保存最完整、内容最丰富的壁画。

此例误将定中词组"发现的辽代古墓"写成动宾词组"发现辽代古墓",定中词组错用。

【182】

✗ 理论分析与实验研究推断，正是因为工艺参数中的火焰温度随机变化，才导致了耦合器性能的重复性差，附加损耗不稳定。

此例中也是因少了一个"的"字，误将定中词组"火焰温度的随机变化"表述为主谓词组"火焰温度随机变化"，也属于定中词组错用。

<参考修改>

✓ 理论分析与实验研究推断，正是工艺参数中火焰温度的随机变化，才导致耦合器性能的重复性差，附加损耗不稳定。

✓ 理论分析与实验研究推断，工艺参数中火焰温度的随机变化，导致耦合器性能的重复性差，附加损耗不稳定。

✓ 理论分析与实验研究推断，正是因为工艺参数中火焰温度的随机变化，耦合器性能的重复性才变差了，附加损耗不稳定。

✓ 理论分析与实验研究推断，因为工艺参数中火焰温度的随机变化，耦合器性能的重复性变差了，附加损耗不稳定。

3.11.2 修饰语所做成分不妥

修饰语所做成分不妥是指修饰语所充当的成分不合适。同一修饰语在词语组合中的位置不同时，所做的成分就可能不同，有时做定语，有时做状语。例如："进行了详细的阐述"和"详细地进行了阐述"，形容词"详细"在前者做定语，在后者做状语；"深入的分析"和"深入地分析"，形容词"深入"在前者做定语，在后者做状语。但并不是定语和状语总是可以随意互换，当一个修饰语在词语组合中做了不合适的成分，如本应做定语而做了状语，反之本应做状语而做了定语，均属于修饰语所做成分不妥。

【183】

✗ 年轻人思维敏捷，勇于探索新事物，在科学技术迅速发展的今天，尤其应该发挥他们的充分作用。

此例中形容词"充分"做名词"作用"的定语，组成定中词组，但语义不通，原因在于修饰语所做成分不妥。可将"充分"移到动词"发挥"的前面组成状中词组"充分发挥"，使"充分"由做修饰"作用"的定语改做修饰"发挥"的状语。

【184】

✗ 机械噪声蕴含着丰富的设备状态信息，可以部分地替代振动信号作为故障诊断的手段之一。

此例中名词"部分"修饰动词"替代",做状语,但所做成分不妥。可将"部分"移到定中词组"振动信号"前组成稍复杂的定中词组"部分振动信号",这时"部分"做定语,同时将"地"去掉。

3.11.3 修饰语和中心语组合不当

修饰语和中心语组合不当是指将不能搭配的修饰语和中心语组合在一起。常见有以下两种情况:修饰语偏离其所应修饰的中心语而处于不合适的位置,其所做的成分虽然可能没有变化,但修饰的对象和语义侧重发生了变化;修饰语与中心语在语义上有冲突,不能搭配。

【185】

✗ <u>明显</u>地,从图 5 可以<u>看出</u>,在图像中间位置,差别比较<u>明显</u>,在新的声源位置处也存在差别。

此例中句首的"明显"在语义上修饰谓语"看出"做状语,因此应位于"看出"前,而位于句首不妥:"明显"充当句首状语时,其语义侧重在全句,而做句中状语时,其语义侧重在"看出"。另外,一句中有两个"明显",表义重复。

<参考修改>

✓ 从图 5 可以<u>明显看出</u>,在图像中间位置差别较<u>大</u>,在新声源位置也存在差别。

✓ 从图 5 可以<u>看出</u>,在图像中间位置差别比较<u>明显</u>,在新声源位置也存在差别。

【186】

✗ 要维持人体<u>正常功能的状态</u>,必须注意<u>营养平衡、动静平衡、心理平衡、内外平衡</u>。

此例"正常功能的状态"中的定语和中心语组合不当,即定语位置不当。"功能"指事物或方法所发挥的有利的作用,或指效能,本身没有"正常"和"不正常"之分,因此"正常"做"功能"的定语不合适。应将"正常"移到"状态"的前面,做"状态"的定语。

<参考修改>

✓ 要维持人体<u>功能的正常状态</u>,必须注意<u>营养、动静、心理、内外等多个方面的平衡</u>。

✓ 要维持人体<u>功能的正常状态</u>,必须注意<u>营养平衡、动静平衡、心理平衡、内外平衡</u>。

【187】

✗ 要顶住某些国家的<u>无理压力</u>，建议对恶意降价、以不当方式与我国争夺订单、狙击我国高端塑料机械自主创新进程的外商，坚决运用反倾销措施予以反制。

此例"无理压力"中的定语"无理"和中心语"压力"组合不当。"无理"是针对动作行为来说的，而"压力"是名词，不表动作行为，"无理"与"压力"组合不当。可将"压力"改为"打压"，或将"的无理压力"改为"无端施加的压力"。

3.12 联合词组不当

联合词组是指由若干词语（词、词组）并列所形成的词语串，并列项之间常由标点符号（如顿号、逗号）来分隔。联合词组不当常由并列项的地位不平等（如并列项结构混杂或有包含关系）或归类不正确（并列项类义概括不当或界线不明确）造成。

3.12.1 并列项结构混杂

并列项结构混杂是指联合词组中并列项的语法结构差别较大，"词"性不一致，直接表现是长短不一，参差不齐，语音和谐美感较差甚至极差。

【188】

✗ 鞋楦数字化加工方法不仅具有<u>高效、高精度、加工过程中无须借助母楦</u>等特点，而且测量所得数据文件可以存档反复使用，已经逐渐取代传统机械靠模加工方法，成为一种主要的鞋楦生产方法。

此例画线部分是由三项组成的联合词组。前两项"高效、高精度"均为定中词组，是名词性的，但字数不同，可改为"高效率、高精度"；因二者有共同的修饰语"高"，也可改为"高的效率、精度"。第三项"加工过程中无须借助母楦"在形式上是句子，可看作一个较复杂的词组，是谓词性的。为使并列项的词性一致，可将前两项改为谓词性的"效率高、精度高"或"效率、精度高"。当这三项都是谓词性的时候，第三项与前两项的语法结构还是有较大差别，若第二、三项间用逗号，第三项前加"以及"，则可淡化这种结构差别，表达效果会得到提升。

〈参考修改〉

- ✓ 鞋楦数字化加工方法不仅具有<u>效率高、精度高、加工过程中无须借助母楦</u>等特点，而且测量所得数据文件可以存档反复使用，已经逐渐取代传统机械靠模加工方法，成为一种主要的鞋楦生产方法。（较好）

- ✓ 鞋楦数字化加工方法不仅具有<u>效率、精度高，加工过程中无须借助母楦</u>等特点，而且……。（很好）

✓ 鞋楦数字化加工方法不仅具有<u>效率、精度高</u>,以及加工过程中无须借助母楦等特点,而且……。(很好)

【189】

☒ 板料冲压成形数值模拟的精度主要取决于:<u>材料的力学性能参数的精度、模具和板料的网格划分、本构模型、单元类型和动力效应的问题</u>。

此例中画线部分为联合词组,其中各并列项的语法结构很不一致,表达较为混乱,去掉一些冗词如"材料的"中的"的"及"的问题",这些并列项的结构就基本一致了。

<参考修改>

✓ 板料冲压成形数值模拟的精度主要取决于<u>材料力学性能参数的精度、模具和板料的网格划分、本构模型、单元类型、动力效应几个方面</u>。

✓ 板料冲压成形数值模拟的精度主要取决于以下方面:<u>材料力学性能参数的精度,模具和板料的网格划分,本构模型,单元类型,动力效应</u>。

✓ 板料冲压成形数值模拟的精度主要取决于以下方面:<u>材料力学性能参数的精度;模具和板料的网格划分;本构模型;单元类型;动力效应</u>。

3.12.2 并列项有包含关系

并列项有包含关系是指联合词组中一些项有包含关系,存在上位概念(属概念)与下位概念(种概念)并列的现象。

【190】

☒ 这也是鸟类对<u>外界生活条件和季节变化</u>的一种适应。

此例画线部分为由两项组成的联合词组,其中"外界生活条件"(上位概念)包含"季节变化"(下位概念),二者不能并列,可以将连词"和"改为动词"如"。

【191】

☒ 有关科技创新的<u>书籍、教材、论文、经验介绍</u>不断涌现。

此例中"书籍"包含"教材",不能并列;"经验介绍"与前几项不同类,也不宜并列(属于下节介绍的"并列项类义概括不当")。

<参考修改>

✓ 有关科技创新的<u>普通图书、教材、论文,以及经验介绍</u>不断涌现。

✓ 有关科技创新的<u>普通图书、教材、论文、经验介绍性文章</u>不断涌现。

3.12.3 并列项类义概括不当

并列项类义概括不当是指用一个不恰当的词语来概括联合词组中的并列项，即并列项的上位词（下称类义词）选用不当，导致至少有一个并列项不能包括在该类义词内。

【192】

✗ 结构型传感器尚有许多测量<u>运动量、黏度、密度等</u>传感器。

此例中画线部分为联合词组，属于"参数"的下位概念，因此其类义词概括为"传感器"不当，应为"参数"。

〈参考修改〉

✓ 结构型传感器尚有许多用来测量<u>运动量、黏度、密度等参数的类型</u>。

【193】

✗ 这批货物已发往<u>北京、天津、上海、山西、内蒙古等省市</u>。

此例画单线部分为联合词组，其中"内蒙古"用类义词"省市"来概括不当，可将"省市"改为"省市自治区"，或调整联合词组中的并列项，重新归类，再用相应合适的类义词概括。

〈参考修改〉

✓ 这批货物已发往<u>北京、天津、上海、山西、内蒙古等省市自治区</u>。

✓ 这批货物已发往<u>北京、天津、上海、山西等省市和内蒙古自治区</u>。

✓ 这批货物已发往<u>内蒙古自治区及北京、天津、上海、山西等省市</u>。

3.12.4 并列项界线不明确

并列项界线不明确是指在具体语境中，有些词语并列时在形式上形成联合词组，但实际上其中有的词语与别的词语或句中其他成分的关系模糊，它们能否组成联合词组有歧义。

【194】

✗ 以下对本文推导出的<u>方程式（2）和方程式（8）</u>进行比较。

此例中的画线部分在形式上是联合词组，但两个并列项"方程式（2）""方程式（8）"的界线不明确，容易产生歧义："推导出"修饰的中心语是"方程式（2）"，还是"方程式（2）和方程式（8）"？若"方程式（8）"也属推导出的，则画线部分为联合词组，但缺少进行比较的对象；否则，画线部分不是联合词组，是"方程式（2）"同（与）"方程式（8）"进行比较。

⟨参考修改⟩

✓ 以下对本文推导出的<u>方程式(2)、(8)与</u>……进行比较。

✓ 以下对本文推导出的<u>方程式(2)同方程式(8)</u>进行比较。("同"可改为"与"。)

【195】

☒ 借助模型和摩擦极限状态的平衡原理<u>、</u>材料的等强度原理,导出脆性材料<u>和</u>塑性材料的夹持段的<u>截面几何尺寸与夹持压力与工作轴力</u>之间的微分方程。

此例中最后一个画线部分连续使用连词"与",导致三个并列项"截面几何尺寸""夹持压力""工作轴力"的界线不明确,层次不太明确,是表达"截面几何尺寸"与"夹持压力""工作轴力"间的关系,还是"截面几何尺寸""夹持压力"与"工作轴力"间的关系,有歧义。

⟨参考修改⟩

✓ 借助模型和摩擦极限状态的平衡原理<u>及</u>材料的等强度原理,导出脆性材料<u>和</u>塑性材料的夹持段的<u>截面几何尺寸、夹持压力与工作轴力</u>之间的微分方程。

【196】

☒ 优化设计以磁头俯仰角和形状尺寸为约束,以磁头在磁盘方向<u>内侧、中间和外侧</u>稳定飞行时的飞行<u>高度和侧倾角与优化目标值</u>间的波动最小为优化目标建立优化模型,采用模拟退火算法对优化模型求解。

此例中两个画线部分均为联合词组,其中两处连词"和"使用不当,容易造成并列项界线不明确,将其改为顿号就没有问题了。

⟨参考修改⟩

✓ 优化设计以磁头俯仰角和形状尺寸为约束,以磁头在磁盘方向<u>内侧、中间、外侧</u>稳定飞行时的飞行<u>高度、侧倾角与优化目标值</u>间的波动最小为优化目标建立优化模型,采用模拟退火算法对优化模型求解。

第 4 章 语句苟简

苟简就是苟且简略，语句苟简就是随意省略句子成分或句子成分中的字词而造成表达的详略失当。句子由各类句子成分组成，简单的语义由少量的成分表达，复杂的语义由较多的成分表达。句子成分有基本成分和特殊成分，基本成分又称直接成分，有主语、谓语、宾语、定语、状语、补语，特殊成分是一种依附于句子但与基本成分没有结构关联的成分。表达某一语义，就要选词造句，选用若干合适的词语充当必要的句子成分，并进行组合，如果句中必要的成分缺少或其自身结构不完整，就会形成成分残缺。成分残缺属于语句苟简，就是从句子成分残缺的角度来对苟简所作的分类。本章从一般苟简和句子主要成分残缺的角度来对苟简进行分类，剖析110个实例语句。

4.1 一般苟简

一般苟简是指句中该出现的字词丢失而造成结构不完整、语义不准确和语气不顺畅，常见的有助词及名词、词组或术语中的字词丢失等。

【1】

✗ 与文献 [7] 相一致，数据集被划分两个数据集：Θ_1 和 Θ_2。

此例中动词"划分"后缺动词"为"，在第二个术语"数据集"之前缺"子"，造成苟简。

<参考修改>

✓ 与文献 [7] 相一致，数据集被划分为两个子数据集：Θ_1 和 Θ_2。

✓ 与文献 [7] 相一致，数据集被划分为 Θ_1 和 Θ_2 两个子数据集。

【2】

✗ 利用管壁的不连续，使振动的弹性波部分地被反射或被抑制掉，从而达到隔离振动的目的。

此例中动词"连续"后面缺少一个"性"，造成苟简。另外，两处"被"多余。

<参考修改>

✓ 利用管壁的不连续性，将振动的弹性波部分地反射或抑制掉，从而达到隔振的目的。

【3】

☒ 城市轨道交通除了<u>地铁系统、轻轨系统</u>外，还包括单轨系统、有轨电车、<u>磁浮系统</u>、自动导向轨道系统、市域快速轨道系统。

此例中名词词组"磁浮系统"中"磁"后面缺少"悬"，造成苟简，使得术语不完整。

〈参考修改〉

✓ 城市轨道交通除了<u>地铁、轻轨系统</u>外，还包括单轨系统、有轨电车、<u>磁悬浮系统</u>、自动导向轨道系统、市域快速轨道系统。

【4】

☒ 纽约地铁在 1904 年通车，历史悠久，虽然在基础设施及卫生安全等方面<u>不尽人意</u>，但依旧有其特色。

此例先说纽约地铁有不足，然后肯定它有特色，侧重褒义，即"优势"大于"不足"，这种否定中侧重肯定之义应该用"不尽如人意"，而不是"不尽人意"。"不尽人意"是"不尽如人意"的苟简，二者语义虽相近，但有差别：不尽如人意含结果虽不很理想，但总体上不错之意；而不尽人意含结果很糟，完全不合人愿，甚至违背初衷之意。

【5】

☒ 如果把成像屏放置于<u>一</u>合理的位置，配合滤光技术，<u>摄像机就能在成像屏上观察</u>到清晰的激光反射条纹图像。

此例的"摄像机"之前省去了表示引出方式、手段的介词"用"或"通过"等，这种介词本应与"摄像机"组成介词词组做状语，但当其省去时，造成苟简，"摄像机"就成为谓语动词"观察"的主语，搭配不当。

〈参考修改〉

✓ 如果把成像屏放置于<u>一个</u>合理的位置，再配合滤光技术，<u>用摄像机就能在成像屏上观察</u>到清晰的激光反射条纹图像。（"一个"可去掉，"用"可改为"通过"。）

【6】

☒ 激光-电弧复合热源焊接技术是近<u>二十年</u>发展较快的一种优质、高效的新型焊接方法，可以实现小电流下的高速焊接。

此例中"二十年"后缺方位词"来"，造成苟简，补上后效果会显著提升。另外，汉语数字"二十年"可改为阿拉伯数字"20"。

【7】

✗ 如火如荼的第一次工业革命导致了世界上第一个特大城市的出现,到1850年,伦敦人口已经高达250万。

此例中"250万"表数量,其中"万"是数词,缺少与其配套的量词"人",造成苟简。

<参考修改>

✓ 如火如荼的第一次工业革命导致世界上第一个特大城市的出现,到1850年,伦敦人口已经高达250万人。

【8】

✗ 本文作者设计喷头装置如图1中下位机执行机构。

此例中两个画线部分均存在苟简。按表义,"设计"做"喷头装置"的定语,但其间缺少助词"的",使得偏正结构即定中结构(设计的喷头装置)成为动宾结构(设计喷头装置);"图1中下位机执行机构"也为偏正结构,即"图1中"修饰"下位机执行机构"做定语,但其间缺少"的",使得这种结构得到淡化,容易引起误解。

<参考修改>

✓ 本文设计的喷头装置如图1中的下位机执行机构。("本文"可改为"作者","中"可改为"所示"。)

【9】

✗ 试验过程通过智能熔透系统进行控制,对采集到第一峰值电压进行降噪和算法处理,并提取所需特征信号,进而对焊接电流输出发送命令,达到焊接过程的实时控制。

此例两个画线部分(动宾结构)均存在苟简,应分别补充助词"的"而成为偏正结构(定中结构)。

<参考修改>

✓ 试验过程中通过智能熔透系统进行控制,对采集到的第一峰值电压进行降噪和算法处理,并提取所需的特征信号,进而对焊接电流输出发送命令,达到焊接过程的实时控制。

【10】

✗ 中国地铁已经实现了完全自主产权,国产过程总的来说可以分为自主研发、模仿吸收、技术引进和国产化四个阶段。

此例中的"自主产权"不完整，因丢字而造成苟简，应在"产权"前补充"知识"。

【11】

❌ B 型车是<u>从</u>最早的北京地铁<u>产生</u>的<u>标准</u>，也是目前我国地铁应用最广的车型<u>了</u>。

此例中的"标准"不完整，属于苟简，应在其后面补充"车型"。另外，介词"从"、动词"产生"使用不当，可分别改为"由""发展出来"。

<参考修改>

✓ B 型车是<u>由</u>最早的北京地铁<u>发展出来</u>的<u>标准车型</u>，也是目前我国地铁应用最广的车型。

【12】

❌ 我国基础设施建设的不断开展，给予盾构制造企业<u>技术</u>足够的实践案例及数据支持，盾构的新理念、新技术、新工艺不断涌现。

此例中的"技术"不完整，属于苟简，应在其后补充"研发"。

【13】

❌ 它们之间存在着<u>式（5）</u>的对应关系。

此例中的"式（5）"前后丢字，前后分别缺少"如""所示"，造成双重苟简。

<参考修改>

✓ 它们之间存在着<u>如式（5）所示</u>的对应关系。（"着"可去掉。）

【14】

❌ <u>图 3</u> 的设计分为上下两层，杆件厚度一致，制作简单，铰接方式完全一致。

【15】

❌ <u>图 4</u> 的杆件厚度一致，放缩倍数较大，但要分为四层，也要用不同方式铰接。

此两例中的"图 3""图 4"后丢失了应出现的词语"所示"，造成苟简。另外，还缺少其他必要的词语，如"所示""结构"或"不同的层"，表意不完整。

【14】<参考修改>

✓ <u>图 3 所示</u>的<u>设计结构</u>分为上下两层，杆件厚度一致，制作简单，铰接方式完全一致。

【15】〈参考修改〉

✓ 图4所示的杆件厚度一致，放缩倍数较大，但要分为四层，不同的层要用不同的方式铰接。

【16】

☒ 在UPS支链中增置冗余驱动器对机构运动灵活度的影响也较小（图6，7，12，13，18，19）。

此例画线部分存在苟简：前面缺"参见"或"见"；或前面缺"如"，后面缺"所示"。另外，数字间的逗号可改为顿号。

〈参考修改〉

✓ 在 UPS 支链中增置冗余驱动器对机构运动灵活度的影响也较小（参见图6、7、12、13、18、19）。（"参见"可改为"见"。）

✓ 在UPS支链中增置冗余驱动器对机构运动灵活度的影响也较小（如图6、7、12、13、18、19所示）。

【17】

☒ 目前已发展了许多重要度函数，例如 Brinbaum 重要度、结构重要度、关键重要度、联合重要度，主要用于分析单独部件以及结构拓扑对系统可靠性的影响。

此例中的"例如"之后所列举的各项都属于"重要度函数"的类别，但各项表达均不完整，丢失了中心语"函数"，造成苟简，读起来不顺畅，表意也不完整。

〈参考修改〉

✓ 目前已发展了许多重要度函数，如 Brinbaum 重要度函数、结构重要度函数、关键重要度函数、联合重要度函数，主要用于分析单独部件及结构拓扑对系统可靠性的影响。

✓ 目前已发展了许多重要度函数，如 Brinbaum、结构、关键、联合等多种重要度函数，主要用于分析单独部件及结构拓扑对系统可靠性的影响。

✓ 目前已发展了如Brinbaum、结构、关键、联合等多种重要度函数，主要用于分析单独部件及结构拓扑对系统可靠性的影响。

【18】

☒ 实验的扬程-流量曲线是根据模型实验结果换算得到的，而效率数值是模型实验的结果，没有进行换算。

此例中的"没有进行换算"未表明对什么没有进行换算,即换算关涉的对象不明,造成苟简。可用对字句引出"换算"的对象。

<参考修改>

✓ 扬程-流量曲线是根据模型实验结果换算得到的,而效率数值是模型的实验结果,对模型的实验结果并没有进行换算。

【19】

☒ 该面罩是在防护模式基础上增加了在线消毒功能单元,将呼出气体引入消毒单元,通过"彩虹丝"滤膜将病毒拦截后采用75%酒精进行消杀,实现呼出气体的安全排放。

此例中的"75%酒精"有苟简,语义模糊——75%是针对哪个指标或量来说的,是质量、体积,还是别的什么?

<参考修改>

✓ 该面罩在防护模式的基础上增加了在线消毒功能单元,将呼出气体引入消毒单元,通过"彩虹丝"滤膜将病毒拦截后采用75%的酒精(体积分数)进行消杀,实现了呼出气体的安全排放。["75%的酒精(体积分数)"也可改为"体积分数为75%的酒精"。]

【20】

☒ 近3年,每年投入近2000万国内外先进设备,优良的数控装备提高了产品的制造水平、质量一致性和加工效率,推动了品质的提升。

此例中的"2000万"由数字2000和数词"万"组成,但数词后缺少量词"元",造成苟简,语义模糊——这2000万指设备数量、投入资金,还是别的什么,不太清楚。

<参考修改>

✓ 近3年,每年投入近2 000万元购置国内外先进设备,优良的数控装备提高了产品的制造水平、质量一致性和加工效率,推动了品质的提升。

4.2 主语残缺

主语残缺是针对主谓句来讲的,指句子缺少必要的主语,容易产生歧义。注意,主语残缺句和无主语句是两回事:前者缺主语,是病句,需设法补上;后者不是主语残缺句,不是病句,而是正常句,虽无主语,但不必补上。

4.2.1 无主语句

无主语句包括存在句、泛指句、祈使句、省略主语句、自述省主句等,虽然没有出现主语,但不影响阅读,因为其主语在语义上是明显的,写出了反而会使表达啰唆。对于正常的无主语句,不要因其缺少主语而判定为病句,但改为有主语句也是可以的。

【21】

✓ <u>方程式(5)中</u>包含3个未知参数。

【22】

✓ <u>在贝氏体晶粒内</u>发生了某些碳化物颗粒的聚集和溶解。

这两句为存在句,没有主语。画线部分为状语,去掉其中的状语标志词"中""在、内"后,就变成了主语,全句就成为有主语句了。以下给出有主语句的修改方案。

【21】〈参考修改〉

✓ <u>方程式(5)</u>包含3个未知参数。

【22】〈参考修改〉

✓ 贝氏体晶粒发生了某些碳化物颗粒的聚集和溶解。

【23】

✓ 1973年在长沙马王堆汉墓中,发现了多种周代编写的医书,其中记载了用针灸治疗疾病的例子。

【24】

✓ 请注意坐标图中两条曲线的上升趋势。

例【23】为泛指句,例【24】为祈使句,均没有主语。以下给出例【23】有主语句的修改方案。

【23】〈参考修改〉

✓ 1973年在长沙马王堆汉墓中,<u>人们</u>发现了多种周代编写的医书,其中记载了用针灸治疗疾病的例子。

【25】

✓ <u>传统制造技术</u>正在从其他学科和高新技术中吸取营养并与之相结合,<u>逐渐发展成为一门技术含量高、附加值大的现代先进制造技术</u>。

此例中后一分句为省略主语句,其主语与前一分句的主语"传统制造技术"相同,后一分句把该主语承接过来而省略了,属"承前省略"中的一种,称为"主承前主"。另外,"与之相结合"也可改为"相互融合"。

【26】

✓ 项目组全体人员的干劲能持续下去，就能按计划高质量完成整个开发工作。

此例中后一分句为省略主语句，其主语与前一分句的定语"项目组全体人员"相同，后一分句把该定语承接过来而省略了，属"承前省略"中的一种，称为"主承主定"。也可有以下修改方案。

<参考修改>

✓ 项目组全体人员只要鼓足干劲持续下去，就能按计划高质量完成整个开发工作。

【27】

✓ 荷兰科学家和数学家西蒙·史蒂文，在公元 1600 年仿制了一辆中国式的带帆车，载着一王子和大臣，沿着海滩飞速行驶，时速高达 48 公里，这是欧洲人第一次领略到中国陆地航行的高速度。

此例中后面三个画线句子均为省略主语句，这些分句的主语与前一分句的宾语"带帆车"相同，承接该宾语而省略，属"承前省略"中的一种，称为"主承主宾"。

【28】

✓ 如果不重视发展先进制造技术，一个国家必然要吃亏、上当、挨打和落后。

此例前一分句的主语因与后一分句的主语"一个国家"相同而省略，属"蒙后省略"。也可以将"一个国家"移到句首，即"如果"前面，但不能移到"如果"后面。

<参考修改>

✓ 一个国家如果不重视发展先进制造技术，则必然要吃亏、上当、挨打和落后。

【29】

✓ 为分析叶轮结构对于叶轮内部流动的影响，对 8 叶片的闭式和半开式两种形式低比转速高速离心复合叶轮进行研究。

【30】

✓ 根据对多种产品的功能分析，可以得到如下功能模块划分的定性规则。

这两句均为自述省主句，"对 8 叶片……研究"和"可以得到……规则"的主语（如"本文""我们""作者""笔者"之类的词）省略了，这种省略称为"自述省主"。自述省主句不会引起误解,被省略的主语很容易由读者想到或补充出来。但若补出主语,也是没有问题的,如以下修改方案。

【29】<参考修改>

✓ 为分析叶轮结构对于叶轮内部流动的影响,笔者对8叶片的闭式和半开式两种形式低比转速高速离心复合叶轮进行了研究。("笔者"可替换为"本文""我们""作者"之类的词。)

【30】<参考修改>

✓ 根据对多种产品的功能分析,笔者得到如下功能模块划分的定性规则。

使用自述省主句应以不致引起误解为前提,否则就不用,如以下这段的"本文"就不能省。

【31】

✗ 目前公开发表的文献对半开式复合叶轮内部流场计算及其与闭式复合叶轮的比较研究进行得较少。本文在前人对低比转速高速离心泵研究的基础上,以具有4长4中的8叶片闭式和半开式复合叶轮为研究对象,对闭式和半开式两种形式叶轮内部的三维流动进行了数值模拟,比较分析了其内部的相对速度场和压力分布。

此例中如果省略了"本文",则"进行""比较分析"的施事就很含糊,容易引起猜测和误解(既可理解为"本文",也可理解为"目前公开发表的文献")。另外,严格来说,首句主语"文献"与"进行"不搭配,因为文献本身不能对事物进行研究,进行研究的只能是人;后句的"本文"与"进行""比较分析"搭配不当,因为"本文"本身不能对事物进行模拟和分析,进行模拟和分析的只能是人,故"本文"可改为"作者""笔者""我们"之类的词,或将"本文"改为"本文中",做状语。

<参考修改>

✓ 目前公开发表的关于半开式复合叶轮内部流场计算及其与闭式复合叶轮比较研究的文献并不多见。本文中,在前人对低比转速高速离心泵研究的基础上,以具有4长4中的8叶片闭式和半开式复合叶轮为研究对象,对闭式和半开式两种形式叶轮内部的三维流动进行了数值模拟,比较分析了其内部的相对速度场和压力分布。("本文中,"可改为"笔者"。)

4.2.2 主语残缺句

除了正常的无主语句之外,其他缺少主语的句子通常就是主语残缺句。

1. 后句暗换主语

前句有主语，中途更换了主语但未把新主语写出来，使后面的句子缺主语。

【32】

✗这一问题引起了<u>有关专家</u>的注意，<u>并</u>开展了研究工作。

此例前句的主语是"这一问题"，后句的主语按表义应是"有关专家"，但未写出来，因为连词"并"要求前后分句的主语相同，在省略"有关专家"这个主语时，容易让人按主承前主的规则将后句省略的主语误作"这一问题"。这种错误因后句主语残缺所致。

〈参考修改〉

✓ 这一问题引起了<u>有关专家</u>的注意，<u>专家们已就此问题</u>开展了研究工作。（"就"可以改为"对"。）

✓ 这一问题引起了<u>有关专家</u>的注意，<u>专家们已开展了相关</u>研究工作。

【33】

✗静强度失效的<u>可靠性问题</u>已得到了长期广泛的研究，建立了较为完善的方法体系。

此例前句的主语是"可靠性问题"，后句的主语应是"研究人员"之类的词语，但未写出来，造成主语残缺。

〈参考修改〉

✓ 静强度失效的<u>可靠性问题</u>得到了长期广泛的研究，<u>研究人员已对其建立</u>起较为完善的方法体系。

【34】

✗有源消声按次级源可分为<u>有源声控制</u>（active noise control，ANC）和<u>有源力控制</u>（active structural acoustic control，ASAC），也称<u>结构声有源控制</u>。

此例后句省去了主语，按正常的主承前主，此省略的主语应是"有源消声"，但与其宾语"结构声有源控制"不对应。那么，此省略的主语就应主承前宾，但问题是前宾有两个（有源声控制、有源力控制），是将其中哪个还是两个称为"结构声有源控制"呢？

〈参考修改〉

✓ 有源消声按次级源可分为<u>有源声控制</u>（active noise control，ANC）和<u>有源力控制</u>（active structural acoustic control，ASAC），<u>有源力控制</u>也称<u>结构声有源控制</u>。（后句中的"有源力控制"也可改为"后者"或"ASAC"。）

【35】

※ 承载构件的<u>故障</u>在实验场强化路实验时<u>均得</u>以暴露,<u>达到</u>预期的可靠性评价目标。

此例前一分句的主语是"故障",后一分句缺少指代上文有关内容的主语,造成主语残缺。"达到"可改为"这就达到了",指示代词"这"指代前面整个句子所陈述的事实。

⟨参考修改⟩

✓ 承载构件的<u>故障</u>在实验场强化路实验时<u>得以暴露</u>,<u>这就达到了</u>预期的可靠性评价目标。("得以"可改为"均已"或"已"。)

2. 介词词组淹没主语

句子本来有主语,但因为误用介词,把主语置于介词后而形成介词词组,使得整个介词词组变成了句子的状语,原有的主语就被"淹没"了。

【36】

※ 在轧制变形区内,<u>由于</u>带钢厚度的<u>变化</u>,导致张力、摩擦力、带钢的变形抗力等力学<u>因素</u>在带钢横断面上的应力分布不同。

此例的介词"由于"淹没了句子本应有的主语"变化",删去后,其后的"变化"就成为句子的主语(主语后面的逗号是否去掉,视主语的长短或语感而定)。

⟨参考修改⟩

✓ 在轧制变形区内,带钢厚度的<u>变化</u>导致张力、摩擦力、带钢变形抗力等力学<u>参数</u>在带钢横断面上的应力分布不同。("变化"后可改逗号。)

【37】

※ <u>为保证企业生产系统高效地运行</u>,要求其生产系统结构合理,<u>而生产系统结构是否合理</u>,又直接决定了其物料转运能否高效快速地进行,以求物料流程最短,人力、物力和时间的消耗最少。

此例的介词"为"淹没了句子本应有的主语"保证企业生产系统高效地运行"。

⟨参考修改⟩

✓ <u>保证企业生产系统高效地运行</u>,要求其生产系统结构合理,<u>此结构是否合理</u>,又直接决定了其物料转运能否高效快速地进行,以求物料流程最短,人力、物力和时间的消耗最少。("高效"后的"地"可去掉。)

【38】

✗ 通过计算与实验结果的对比，验证了数值计算的可靠性和降噪措施的有效性。

此例的介词结构不当，介词"通过"淹没了句子本应有的主语"计算与实验结果的对比"。此介词结构也可改为单句的形式，但应与后面句子的主语在逻辑上一致。

<参考修改>

✓ 计算与实验结果的对比验证了数值计算的可靠性和降噪措施的有效性。

✓ 对比计算与实验结果，验证了数值计算的可靠性和降噪措施的有效性。

✓ 对计算与实验结果进行对比，验证了数值计算的可靠性和降噪措施的有效性。

3. 动词"使""使得"缺主语

介词词组后用动词"使"或"使得"做谓语，造成主语残缺。

【39】

✗ 由于高科技的投入，使这个经济开发区的发展潜力很大。

此例的谓语动词"使"缺主语，删去介词"由于"后，就有了主语"投入"，因为这个主语较短，其后的逗号应去掉。

【40】

✗ 通过选择对角矩阵 K_θ、K_{y1}、K_{y2}，使得它们满足引理 1 的条件。

此例的谓语动词"使得"缺主语，删去介词"通过"后，就有了主语"选择对角矩阵 K_θ、K_{y1}、K_{y2}"。"使得"可改为"使"，"它们"可改为"其"。

<参考修改>

✓ 选择对角矩阵 K_θ、K_{y1}、K_{y2}，使得它们满足引理 1 的条件。

✓ 选择对角矩阵 K_θ、K_{y1}、K_{y2}，使其满足引理 1 的条件。（"使"前的逗号可去掉。）

【41】

✗ 由于匹配系统在换能器串联谐振区的电品质因数很小，滤波效果差，使最终加到换能器上的电压含有大量的高次谐波。

"由于……使……"是较为常见的错误句式。此例中，"由于"视作介词时，淹没了句子的主语（匹配系统在换能器串联谐振区的电品质因数很小，滤波效果差），故"由于"

应去掉,去掉后前面两句做动词"使"的主语,全句为单句;"由于"视作连词时,引导原因从句中的从句(由于匹配系统在换能器串联谐振区的电品质因数很小,滤波效果差),这样就需要有与这一表原因的从句配套的表结果的主句,故"使"应改为连词"因此"(类似的还有"故""所以"等)或"致使",全句就是因果复句了。

<参考修改>

✓ 匹配系统在换能器串联谐振区的电品质因数很小,滤波效果差,使最终加到换能器上的电压含有大量的高次谐波。

✓ 由于匹配系统在换能器串联谐振区的电品质因数很小,滤波效果差,因此最终加到换能器上的电压含有大量的高次谐波。("因此"可改为"致使"。)

4. 随意省略主语

随意省略主语是指句子的主语没有写出来或没有写完整,致使对陈述对象交代不清,或语义不完整,或逻辑讲不通,作者自己或许明白,但读者不一定明白。

【42】

☒ 在图 1 中,d_1 为涂层的厚度,d_2 为界面层的厚度,取决于界面层发生剪切塑性变形的深度。

此例最后一句的谓语"取决于"的主语是 d_1、d_2,还是 d_1 和 d_2,有歧义,需要判断。如果是 d_1,则在此谓语前应补充主语 d_1 或"前一参数";如果是 d_2,则应补充主语"后者"或"后一参数";如果是 d_1 和 d_2,则应该补充主语"它们"或"这两个参数"。以下按"取决于"的主语是 d_2 来修改。

<参考修改>

✓ 在图 1 中,d_1 为涂层的厚度,d_2 为界面层的厚度,后者取决于界面层发生剪切塑性变形的深度。("后者"可改为"后一参数"或"d_2"。)

✓ 在图 1 中,d_1、d_2 分别为涂层和界面层的厚度,d_2 取决于界面层发生剪切塑性变形的深度。

✓ 在图 1 中,d_1 为涂层的厚度;d_2 为界面层的厚度,取决于界面层发生剪切塑性变形的深度。

✓ 在图 1 中:d_1 为涂层的厚度;d_2 为界面层的厚度,取决于界面层发生剪切塑性变形的深度。

【43】

☒ 要完成此项目并不是唯一的,可以使用多个技术方案。

此例未交代清楚何物或何事"不是唯一的",即"不是唯一的"的主语没有写出来,语义晦涩。

<参考修改>

✓ 要完成此项目,这个技术方案并不是唯一的,可以使用多个技术方案。

✓ 完成此项目的技术方案不是唯一的,可以使用多个技术方案。

【44】

✗ 我国是世界上最大的桐油生产国,约占世界总产量的80%。

此例没有交代"约占世界总产量的80%"是针对何对象来说的,即主语没有写出来。

<参考修改>

✓ 我国是世界上最大的桐油生产国,桐油产量约占世界桐油总产量的80%。

【45】

✗ 在国内,西安交通大学和华东交通大学也分别对轮轨噪声开展了研究工作,研究主要是频域分析。

此例最后一句中的"研究"是主语,但语义不完整,缺少中心词如"内容""方向"。

<参考修改>

✓ 国内西安交通大学和华东交通大学也分别对轮轨噪声开展了研究工作,研究内容主要是频域分析。("内容"可改为"方向"。)

【46】

✗ 该中心架极大地提高了数控机床的加工精度,大幅度降低了辅助装夹时间,提高了加工效率。(中心架指一种新型卧式车床高精度数控中心架)

此例句首的"该中心架"是主语,但语义不完整,因为它自身是不可能达到某种效果的,只有使用它才能谈得上达到某种效果。因此,该主语不完整,应为动宾结构"使用该中心架"或偏正结构"该中心架的使用"。

【47】

✗ Ansys Workbench有限元分析软件只能建立形状相对简单的几何结构,复杂几何结构的建立需要借助其他三维建模软件。

此例画线部分是主语,但语义不完整,应在其前面补介词"用",形成介词结构式主语。

【48】

⊠ 目前，大气中可吸入颗粒物已成为环境污染的突出问题，并日益引起世界各国的高度重视。

此例画线部分为主语，然而是名词性的，不属于"问题"范畴，不能与宾语"问题"搭配。该主语若改为谓词性的，例如在"可吸入颗粒物"前面增加动词"含有"，就能与"问题"搭配了。这种语病由主语不完整引起，将主语补充完整并成为谓词性的就可以了。

〈参考修改〉

✓ 目前，大气中含有大量可吸入颗粒物已成为环境污染的突出问题，并日益引起世界各国的高度重视。

✓ 目前，大气中可吸入颗粒物含量增多已成为环境污染的突出问题，并日益引起世界各国的高度重视。

【49】

⊠ 这辆蒸汽机车的成功让工程师们得出两个重要结论：光滑的铁的机车驱动轮可在光滑的铁轨上运行而不会空转；机车可以拖动比机车本身重得多的东西。

此例中的主语"成功"语义不完整，其后应加中心词如"发明"，或前加修饰语如"研制"（"成功"即为中心词）。

〈参考修改〉

✓ 这辆蒸汽机车的成功发明让工程师们得出两个重要结论：光滑的铁机车驱动轮可在光滑的铁轨上运行而不空转；机车可拖动比机车本身重得多的东西。（"成功发明"还可改为"研制成功"，"让"前也可以加逗号。）

5. 自述省主不当

自述省主是指作者表述自己所做工作时省略由其自身充当的主语，如"笔者""作者""我们""本文"等。这种省略主语的方式能简化语言，但省略不当会造成自述省主不当。

【50】

⊠ 为了推动管材弯曲成形向更高新技术方向发展，加快管材弯曲成形向科学化方向迈进的步伐，展开了大量基础性实验和理论研究，并作了相应的归纳和总结。

此例以自述省主的方式在谓语动词"展开"前省略了表示文章撰写者语义的主语，但在此句的语境中，此主语不出现时，暗含的主语不确指，有"作者"和与作者无关的"别人"两种理解。故此例自述省主不当，主语残缺。

<参考修改>

✓ 为了推动管材弯曲成形向更高新技术方向发展,加快其向科学化方向迈进的步伐,作者展开了大量基础性实验和理论研究,并做了相应的归纳和总结。("做了相应的"可改为"相应地做了"。)

【51】

✗ D. M. Ber-nardi 等给出包含催化剂层在内的电化学和传质模型……H. T. LIU 等和 C. Y. WANG 等建立的 CFD 模型过于复杂,不利于进行系统的优化和控制。因此,立足于建立一个包含传质和电化学现象、简单和准确的质子交换膜燃料电池模型,为燃料电池发动机和整车系统的优化和控制提供一个良好的基础。

【52】

✗ 文献[1]实现了混流式水轮机转轮的设计,文献[2]实现了轴流式水轮机转轮的设计,文献[3]将涡格升力面设计程序与一个轴对称 RANS 求解程序耦合来实现喷水泵叶片的设计与分析,文献[4]则用面元法分析了考虑叶顶间隙的混流式喷水泵的水动力性能。在原有轴流泵水力模型 CAD/CAM 程序的基础上,用面元法改进叶轮叶栅的造型,并集成商用 CFD 软件进行数值分析,完善高比转数轴流泵的设计方法。

此两例均存在自述省主不当,在"立足于""在原有轴流泵"(或"用面元法")前省去了必要的主语,造成主语残缺,使读者很难搞清楚这里所叙述的工作是作者还是别人完成的,而且全句的语言表达质量也有待提高。

<参考修改>

✓ Ber-nardi 等建立了包含催化剂层在内的电化学和传质模型……LIU 和 WANG 等建立的 CFD 模型过于复杂,不利于进行系统的优化和控制。鉴于此,笔者建立了一个包含传质和电化学现象、简单和准确的质子交换膜燃料电池模型,可为燃料电池发动机和整车系统的优化和控制提供基础。

✓ 文献[1]设计了混流式水轮机转轮,[2]设计了轴流式水轮机转轮,[3]以涡格升力面设计程序与一个轴对称 RANS 求解程序耦合的方式设计与分析了喷水泵叶片,[4]用面元法分析了考虑叶顶间隙的混流式喷水泵的水动力性能。笔者基于原有轴流泵水力模型 CAD/CAM 程序,用面元法改进叶轮叶栅的造型,并集成商用 CFD 软件进行数值分析,完善了高比转数轴流泵的设计方法。

4.3 谓语残缺

谓语残缺是指句子缺少必要的谓语。这里所说的谓语是广义的，既指全句的谓语，也可指局部结构如介词结构中的谓语，包括充当谓语的动词、形容词、动词词组等。

4.3.1 缺少谓语

缺少谓语是指缺少独立的谓语，造成施事（主语）所发出的动作行为不明确，或受事（宾语）由何种动作行为产生不明确，造成表义不清或语言晦涩。谓语作为重要的句法成分通常是不能随便省略的。

【53】

☒ 制备骨支架过程中，工艺参数对于组织工程骨支架的成型影响。

此例不成句，明显缺少与主语"工艺参数"对应的谓语动词，仅有诉说的对象，没有对其诉说的内容，话等于没说，表义不清。

<参考修改>

✓ 制备骨支架的过程中，工艺参数对组织工程骨支架的成型会造成影响。（"会造成"可改为"造成了""产生了"或"有"。）

【54】

☒ 目前常用的沉积挤压方式有3种，气压沉积挤出方式、螺旋输送沉积挤压方式、活塞挤压沉积成型方式。

此例在逗号后面直接陈述3种方式的名称不妥，虽然语义表达不受大的影响，但语法上不够完整，逗号后面部分的前面明显缺少谓语动词"是"。如果将这个逗号改为破折号，则不需要补充谓语，因为破折号本身就含有"是"的意思，相当于谓语。

<参考修改>

✓ 目前常用的沉积挤压方式有三种，分别是气压沉积挤出、螺旋输送沉积挤压、活塞挤压沉积成型。

✓ 目前常用的沉积挤压方式有三种——气压沉积挤出、螺旋输送沉积挤压、活塞挤压沉积成型。

✓ 目前常用的沉积挤压方式有气压沉积挤出、螺旋输送沉积挤压、活塞挤压沉积成型三种。

【55】

☒ 通过有限元分析，该定子在频率31 656 Hz时端面内振动为纯扭模态。

此例逗号的前面部分为方式状语，后面部分为主谓宾完整的主句，全句在形式或语法上并没有问题；但从语义上看，该状语与主句不太搭配，其间的关联没有表达出来。全句想表达通过某方法（有限元分析）得出、发现或表明某结论、某事理（该定子在频率 31 656 Hz 时端面内振动为纯扭模态），但明显缺少关联动词（如得出、发现、表明），增加这种动词做谓语，让原来的主句充当其宾语就完好了。

〈参考修改〉

✓ 通过有限元分析，发现在频率 31 656 Hz 时该定子端面内的振动为纯扭模态。["发现"为谓语，自述省主（如笔者），"通过有限元分析"为介词词组做状语。]

✓ 有限元分析表明，在频率 31 656 Hz 时，该定子端面内的振动为纯扭模态。（"表明"为谓语，主谓词组"有限元分析"为主语。）

【56】

☒ 为了闸瓦熔化或车轮踏面产生裂纹，在采用闸瓦制动时，对制动功率要有限制，即在车辆上安装一定的防滑系统。

此例开头部分为介词结构做状语，但在介词"为了"与其后面部分之间缺少动词（如"防止"或"避免"）而造成表义错误：缺少这类动词的意思是"达到闸瓦熔化或车轮踏面产生裂纹"，而有这类动词的意思是"避免闸瓦熔化或车轮踏面产生裂纹"，正好相反。

〈参考修改〉

✓ 为了防止闸瓦熔化或车轮踏面产生裂纹，采用闸瓦制动时需要对制动功率进行限制，即在车辆上安装一定的防滑系统。（"防止"可用"避免"替换，"制动时"可改为"制动"。）

【57】

☒ 用线电极电火花磨削技术，由于工件和线电极为点接触，故放电面积小、加工速度低。

此例开头部分是一个介词词组（用……技术），但"技术"只是"用"的对象，用这个对象做什么，未表达出来，原因在于该介词词组中缺少必要的谓语如"来磨削""进行磨削"。

〈参考修改〉

✓ 用线电极电火花磨削技术来磨削，由于工件和线电极为点接触，故放电面积小、加工速度低。（"来磨削"可改为"来磨削时""进行磨削"或"进行磨削时"。）

【58】

⊠ 通过一定的算法可将轴系振动、转速不稳带来的测量误差,本次实验的<u>结果</u>是在使用角基准传感器的基础上<u>完成</u>的。

此例中逗号前面的部分明显缺谓语,没有将对"测量误差"做了什么表达出来,应补充"计算出来""计算出"之类的词语。另外,谓语动词"完成"使用不当,与主语"结果"不搭配。

<参考修改>

✓ 通过一定的算法<u>,</u>可将轴系振动、转速不稳带来的测量误差<u>计算出来</u>,本次实验的<u>结果</u>是在使用角基准传感器的基础上<u>得到</u>的。

✓ 通过一定的算法<u>,可以计算出</u>轴系振动、转速不稳带来的测量误差,本次实验的<u>结果</u>是在使用角基准传感器的基础上<u>得到</u>的。

【59】

⊠ 对缺陷 D6,$S_m = 3.15$,因此可以认为,如果只用原始热像进行分析,缺陷 D6 已接近检测的极限。

此例中"$S_m = 3.15$"前面缺少谓语动词"有",容易误将"缺陷 D6"和"$S_m = 3.15$"都理解为介词"对"的宾语而造成错误。

<参考修改>

✓ 对缺陷 D6,<u>有</u> $S_m = 3.15$<u>。</u>因此可以认为,如果只用原始热像进行分析,则缺陷 D6 已接近检测的极限。

【60】

⊠ <u>石球用来投掷、杀伤猎物(野兽、鸟类或敌人)</u>,<u>可以用手投掷</u>,也可以借助于器械,如石器时代的棍棒、绳索等投石器,当然也可以用<u>石球敲砸制作其他工具</u>。

此例中四个画线部分基本上为并列关系,句法结构应相同,但画线部分一、二、四分别有谓语"投掷、杀伤""投掷""敲砸制作",而画线部分三缺少谓语,按语义应补充"投掷"。

<参考修改>

✓ 石球用来投掷、杀伤猎物(野兽、鸟类或敌人),可以用手投掷,也可以借助于器械如石器时代的棍棒、绳索等投石器<u>投掷</u>,当然也可以用石球敲砸制作其他工具。

✓ 石球用来投掷、杀伤猎物（野兽、鸟类或敌人），可以用手投掷，也可以借助于器械来投掷，如石器时代的棍棒、绳索等投石器，当然也可以用石球敲砸制作其他工具。

✓ 石球用来投掷、杀伤猎物（野兽、鸟类或敌人），可以用手投掷，也可以借助于器械（如石器时代的棍棒、绳索等投石器）来投掷，当然也可以用石球敲砸制作其他工具。

（"敲砸制作"可改为"敲砸来制作"。）

4.3.2 虚假谓语

虚假谓语是指语句中存在形式上似谓语而实际上不是谓语的词语，即形式上有谓语，实际上没有谓语。

【61】

✗ TwinCAT CNC 基于 TwinCAT PLC（IEC 61131.3 软 PLC）。

"基于"不论在日常生活还是科技领域，均为使用频率极高的词，但它是介词，不能做谓语动词。此例中的"基于"在形式上酷似谓语，但实际上是误做谓语，是虚假谓语。可以在"基于"前和句子结尾分别补充"是""的"，用是字句做全句的谓语。

<参考修改>

✓ TwinCAT CNC 是基于 TwinCAT PLC（IEC 61131.3 软 PLC）的。

【62】

✗ 笔者根据国内外 25 份不同方案的图纸的计算，结果很不一致。

"根据"既可做介词，表示以某种事物作为结论的前提或语言行动的基础，也可做动词，表示以某种事物为依据。

从形式上看，此例的"根据"是动词，充当前一分句的谓语。本意是"笔者根据国内外 25 份不同方案的图纸进行了计算，计算出来的结果不一致"，其中"计算"是核心意思，但句中没有表达出来，即把"根据"作为谓语不妥，它是虚假谓语。

若把"根据"看作介词，"根据国内外 25 份不同方案的图纸的计算"作为介词词组做后一句子的状语，这样全句就成为单句，但此介词词组前的主语"笔者"与后面分句的主语"结果"不同指，不衔接。

以下修改为复句，前后分句的主语分别为笔者、计算结果，"根据"为介词，"进行了计算"为前一分句的谓语。

<参考修改>

✓ 笔者根据国内外 25 份不同方案的图样进行了计算，计算结果很不一致。

【63】

✗ 尽管顾客满意总是企业一切工作的"驱动力",但为保证未来的顾客满意目标的实现,<u>企业利润及其成长也必须被实现</u>,同时<u>企业也必须承担相应的社会责任</u>。

此例后面两个分句(下称分句一、分句二)的主语不一致(分句一的主语是"企业利润及其成长",分句二的主语是"企业"),因此其间用连词"同时"不妥。该连词表示并列关系,要求前后分句的主语一致。分句一从形式上看没有问题,但从与分句二的主语的一致性要求看,其真正谓语并未出现,"被实现"是虚假谓语。

<参考修改>

✓ 尽管使顾客满意总是企业一切工作的"驱动力",但为了确保未来顾客满意目标的实现,<u>企业必须追求利润及利润的增长</u>,同时还必须承担相应的社会责任。

【64】

✗ 从图中可看出<u>各臂杆的转角逐渐拟合期望值,同时存在着不同程度的微波动</u>。

此例画线部分做"可看出"的宾语,包括两个分句,其间用连词"同时",后面分句的主语应承接前主,共同的主语应为"各臂杆的转角";但从语义看,后一分句的主语只有是"各臂杆"时才说得通。因此,后面分句中的谓语"存在着"在形式上是"各臂杆的转角"的谓语,实则为虚假谓语,只有补充其真正的主语"各臂杆",才可避免这种虚假谓语。

<参考修改>

✓ 从图中可看出各臂杆的转角逐渐拟合期望值,同时<u>各臂杆存在着不同程度的微量波动</u>。

✓ 从图中可以看出,<u>各臂杆存在着不同程度的微量波动,其转角逐渐拟合期望值</u>。

【65】

✗ 为保证滚弯后锥底零件开孔位置的准确性,<u>优化工艺方案为</u>:平板产品在理论位置刻孔位象限线→产品滚弯→柔性装夹→孔位拟合<u>技术</u>→根据拟合位置开孔→钳工去毛刺→检验。

此例中逗号前面部分为句首状语,表示目的,暗含后面主句的主语是"人"(本文的作者),但不太通顺,缺少与"人"对应的谓语。在形式上"优化"可以做谓语,但表义与本意"人采用优化工艺方案"有差异,这时"优化"就是虚假谓语。

<参考修改>

✓ 为保证滚弯后锥底零件开孔位置的准确性，<u>采用优化工艺方案</u>：平板产品在理论位置刻孔位象限线→产品滚弯→柔性装夹→孔位拟合→根据拟合位置开孔→钳工去毛刺→检验。

✓ 为保证滚弯后锥底零件开孔位置的准确性，<u>对工艺方案进行了优化，优化后的方案为</u>：平板产品在理论位置刻孔位象限线→产品滚弯→柔性装夹→孔位拟合→根据拟合位置开孔→钳工去毛刺→检验。

4.3.3 谓语不完整

谓语不完整是指句子虽有谓语，但用来充当谓语的词语没有写完整，即缺少必要的字词。

【66】

✗ <u>上面介绍的方法</u>，用<u>调查研究确定</u>用户的需求情况。

此例中画线部分一为主语，画线部分二是三个连写的动词"调查""研究""确定"，其中哪个动词做谓语？对于"研究"，既可理解为与"调查"一起做"用"的宾语（调查研究），"确定"做谓语，也可理为介词"用"的宾语仅有"调查"，而词组"研究确定"做谓语。造成这种歧义的原因在于谓语不完整，补充适当的字词便可消除歧义。

<参考修改>

✓ 上述方法用<u>调查研究来确定</u>用户的需求情况。（"来确定"做谓语。）

✓ 上述方法用<u>调查来研究确定</u>用户的需求情况。（"来研究确定"做谓语。）

✓ 上述方法通过<u>调查来研究、确定</u>用户的需求情况。（"来研究、确定"做谓语。）

✓ 上述方法<u>是</u>通过调查研究<u>来确定</u>用户需求情况<u>的</u>。（"是""来确定"是连续谓语，构成"是……的"句。）

【67】

✗ 这种疲劳损伤主要<u>由循环载荷引起的</u>。

此例属于典型的"是……的"句，但主要动词"是"丢失，谓语不完整，应在"由"前补"是"。也可去掉"的"而不用"是……的"句。

【68】

✗ 数值仿真<u>的</u>结果充分<u>证明</u>该声学灵敏度分析方法的<u>正确性和可行性</u>。

此例中的谓语动词"证明"后缺助词"了",本应有的"已完成证明"之意未充分表达出来,谓语不完整,语气不顺畅。

<参考修改>

- ✓ 数值仿真结果充分<u>证明了</u>该声学灵敏度分析方法的<u>正确性和可行性</u>。
- ✓ 数值仿真结果充分<u>证明</u>,该声学灵敏度分析方法<u>是正确、可行的</u>。

【69】

✗ <u>这里</u>系统<u>地</u>研究了球面 5R 并联机器人的理论工作空间和设计空间,<u>给出了</u>理论工作空间形状、面积与设计空间之间的对应关系,并在设计空间内<u>绘制了</u>理论工作空间面积性能图谱,为基于工作空间<u>来</u>设计该机器人<u>提供</u>重要参考依据。

此例中的四句为并列关系,谓语的结构应一致。画单线的词语为谓语,前面三个的结构为动词后加助词"了",而最后一个的结构是动词后未加"了",结构不一致,即"提供"后缺"了",谓语不完整。另外,最后一句还暗换了主语,此主语未写出,容易让人误以为此省略的主语就是承接前句中省略的主语(如作者、笔者、我们、本文等)。若在最后一句合理使用情态动词如"能""能够""可""可以",则不必在"提供"后加"了"。

<参考修改>

- ✓ <u>本文系统研究了</u>球面 5R 并联机器人的理论工作和设计空间,<u>给出了</u>理论工作空间形状、面积与设计空间之间的对应关系,并在设计空间内<u>绘制了</u>理论工作空间面积性能图谱,<u>这些均为</u>基于工作空间设计球面 5R 并联机器人<u>提供了</u>重要参考依据。
- ✓ <u>本文系统研究了</u>球面 5R 并联机器人的理论工作和设计空间,<u>给出了</u>理论工作空间形状、面积与设计空间之间的对应关系,并在设计空间内<u>绘制了</u>理论工作空间面积性能图谱,<u>这些均能为</u>基于工作空间设计球面 5R 并联机器人<u>提供</u>重要参考依据。

【70】

✗ 上海地铁不仅<u>频率高</u>,而且很<u>可靠</u>,整点率高达 99.8%。

此例有三个分句,主谓词组"频率高"、形容词"可靠"分别为分句一、二的谓语,但均不完整,表义较宽泛,如果在二者前面分别加上动词"发车"、形容词"准时",则谓语变得完整,表义自然就准确了。

<参考修改>

- ✓ 上海地铁不仅<u>发车</u>频率高,而且<u>准时</u>可靠,整点率高达 99.8%。("不仅""而且"可去掉。)

4.4 宾语残缺

宾语残缺是指句子在结构上应该有的宾语没有出现，造成未能把同动作、行为关涉的事物或对象表达出来，自然就不能将语义关系表达完整或清楚。

4.4.1 缺少宾语

宾语有句子和介词结构两个层面。宾语是句子的基本成分之一，缺少时，谓语的作用对象就会不明，句义自然难分明。介词通常带宾语（能充当介词宾语的词语类别较多，如名词、名词词组、代词、代词词组、宾语从句等），组成介词词组（结构）。介词缺少宾语时，其作用对象就不明确，句义自然受到影响。

【71】

✗ 根瘤菌<u>具有</u>从空气中吸取固定氮，并将其作为养料提供给作物。

"具有"为体宾动词，应带体词性宾语。此例中，"从空气中吸取固定氮"是谓词性的，不宜做"具有"的宾语，故"具有"缺少妥当的宾语。

<参考修改>

✓ 根瘤菌<u>具有</u>从空气中吸取固定氮，并将其作为养料提供给作物<u>的功能</u>。

【72】

✗ GIBSON 给出了蜂窝芯层的等效参考公式，该公式<u>具有</u>解析形式便于应用，<u>但是它也有明显的不足，仅考虑了蜂窝壁板的弯曲变形，而未考虑伸缩变形</u>。

此例中"解析形式便于应用"是谓词性的，不宜做"具有"的宾语，"具有"缺少妥当的宾语。

<参考修改>

✓ GIBSON 给出了蜂窝芯层的等效参考公式，该公式<u>具有</u>解析形式便于应用<u>的特点</u>，<u>但也明显具有仅考虑蜂窝壁板的弯曲变形而未考虑伸缩变形的不足</u>。

【73】

✗ 否则就会<u>出现</u>模型的结果相互矛盾。

此例中"出现"为体宾动词，应带体词性宾语，而"模型的结果相互矛盾"是谓词性的，"出现"缺少妥当的宾语。

<参考修改>

✓ 否则就会<u>出现模型结果相互矛盾的情况</u>。

【74】

☒ <u>探讨了激光跟踪测量系统误差评定参数在何种条件下能够唯一确定</u>。

此例中"探讨"为体宾动词,应带体词性宾语,而"激光跟踪……唯一确定"是谓词性的,"探讨"缺少妥当的宾语。

<参考修改>

✓ 探讨了<u>激光跟踪测量系统误差评定参数在何种条件下能够唯一确定的问题</u>。("能够"可改为"能"。)

【75】

☒ 对于式(4),可以<u>将考虑为</u>如下一般非线性系统。

此例中介词"将"之后缺必要的宾语如"它""其""该式",补充此宾语组成介词结构并移到动词"考虑"之后更恰当。也可以把"将"去掉,或者去掉开头的"对于",将"式(4)"移到"将"后组成介词结构,并将此介词结构移到"考虑"的后面。

<参考修改>

✓ <u>对于式(4),可以考虑将其作为</u>如下一般非线性系统。("其"可改为"它"或"该式"。)

✓ <u>对于式(4),可以考虑为</u>如下一般非线性系统。

✓ <u>可以考虑将式(4)作为</u>如下一般非线性系统。

4.4.2　宾语不完整

宾语不完整是指句中谓语、动词或介词有宾语但没有写全,即宾语中缺少必要的成分(主要是中心词),造成与谓语、动词或介词搭配不当,语义不完整等问题,对句义的准确表达造成影响。

【76】

☒ 政府应该采取必要的措施来保证<u>粮食不断增长</u>。

此例中画线部分是动词"保证"的宾语,但"粮食"怎么能"增长"呢?原因在于,此宾语不完整,"粮食"后缺中心语"产量"。

<参考修改>

✓ 政府应采取必要的措施来保证<u>粮食产量不断增长</u>。("产量"后可加"的"。)

【77】

⊠ 欧洲和日本也将严格载重车的微粒排放法规，大幅度降低<u>柴油机微粒排放</u>。

此例中画线部分是谓语动词"降低"的宾语，但搭配不当，"降低"的对象应是"排放量"，而不是"排放"。因此，宾语不完整，"排放"后缺中心词"量"。

<参考修改>

✓ 欧洲<u>国家</u>和日本也将严格载重车的微粒排放法规，大幅度降低<u>柴油机的微粒排放量</u>。（最后一个画线部分也可改为"柴油机微粒的排放量"。）

【78】

⊠ 多元文化的素养是经济全球化和国际竞争的需要。无论是在跨国公司工作，还是创立自己的国际型企业，都必须<u>了解世界上不同国家和民族</u>。

此例中画线部分是谓语动词"了解"的宾语，但明显缺中心语"文化"，宾语表义不明。另外，最后一句还缺少主语。

<参考修改>

✓ ……。无论在跨国公司工作，还是创立自己的国际型企业，<u>我们</u>都必须<u>了解世界上不同国家和民族的文化</u>。

【79】

⊠ 修磨进度保证不了顾客的<u>验收</u>。

此例中宾语"验收"不完整，其后应补充中心词如"要求"，使表达更准确、顺畅。

【80】

⊠ 可重构加工系统是可重构制造系统（RMS）的<u>重要组成</u>，<u>与物流系统、控制系统有机结合</u>，共同构成 RMS 的物料流、能量流和信息流。

此例中的宾语"重要组成"不完整，其后缺少中心词"部分"，表达不严谨。

<参考修改>

✓ 可重构加工系统是可重构制造系统（RMS）的<u>重要组成部分</u>，<u>与物流系统、控制系统有机结合</u>，共同构成 RMS 的物料流、能量流和信息流。

✓ 可重构加工系统是可重构制造系统（RMS）的<u>重要组成部分</u>，<u>与另外两个组成部分（物流系统、控制系统）有机结合</u>，共同构成 RMS 的物料流、能量流和信息流。

第 4 章 语句苟简

【81】

☒ 笔者提出的虚拟制造单元（VMC）生成的框架及设计，是 VMC 中工件运送路径生成方法的基础。

此例中宾语"框架及设计"不完整，"框架"后缺中心词"模型"，"设计"后缺中心词"方法"。

〈参考修改〉

✓ 笔者提出的虚拟制造单元（VMC）生成的框架模型及设计方法，是 VMC 工件运送路径生成方法的基础。

✓ 笔者提出了虚拟制造单元（VMC）生成的框架模型及设计方法，成为 VMC 工件运送路径生成方法的基础。

【82】

☒ 基于着陆器的运载体积约束和月球车月面风化层地形通过性考虑，提出一种新的可变直径轮设计。

此例中谓语动词"提出"的宾语部分缺中心语，中心语应根据表义来恰当选择，如"原理""方法"或"概念"等。

〈参考修改〉

✓ 基于对着陆器运载体积约束和月球车月面风化层地形通过性的考虑，提出可变直径轮设计的一种新原理。（"原理"可改为"方法"或"概念"。）

【83】

☒ 通过计算分析得出我国 200 km/h 动车组空心车轴的应力循环。

此例中谓语动词"得出"的宾语部分明显缺中心语"曲线"。

〈参考修改〉

✓ 通过计算分析得出我国 200 km/h 动车组空心车轴的应力循环曲线。

✓ 计算分析得出我国 200 km/h 动车组空心车轴的应力循环曲线。

【84】

☒ 据式（2）绘出 $F\text{-}h$ 如图 3 所示。

此例中谓语"绘出"的宾语部分缺中心语，即"$F\text{-}h$"后缺"曲线"，错把绘出的对象"曲线"表达为"$F\text{-}h$"（即一个由字母"F"、短横线"-"和字母"h"组成的字符串）。

〈参考修改〉

✓ 根据式（2）绘出 F-h 曲线，如图 3 所示。

✓ 根据式（2）绘出 F-h 曲线，见图 3。

✓ 根据式（2）绘出 F-h 曲线（见图 3）。

✓ 根据式（2），绘出如图 3 所示的 F-h 曲线。

【85】

✗ 建议积极、科学地推动垃圾分类制度，加强废塑料回收、利用的科学、有序、系统化管理。

此例中动词"推动"与其后宾语"制度"不搭配，原因在于"制度"后因缺少必要的中心词如"建设"而造成宾语不完整。

〈参考修改〉

✓ 建议积极、科学地推动垃圾分类制度建设，加强废塑料回收和利用的科学、有序、系统化管理。（"制度建设"可改为"制度的建设"。）

【86】

✗ 随着依法治国日益深入人心，人们越来越多地依靠法律来处理生活中碰到的各种问题。

此例中介词词组做句首状语，介词"随着"的宾语"依法治国日益深入人心"不完整，"依法治国"后面缺中心语"观念"，表义不准确。也可将"随着"去掉而将句首状语改为单句，这样全句就是复句了。

〈参考修改〉

✓ 随着依法治国观念的日益深入人心，人们越来越多地依靠法律来处理生活中碰到的各种问题。（单句，画线部分中的"的"可去掉。）

✓ 依法治国观念日益深入人心，人们越来越多地依靠法律来处理生活中碰到的各种问题。（复句）

【87】

✗ 为了地铁列车轻量化，普遍采用铝合金车体（也有采用不锈钢的），一般送到主机厂的都是中空铝型材，通过自动焊接设备焊接成地板、侧墙，之后再拼装焊接成完整的车体。

此例中宾语"地板、侧墙"语义上明显不完整，未将车体的另一重要组成部分"车顶"包括进来。

〈参考修改〉

✓ 为了地铁列车轻量化，普遍采用铝合金车体（也有采用不锈钢的），一般送到主机厂的是中空铝型材，通过自动焊接设备焊接成<u>地板、侧墙和车顶</u>，之后再拼装焊接成完整的车体。

4.5 定语残缺

  定语残缺指句中某词语该有定语而没有，或虽有定语但其结构不完整或不妥当。这种语病通常不影响全句结构的完整性，但可能会使语意表达不够清晰而增加阅读障碍。当残缺的定语是主语、宾语的定语时，也可理解为主语残缺、宾语残缺。

【88】

✗ 我国的知识产权保护制度始于<u>七十年代</u>末期，尽管相比发达国家起步较晚，但在短短的几十年里得到了巨大发展。

  此例中"七十年代"缺少适当的定语修饰，语义不确指，是指哪个世纪的，需要判断。

〈参考修改〉

✓ 我国的知识产权保护制度始于<u>20世纪70年代</u>末期，尽管相比发达国家起步较晚，但在短短的几十年里得到了巨大发展。

【89】

✗ 推导了气-气条件下螺带插入的最佳长度，并指出可通过调整螺带插入长度来获得较好的对流系数和压降<u>的平衡</u>，对<u>工程</u>有重要的实际意义。

  此例中"工程"的前面缺定语，表意不完整。根据原文内容，可在"工程"之前加上"传热强化"做定语，并在"对"之前加代词"这"。

〈参考修改〉

✓ 推导了气-气条件下螺带插入的最佳长度，并指出可通过调整螺带插入长度来获得较好的对流系数和压降平衡，<u>这对传热强化工程</u>有重要的实际意义。

【90】

✗ 汽车在行驶过程中，<u>结构</u>受到随时间变化的随机载荷作用而产生动态循环力，在高应力区会引起疲劳损伤。

  此例中"结构"的前面明显缺定语，表意不完整，应在"结构"之前加上代词"其"（汽车）或"它的"（汽车的）做定语。

【91】

☒ 温度的提高有利于提高粉末颗粒的塑性变形能力，但因温度不高，所以效果不明显。

此例中"效果"的前面明显缺定语，表意不完整，应在"效果"之前加上"塑性变形能力提高的"或"这种"做定语。

〈参考修改〉

✓ 温度的提高有利于提高粉末颗粒的塑性变形能力，但因温度提高不够，所以塑性变形能力提高的效果不明显。

✓ 温度的提高有利于粉末颗粒的塑性变形能力的提高，但因温度提高不够，塑性变形能力提高的效果不明显。

（"塑性变形能力提高的"可改为"这种"。）

【92】

☒ 利用这种建模方法和传统建模方法对组合炮控系统精度进行建模比较，证明基于混合优化策略的自回归-滑动平均（ARMA）模型建模方法收敛快，精度高。

此例中"精度"的前面缺定语，表达成了"建模方法精度高"，逻辑不通，因为方法本身谈不上有精度。应在"精度"的前面加上"计算"做定语。

〈参考修改〉

✓ 利用这种建模方法和传统建模方法对组合炮控系统精度进行建模比较，证明了基于混合优化策略的自回归-滑动平均（ARMA）模型建模方法收敛快，计算精度高。（也可将"收敛快，精度高"改为"具有收敛快、计算精度高的特点"。）

【93】

☒ 早在 1845 年，皮尔逊便提出要让火车走进伦敦市中心，但显然这个方案很难赢得政府与公众的支持。热心市民没有停止努力，传闻中是老鼠进洞给了他启发。

此例中定中词组"热心市民"缺少必要的定语修饰，语义不确指，是指哪位"市民"或哪些人，不得而知。从上文语境来看，该词组是指皮尔逊，为行文承接自然，应在其前面补充数量词组"这位"，也可将其直接替换为代词"他"或人名"皮尔逊"。

〈参考修改〉

✓ 早在 1845 年，皮尔逊便提出要让火车走进伦敦市中心，显然这个方案很难赢得政府与公众的支持。但这位热心市民没有停止努力，传闻中是老鼠进洞给了他启发。（"这位热心市民"可改为"他"或"皮尔逊"。）

【94】

✗ 1814 年，受到启发的英国发明家乔治·史蒂芬森造出了他的第一辆机车，被誉为首次成功制造的机车。他解决了蒸汽机车经常脱离、压毁轨道的问题，并大幅提高了蒸汽机车的速度。

此例中宾语"机车"前虽有定语"第一辆"，但表义还是不完整，所指范围较大。其实它与下文的"蒸汽机车"是同指，因此其前面缺少定语"蒸汽"（也可理解为宾语残缺）。

〈参考修改〉

✓ 1814 年，受到启发的英国发明家乔治·史蒂芬森造出了他的第一辆蒸汽机车，被誉为首次成功制造的机车。他解决了蒸汽机车经常脱离、压毁轨道的问题，并大幅提高了它的行驶速度。

【95】

✗ 最重要的还是要加强自身安全意识。还要注意乘车礼仪，以免发生夹人事故。

此例中"的"字词组"最重要的"做主语，但所指范围较为宽泛，缺少相关定语的修饰限定（也可理解为主语残缺）。

〈参考修改〉

✓ 人们乘坐地铁最重要的是要加强自身安全意识，还要注意乘车礼仪，以免发生夹人事故。

【96】

✗ 图 4 显示了局部对流传热系数同径向速度、切向速度的关系。从总的趋势上看，三者基本表现出相似的规律。

此例为句群，句组二中"总的趋势"的前面缺定语，表意不完整，其前应加定语"关系曲线"。另外，副词"基本"可去掉，一是与"总的趋势"语义有重复，二是与形容词"相似"语义不大搭配。"三者"可能有误，因为上文暗含提到两种关系（对流传热系数同径向、切向速度的关系）。也可用复句，而不必补充定语。

<参考修改>

✓ 图4显示了局部对流传热系数同径向、切向速度的关系。从关系曲线总的趋势来看，这些曲线表现出相似的规律。("这些曲线"可改为"它们"。)（句群）

✓ 图4显示了局部对流传热系数同径向、切向速度的关系曲线，总体上表现出相似的规律。（复句）

【97】

✗ 调查发现：学生总是"睡不醒"与教室的空气质量有关。二氧化碳浓度过高，氧气供应不足是孩子们的主要原因。

此例中"主要原因"的前面缺必要的定语，表意不完整。可在"的主要原因"的前面加上"睡不醒"或"嗜睡"做定语。

<参考修改>

✓ 调查发现，学生总是"睡不醒"与教室的空气质量有关，其中二氧化碳浓度过高、氧气供应不足应是学生睡不醒的主要原因。("睡不醒"可改为"嗜睡"。)

【98】

✗ 通过上面三个系统可以知道，建立基于BN网络的多状态系统可靠性模型主要有几个步骤。

此例中"三个系统"之前缺定语"所述的"，"几个步骤"之前缺定语"以下"。另外，"多状态系统"与"可靠性模型"之间缺助词"的"。

<参考修改>

✓ 通过上面所述的三个系统可以知道，建立基于BN网络的多状态系统的可靠性模型主要有以下几个步骤。("上面所述的"改为"上述"更简洁。)

【99】

✗ 我们利用有防暴安全、机械安全、功能安全的知识和技术优势，结合用户的需求，开发集成各种安全的综合安全模块，得到用户好评。

此例中"集成各种安全"做"综合安全模块"的定语，但定语中"集成"与"安全"不能搭配，定语结构不妥当，应补充必要的词语，如"知识和技术"。

〈参考修改〉

✓ 我们利用有防暴安全、机械安全、功能安全的知识和技术优势，结合用户的需求，开发集成各种安全知识和技术的综合安全模块，得到用户好评。（第一画线部分可简写为"防暴、机械、功能安全"或"防暴、机械、功能等方面安全"。）

【100】

✗ 通过数值模拟比较了不同粘温系数、不同阻尼器参数下的整星隔振秒特性。

【101】

✗ 考察了不同工作介质、不同转速比情况下，带有新型内外组合桨的搅拌设备内的时均速度、速度变化率和剪切速率分布。

此两例画单线部分为名词性结构，做"条件"（例【100】中省略了该词语）、"情况"的定语，应改为谓词性结构。有这样一条规则：若 m 是"条件、情况"一类词的话，则"在……m 条件（情况）下"里的 m 应是谓词性（包括动词、形容词、动宾词组、主谓词组）。画单线部分的谓词性结构应为"在粘温系数、阻尼器参数不同"和"在工作介质、转速比不同"。

【100】〈参考修改〉

✓ 数值模拟比较了在粘温系数、阻尼器参数不同条件下的整星隔振秒特性。

✓ 数值模拟比较了在粘温系数、阻尼器参数不同时的整星隔振秒特性。

【101】〈参考修改〉

✓ 考察了在工作介质、转速比不同的情况下，带有新型内外组合桨的搅拌设备内的时均速度、速度变化率和剪切速率分布。（"的情况下，"也可改为"情况下的"或"时，"。）

4.6 状语残缺

状语残缺指句子某成分该有状语而没有，或虽有状语但其结构不完整或不妥当。副词短缺一般就属于状语残缺。

【102】

✗ 高等教育管理部门可作为一种特殊的"客户"，通过委托和招标等各种形式为高等学校提供经费，由此使高等学校适应社会各个方面的要求，不断提高办学效益。

此例中动词"适应"的前面缺少状语如"更好地",没有对该动词进行必要的限制性描述,如程度、可能性等没有表达出来。

【103】

☒ 药物的长期、大量使用<u>带来</u>抗药性和畜产品中的药物残留等问题。

此例中谓语动词"带来"之前缺少状语词,其时间、可能或程度等限制或描述性语义未能表达出来。该状语常由助动词如"会""可能"或副词如"已""已经"充当:"会"表示有可能实现,"可能"表示估计或不能确定,"已""已经"表示动作、变化完成或达到某种程度。不同的状语词在语义上有差别,应根据实际语义来选用合适的状语词。

【104】

☒ 目前很少资料<u>明确地阐明</u>大型 Stewart 平台的动态耦合问题,用数学方法推导也有很大的难度。

此例中谓语动词"阐明"的前面虽有状语形容词"明确",但缺少助动词"能"或"能够",表意不完整,语气不顺当。另外"资料"前缺少动词"有"。

<参考修改>

✓ 目前很少<u>有</u>资料<u>能够</u>明确地阐明大型 Stewart 平台的动态耦合问题,用数学方法推导也有很大的难度。

【105】

☒ 本文针对上述问题,提出与用户用途相关的汽车可靠性实验技术,与传统的实验方法相比,<u>该技术真正考虑</u>用户的真实想法。

此例中谓语动词"考虑"的前面有状语副词"真正",但缺少助动词"能"或"能够",表意不完整,语气不顺当。

<参考修改>

✓ 本文针对上述问题,提出与用户用途相关的汽车可靠性实验技术,<u>该技术</u>与传统实验方法相比,<u>能够</u>真正考虑用户的真实想法。

✓ 本文针对上述问题,提出与用户用途相关的汽车可靠性实验技术,与传统实验方法相比,<u>该技术能够</u>真正考虑用户的真实想法。

【106】

☒ <u>在相同温度下</u>,气体的压力越大,吸附量越大;而<u>在相同压力下</u>,温度升高,则吸附量减小。

此例画线部分为状语,其中介词"在"的宾语"相同温度""相同压力"为名词性结构，应为谓词性结构"温度相同""压力相同"（参见"4.5 定语残缺"中例【100】、例【101】）。

<参考修改>

✓ 在温度相同的条件下，气体的压力越大，吸附量越大；而在压力相同的条件下，温度升高，则吸附量减小。（两处"的条件下"也可改为"时"，同时两处"在"应去掉。）

4.7 补语残缺

补语残缺指句中动词或谓语动词该有补语而没有，造成对动词或谓语动词所具有或产生的作用、结果等没有描述出来。

【107】

✗ 把以上影响因素组合，即可进行多因素实验方案设计。

此例中谓语动词"组合"的后面缺补语"起来"或"在一起"，语义不完整。也可在"组合"的前面加上动词"加以"，这样就是"加以组合"做谓语，其后就无需补语。

<参考修改>

✓ 将以上影响因素组合起来，即可进行多因素实验方案的设计。（"起来"可改为"在一起"。）

✓ 将以上影响因素加以组合，即可进行多因素实验方案的设计。

【108】

✗ 波兰研究生产一种测量煤矿噪声强度的信号指示器。

此例中谓语"研究生产"的后面缺补语"出"，语义不完整。

【109】

✗ 充放气过程的压力很容易测量，但此过程的时间一般都很短，很难准确测量到这个过程的温度变化。

此例中首句的谓语动词"测量"之后缺补语"到"或"出来"，而且还存在其他语病，如冗余，后句的语态也应调整为与前句的一致。

<参考修改>

✓ 充放气过程的压力很容易测量到，但此过程一般很短，其温度变化很难准确测量出来。

【110】

✗结晶器振动对铸坯的影响主要由波形工艺参数<u>体现</u>,因此准确计算各工艺参数具有重要意义。

此例中首句的谓语动词"体现"的后面缺补语"出来",加上后能显著提高表达效果。或者不加补语,而在"体现"的前面加动词"来",这样就是"来体现"做谓语。

<参考修改>

✓ 结晶器振动对铸坯的影响主要由波形工艺参数<u>体现出来</u>,因此准确计算各工艺参数具有重要意义。

✓ 结晶器振动对铸坯的影响主要由波形工艺参数<u>来体现</u>,因此准确计算各工艺参数具有重要意义。

第 5 章 语句冗余

语句冗余简言之就是重复、啰嗦,是详略失当的另一种类型,与语句苟简共同构成详略失当的两大类型。苟简是缺少、残缺,必要成分不足,而冗余正好相反,是重复、赘余,不必要成分多余,出现了无用的成分或字词。语句冗余在形式上,难看、不雅观,直接浪费笔墨、纸张和版面空间;在内容上,拖拉、臃肿、烦琐,直接影响表达的简洁清晰、严密严谨和科学有效;在传播上,错误示范、引导,直接影响读者对语义的快速理解、准确把握,一定程度上还浪费读者的时间和生命。编写文章,贵在精、准,追求用尽可能少的文字来表达尽可能多的内容,尽可能减少或杜绝重复、冗余。本章先从冗余类别,再从句子各主要成分冗余的角度,剖析 70 个实例语句。

5.1 冗余类别

冗余分重复性和非重复性两类。重复性冗余是相关语句重复表达,分字面重复和语义重复;非重复性冗余并没有重复表达,但出现了不相关或不必要的词语,也称无关冗余。

5.1.1 字面重复

字面重复是指句中不必要地重复使用同一词语或对表达过的意思再次用同一词语表达,即句中有两处甚至多处用相同的词语表达相同的语义——相同词语重复,而且这种重复没有任何必要,纯属多余。但要注意,并非只要有相同的词语出现就能断定有字面重复,有时字面重复反而是必要的,关键是看重复有无表达的需要。字面重复必对应语义重复。

【1】

✗ 行业<u>新产品</u>产值达 81.22 亿元,<u>新产品</u>产值率为 43.10%,比上年有所减少。

此例中有两处"新产品",字面重复,第二处应承接第一处而省略。

<参考修改>

✓ 行业<u>新产品</u>的产值达 81.22 亿元,产值率为 43.10%,比上年有所减少。

✓ 行业<u>新产品</u>的产值和产值率分别为 81.22 亿元、43.10%,比上年有所减少。

【2】

☒ 刘牧怡、吴通、陈登凯在设计博物馆旅游纪念品的设计的过程中，通过QFD 与 TRIZ 结合，满足了产品设计需求，提高了设计效率和创新设计质量。

此例中有两处"设计"，字面重复，应去掉一处。另外，"的"字也重复。

<参考修改>

✓ 刘牧怡、吴通、陈登凯在设计博物馆旅游纪念品的过程中，将 QFD 与 TRIZ 结合，满足了产品设计需求，提高了设计效率和创新设计质量。

✓ 刘牧怡、吴通、陈登凯在博物馆旅游纪念品的设计过程中，将 QFD 与 TRIZ 结合，满足了产品设计需求，提高了设计效率和创新设计质量。

（"将"前面可以加"通过"。）

【3】

☒ 塑料制品包括很多类别，如日用塑料制品，塑料板、片、膜、箔及扁条，塑料包装箱及容器及其附件，等等。

此例画线部分所述是塑料制品的一个大类，但出现了两个"及"，字面重复，层次不清。

<参考修改>

✓ 塑料制品包括很多类别，如日用塑料制品，塑料板、片、膜、箔及扁条，塑料包装箱、容器及其附件，等等。（画线部分中的顿号可改为"与"。）

【4】

☒ 第 2 阶频率没有这种趋势，这说明质量对这一阶频率影响比较小，这说明中央位置处于第 2 阶振型节线上。

此例中两处"这说明"在字面上重复，第二处完全可以去掉。

<参考修改>

✓ 第二阶频率没有这种趋势，这说明质量对这一阶频率影响比较小，中央位置处于第二阶振型节线上。（"这一"可改为"该"或"此"。）

【5】

☒ 通过工业互联网网络可以实现工业研发、设计、生产、销售、管理、服务等产业全要素的泛在互联。

此例中的"网络"与其前面的"互联网"在字面上有重复，可直接去掉。

〈参考修改〉

✓ 通过工业互联网，可以实现工业研发、设计、生产、销售、管理、服务等产业全要素的泛在互联。（画线部分中也可去掉"通过"及逗号。）

【6】

☒ 云梯车是用以攀登城墙的攻城器械，下面带有轮子，可以推动行驶，故也称之为"云梯车"，配有防盾、绞车、抓钩等器具，有的带有用滑轮升降的设备，如图9-14所示。

"也称"就是"又称"，给出一个名称的另一个名称。此例中介绍的是"云梯车"，"也称"后应给出与"云梯车"不同的另一个名称，这里却给出了相同的名称，造成字面重复。

〈参考修改〉

✓ 云梯车是用来攀登城墙的攻城器械，下面带有轮子，可以推动行驶，并配有防盾、绞车、抓钩等器具，有的还带有用滑轮升降的设备，如图9-14所示。

✓ 云梯车是用来攀登城墙的攻城器械，下面带有轮子，可以推动行驶，故得名云梯车。它配有防盾、绞车、抓钩等器具，有的还带有用滑轮升降的设备，如图9-14所示。（"故得名云梯车"可改为"故得此名"。）

【7】

☒ 在连接时，管线终端/汇管终端常通过跨接管，借助连接器来实现管线与水下设备的连接。

此例句首状语中的"连接"与末尾做宾语的"连接"在字面上重复，可删除状语。

〈参考修改〉

✓ 管线终端/汇管终端常通过跨接管，借助连接器来实现管线与水下设备的连接。

【8】

☒ 为了便于边界层分离点算法研究，风洞实验采用二维NACA0012标准翼型进行实验。

此例中两处"实验"字面重复，破坏了句子的稳密性。

〈参考修改〉

✓ 为了便于边界层分离点算法研究，采用二维NACA0012标准翼型进行风洞实验。

✓ 为了边界层分离点算法研究的方便性，风洞实验采用二维 NACA0012 标准翼型来进行。

【9】

☒ 环境控制系统就是为地下车站通风换气、调节温度，并为乘客提供舒适环境的系统。在车站内感觉到的舒适感就是由这个系统提供的。

此例中的名词性词组"舒适感"与其前面的动词"感觉"有字面重复。以下修改方案中的"使"也可改为"让"。

<参考修改>

✓ 环境控制系统为地下车站通风换气、调节温度，并为乘客提供舒适环境，使其在车站内有舒适感。（第一个"为"前可以加"就是"。）

✓ 环境控制系统就是为地下车站通风换气、调节温度，并为乘客提供舒适环境，使其在车站内有舒适感的系统。

【10】

☒ 按照这组参数来加工出来的零件如图 13 所示。

此例中的动词"来"与趋向动词"出来"在字面上有重复，可去掉其中一个。

【11】

☒ 本文作者基于本构关系常用模型分析基础上，对高密度泡沫橡胶材料的可压性进行讨论，进而基于材料的准静态试验，建立材料在准静态下的本构关系。

此例中的第一处介词"基于"与名词"基础"在字面上有重复，"本文"与"作者"语义重复。

<参考修改>

✓ 本文基于对本构关系常用模型的分析，讨论了高密度泡沫橡胶材料的可压性，进行了材料的准静态试验，建立了材料在准静态下的本构关系。

✓ 本文在对本构关系常用模型进行分析的基础上，讨论了高密度泡沫橡胶材料的可压性，进行了材料的准静态试验，建立了材料在准静态下的本构关系。

【12】

☒ 到春秋战国，缫车、纺车、脚踏斜织机等手工机器和腰机挑花以及多综提花等织花方法均已出现。多样化的织纹加上丰富的色彩，使丝织物成为远近闻名的高贵衣料。这是手工机器纺织从萌芽到形成的阶段。春秋战国时期，在原始腰机的基础上，使用了机架、综框、辘轳和踏板，形成了脚踏提综的斜织机。

此例中"春秋战国时期"与开头的"到春秋战国"有字面重复，可改用代词词组"这一时期"。

【13】

⊠ 纳米晶体材料是近年来发展起来的一种新型材料，由于其结构上的特殊性使纳米晶体材料具有许多优于传统多晶体材料的性能，如高强度、高比热、高电阻率、高热膨胀系数及良好的塑性变形能力等。

此例中"纳米晶体材料"字面重复。"纳米晶体材料"（第一处）与代词"其"语义重复，而且"其"不应位于"纳米晶体材料"（第二处）之前。[对于句群（句组），后面句组中重复出现前面句组中的词语，不算字面重复，但应尽量简化语言，避免重复。]

〈参考修改〉

✓ 纳米晶体材料是近年来发展起来的一种新型材料，在结构上具有特殊性，具有许多优于传统多晶体材料的性能，如高强度、高比热、高电阻率、高热膨胀系数及良好的塑性变形能力等。

✓ 纳米晶体材料是近年来发展起来的一种新型材料，结构上的特殊性使其具有许多优于传统多晶体材料的性能，如高强度、高比热、高电阻率、高热膨胀系数及良好的塑性变形能力等。

✓ 纳米晶体材料是近年来发展起来的一种新型材料。纳米晶体材料在结构上的特殊性使其具有许多优于传统多晶体材料的性能，如高强度、高比热、高电阻率、高热膨胀系数及良好的塑性变形能力等。（句群。第二处"纳米晶体材料"可改为"它"或"这种材料"。）

✓ 纳米晶体材料是近年来发展起来的一种新型材料。这种材料因为在结构上具有特殊性，所以具有许多优于传统多晶体材料的性能，如高强度、高比热、高电阻率、高热膨胀系数及良好的塑性变形能力等。（句群）

【14】

⊠ 传统直流非熔化极气体保护焊（GTAW）由于其具有较高的焊接质量，较低的设备成本，因此在当前的很多工业中，此焊接方法应用比较多。

此例中"很多""比较多"有字面重复。另外，"工业"用"很多"修饰不合适。

〈参考修改〉

✓ 直流非熔化极气体保护焊（GTAW）这一传统焊接方法具有较高的焊接质量和较低的设备成本，在工业中应用较多。

- ✓ 传统的直流非熔化极气体保护焊（GTAW）是一种具有较高焊接质量和较低设备成本的焊接方法，在工业中应用较多。

- ✓ 传统的直流非熔化极气体保护焊（GTAW）焊接方法具有较高的焊接质量和较低的设备成本，在工业中应用较多。

- ✓ 传统的焊接方法——直流非熔化极气体保护焊（GTAW），具有较高的焊接质量和较低的设备成本，在工业中应用较多。

【15】

✗ 此次培训班从2020年2月24日开始至3月1日结束，直播时间累计38个小时。海天自疫情发生以来已组织两场线上客户培训班，共计5000多位客户参与。2020年4月30日，克劳斯玛菲"先锋有科"课堂开播。2020年5月12日，伊之密"探讨MuCell微发泡工艺在家电行业的投资回报"在线研讨会召开。6月23日，伊之密在线研讨会聚焦"地摊经济"。2020年6月海天塑机利用"钉钉"APP全面上线"海天云享课堂"，为期一个月。

此例中有较多的时间表达，充当状语，其共同的年份"2020年"出现在不同的句组中，虽然用完整的时间信息（年、月、日）来表达并没有什么错误，但"2020年"是同一年，反复出现就造成了字面重复，使得语言表达不简洁。

⟨参考修改⟩

- ✓ 此次培训班从2020年2月24日开始至3月1日结束，直播时间累计38 h。海天自疫情发生以来已组织两场线上客户培训班，共计5 000多位客户参与。4月30日，克劳斯玛菲"先锋有科"课堂开播。5月12日，伊之密"探讨MuCell微发泡工艺在家电行业的投资回报"在线研讨会召开。6月23日，伊之密在线研讨会聚焦"地摊经济"。6月海天塑机利用"钉钉"App全面上线"海天云享课堂"，为期一个月。

5.1.2 语义重复

语义重复是指句中对表达过的意思再次用不同的词语表达，即句中有两处甚至多处用不同的词语来表达相同的语义——不同词语重复，而且这种重复没有任何必要，纯属多余。语义重复不一定对应字面重复。

【16】

✗ 该公司经过近十年的技术沉淀，通过一系列的分析、试验、实验和创新，突破了这一复杂装备技术瓶颈。

此例中的"试验"与"实验"是两个不同的动词，但意思相近，并列出现造成语义重复，可择其一，或按语境来选择一个合适的。通常，"实验"层次较高，多在科学、理论层面，而"试验"层次低，多在一般活动、技术层面，详见3.3.3节有关内容。

〈参考修改〉

✓ 该公司经过近十年的技术沉淀，通过一系列的分析、实验和创新，突破了这一复杂装备技术瓶颈。["实验"也可改为"试验"或"实验（试验）"。]

【17】

⊠ 这次事故的直接经济损失达一个亿以上。

此例中的"达"与方位词"以上"在字面上不重复，但语义有重复，均有"超过"之义。

〈参考修改〉

✓ 这次事故的直接经济损失达一个亿。（"达"可改为"达到"或"超过"。）

✓ 这次事故的直接经济损失为一个亿以上。

✓ 这次事故直接经济损失一个亿以上。

【18】

⊠ 根据 TRIZ 理论中的39个通用工程参数，可以将简单的内部结构和多用性分别对应系统的复杂性和适用性及多用性。

此例中的简称"TRIZ"与"理论"在字面上不重复，但语义有重复。TRIZ 是俄文术语的首字母缩写，对应的英文名称是 Theory of the Solution of Inventive Problems，意思是"发明问题解决理论"，其中包含"理论"之意，再与"理论"并用，就造成语义重复。另外，第二画线部分说不通，"内部结构和多用性"与"复杂性和适用性及多用性"的对应层次关系不明确，可去掉句尾的"及多用性"。

〈参考修改〉

✓ 根据 TRIZ 中的39个通用工程参数，可以将简单的内部结构和多用性分别对应系统的复杂性和适用性。

✓ 根据 TRIZ（发明问题解决理论）中的39个通用工程参数，可以将简单的内部结构和多用性分别对应系统的复杂性和适用性。（"TRIZ"和"发明问题解决理论"可以换位。）

【19】

⊠ 在此后的100多年时间里，很多学者对这一问题进行了研究和探索。

此例中的名词"年"与"时间"语义重复，可删除"时间"。

【20】

☒ 实验发现物料粉碎粒度有向纳米级细化的趋势，使目前国内外采用振动磨粉碎方法对粒体进行超细粉碎徘徊在微米级水平上的现状有望得以突破。

此例中"现状"指目前的状况，与前面的"目前"有语义重复。另外，"使"字多余；"突破"一词使用不当。

<参考修改>

✓ 实验发现物料粉碎粒度有向纳米级细化的趋势，国内外采用振动磨粉碎方法对粒体进行超细粉碎徘徊在微米级水平上的现状有望得以改变。

【21】

☒ 2020年初，制造业的大部分企业都面临因停产、开工延迟、劳动力不足、原材料短缺及订单量减少等而造成的巨大损失局面。

【22】

☒ 危机中育新机，当几乎所有领域都面临困境时，中国政府临阵不乱的积极防疫措施及各项对企业有利的支持政策，使企业以最快的速度恢复正常运转秩序。

此两例中均有副词"都"，分别与其上文的"大部分""几乎所有"有语义重复，可去掉"都"。也可用"都"而去掉"大部分""几乎所有"，并作相应调整，但表义未免绝对化，有夸大嫌疑，故不宜考虑。

例【22】<参考修改>

✓ 危机中育新机，当几乎所有领域面临困境时，我国政府临阵不乱的积极防疫措施及各项对企业有利的支持政策，使企业以最快速度恢复正常运转秩序。

【23】

☒ 大凡每种动物都能生存下来，都有它们自己的一套繁衍生息的办法。

此例中指示代词"每"的前面出现了与其意思相近的副词"大凡"，二者合用有语义重复甚至冲突，可将"大凡"去掉，或将"每"改为"一"。"每"做指示代词时指全体中的任何一个（组），偏重个体之间的共性。"大凡"是副词，用在句首，表示总括一般的情形，常跟"总、都"等呼应，含有"大多数情况下如此"的意思。另外，两处"都"字面重复。

<参考修改>

- ✓ 每种动物都能生存下来,有其自己的一套繁衍生息的办法。("其"可改为"它们"。)

- ✓ 大凡一种动物能生存下来,都有其自己的一套繁衍生息的办法。("其"可改为"它"。)

【24】

✗ 砂轮进给深度为 $d_f=1\ \mu m$,累积进给深度为 $d_f^*=20\ \mu m$,砂轮转速为 $N=3000\ r/min$,修整轮转速为 $n=300\ r/min$,工作台行走速度为 $v_f=100\ mm/min$。

此例中五处动词"为"与表达式中的"="的表义相同,不仅与"="语义重复,还把量名称(如"进给深度""累积进给深度"等)和其后本应紧跟的量符号(如 d_f、d_f^* 等)分隔开,不规范。

<参考修改>

✓ 砂轮进给深度 $d_f=1\ \mu m$,累积进给深度 $d_f^*=20\ \mu m$,砂轮转速 $N=3\ 000\ r/min$,修整轮转速 $n=300\ r/min$,工作台行走速度 $v_f=100\ mm/min$。

【25】

✗ 式中,$\sigma_{0.2cy}$,$\sigma_{0.2fy}$——分别是泡沫金属铝和金属面板的屈服强度。

【26】

✗ f_i——为第 i 个运动副的相对自由度数。

此两例中的破折号(——)的意思是"表示、代表、是、为"等,与其后面的"分别是""为"语义重复,应去掉"分别是""为",或去掉破折号。

例【25】<参考修改>

- ✓ 式中,$\sigma_{0.2cy}$,$\sigma_{0.2fy}$——泡沫金属铝和金属面板的屈服强度。

- ✓ 式中,$\sigma_{0.2cy}$,$\sigma_{0.2fy}$ 分别是泡沫金属铝和金属面板的屈服强度。(第一个逗号可去掉。)

【27】

✗ 相对密度 $\rho'=0.08$,泡沫孔洞平均尺寸为 3.5 mm,泡沫孔壁平均厚度为 0.05 mm~0.10 mm 之间。

此例中"0.05 mm～0.10 mm"的意思是"0.05 mm 到 0.10 mm 之间",浪纹线包含"之间"的意思,与句末的"之间"在表义上有重复,应将"之间"删去。若将"0.05 mm～0.10 mm"前面的动词"为"改为动词"在",则"之间"可以不删去("之间"删去时,浪纹线表示"到"之意)。

【28】

✗ 截至目前为止,水下通信技术的实现主要是借助低频声波,但由于受到水下多种因素的影响,带宽一般在 50 kHz 以下。

此例中"截至"与"为止"有语义重复甚至冲突,可去一留一,必要时作其他相应修改。

〈参考修改〉

✓ 截至目前,水下通信技术主要借助低频声波来实现,但由于受到水下多种因素的影响,带宽一般在 50 kHz 以下。

✓ 截至目前,水下通信技术的实现主要借助低频声波,但由于受到水下多种因素的影响,带宽一般在 50 kHz 以下。

("截至目前"可改为"到目前"。)

【29】

✗ 力劲科技集团有限公司在报告期内(截至 2020 年 3 月 31 日止财政年度)注塑机业务收入同比下降 20.3%。

此例中"截至"与"止"语义重复,应择其一。另外,"财政年度"多余。

〈参考修改〉

✓ 力劲科技集团有限公司在报告期内(截至 2020 年 3 月 31 日)的注塑机业务收入同比下降 20.3%。

【30】

✗ 通过表 3 可知,发现第 1 阶固有频率误差较小,由于理论上截断前几阶模态,故第 2 阶固有频率误差稍大,但依旧保持在 10% 以内,证明文献中对带有集中质量悬臂板理论推导是合理的。

此例中"可知"与"发现"语义重复,可择其一而作相应修改。

〈参考修改〉

✓ 由表 3 可知,第一阶固有频率误差较小,由于理论上有前几阶模态截断,故第二阶固有频率误差稍大,但依旧保持在 10% 以内,表明文献中对带有集中质量悬臂板的理论推导是合理的。("可知"可改为"发现"。)

【31】

✗ 目前全球能制造地铁列车的厂家有很多,如阿尔斯通、西门子和庞巴迪等,国外进口列车除了造价贵、<u>生产制造</u>进度慢外,还得支付<u>物流费,海运、空运费</u>等各种费用。

海运、空运费是包含在物流费里的,即属于物流费,故此例中"海运、空运费"与其前面的"物流费"语义重复或重叠。

<参考修改>

✓ 目前全球能制造地铁列车的厂家有很多,如阿尔斯通、西门子和庞巴迪等,国外进口列车除了造价贵、制造进度慢以外,还得支付<u>海运、空运等高昂的物流费用</u>。

【32】

✗ <u>2001年至2006年10月底</u>,韩国船厂<u>建造</u>了<u>这期间</u>所有<u>建成</u>的89条液化天然气船舶中的55条,而日本船厂建造了28条,余下6条由欧洲船厂建造。

此例中"这期间"与"2001年至2006年10月底"语义重复,"建造"与"建成"字面重复。

<参考修改>

✓ <u>2001—2006年10月底</u>,韩国船厂<u>建造</u>了89条液化天然气船舶中的55条,而日本船厂建造了28条,余下6条由欧洲船厂建造。

【33】

✗ 尽管管线终端因功能不同,毂座的数量、管径尺寸等会有所不同,但<u>基本上都主要</u>是由防沉板、共轭架座和主结构框架三大部分组成。

此例中的"基本上都主要"包含"基本上""都""主要"三种相近的语义,有重复甚至冲突。

<参考修改>

✓ 尽管管线终端因功能不同,毂座的数量、管径尺寸等会有所不同,但<u>基本上</u>由防沉板、共轭架座和主结构框架三大部分组成。("基本上"可改为"都""均"或"主要"。)

【34】

✗ 由于很多企业的出口额占销售收入的比重超过30%,部分企业达50%以上，个别企业则 100%完全依赖出口市场，因此全球疫情的扩散势必会导致行业出口的大幅下降。

此例中的"完全"和"100%"表义相同，连用造成语义重复，应去掉其一，而且"100%"宜用汉字词语"百分之百"（相当于副词，表示程度，如全部、十足）。

<参考修改>

- ✓ 由于很多企业的出口额占销售收入的比重超过 30%，部分企业达 50%以上，个别企业则<u>完全</u>依赖出口市场，因此全球疫情的扩散势必会导致行业出口的大幅下降。（"完全"可改为"百分之百地"。）

【35】

☒ 该方法虽然<u>不需要</u>用任何参数来表达的基函数，<u>但却需要</u>具有一定信号先验知识的模板信号。

此例中关联词"但""却"均表示转折，语义重复，应择其一。介词"用"也可改为"由"。

<参考修改>

- ✓ 该方法虽然<u>不需要</u>用任何参数表达的基函数，<u>却需要</u>具有一定信号先验知识的模板信号。（两处"需要"也可改为"需"。）
- ✓ 该方法虽然<u>无需</u>用任何参数表达的基函数，<u>却需</u>具有一定信号先验知识的模板信号。（两处"需"也可改为"须"。）

【36】

☒ 在建立理论分析模型之前，<u>必须要</u>了解不同系统中存在的非线性因素。

此例中的"必须要"是副词"必须"与助动词"要"叠加，或副词"必"与助动词"须要"叠加，有语义重复。

<参考修改>

- ✓ 在建立理论分析模型之前，<u>必须</u>了解不同系统中存在的非线性因素。（"必须"为副词，"了解"为谓语。）
- ✓ 在建立理论分析模型之前，<u>要</u>了解不同系统中存在的非线性因素。（"要"为助动词，"了解"为谓语。）
- ✓ 在建立理论分析模型之前，<u>须要</u>了解不同系统中存在的非线性因素。（"须要"为助动词，"了解"为谓语。"须要"也可改为"须"，二者等义，词性相同。）
- ✓ 在建立理论分析模型之前，<u>需要</u>了解不同系统中存在的非线性因素。（"需要"为谓语动词，复杂词组"了解不同系统中存在的非线性因素"为宾语。"需要"也可改为"需"，二者等义，词性相同。）

【37】

☒ 在企业内部设置专门的知识产权管理部门,<u>必需要</u>制定出合理的企业内部知识产权制度,否则这个部门就形同虚设。

此例中的"必需要"可能是动词"必需"和助动词"要"叠加,或副词"必"和动词"需要"叠加,不管哪种叠加,均有语义重复。

<参考修改>

✓ ……,<u>必须</u>制定出合理的企业内部知识产权制度,否则这个部门就形同虚设。("必须"为副词,"制定"为谓语。)

✓ ……,<u>要</u>制定出合理的企业内部知识产权制度,否则这个部门就形同虚设。("要"为助动词,"制定"为谓语。)

✓ ……,<u>须要</u>制定出合理的企业内部知识产权制度,否则这个部门就形同虚设。("须要"为助动词,"制定"为谓语。"须要"可改为"须",二者等义,词性相同。)

✓ ……,<u>需要</u>制定出合理的企业内部知识产权制度,否则这个部门就形同虚设。("需要"为谓语动词,复杂词组"制定出合理的企业内部知识产权制度"为宾语。"需要"可改为"需",二者等义,词性相同。)

5.1.3 无关冗余

无关冗余也称非重复性冗余,是指句中虽未出现形式上的字面重复和内容上的语义重复,却出现了不该有或可有可无的词语。这种冗余破坏了句子的正常结构,妨碍了语义的正确表达,属于纯粹的、无意义的多余。

【38】

☒ 目前,<u>已经被应用过的基质材料</u>有 20 种左右,包括单一的基质材料和复合基质材料。

此例中的助词"被"表示被动义(被应用),去掉后丝毫不影响这一被动义,属于无关冗余。另外,"已经"与"过"语义重复,后面两处"基质材料"字面重复。

<参考修改>

✓ 目前,<u>应用过的基质材料</u>有 20 种左右,包括单一和复合<u>两类</u>。

✓ 目前,<u>已经应用的基质材料</u>有 20 种左右,包括单一和复合<u>两类</u>。

【39】

✗ 被添加到镀液中的纳米颗粒种类也有很多，常见的有 Al_2O_3，SiO_2，SiC，金刚石，Cr_2O_3 等。

此例中的助词"被"表被动义（被添加），去掉后不影响这一被动义，属于无关冗余。另外，"纳米颗粒"与"种类"间缺少结构助词"的"，造成苟简。

<参考修改>

✓ 添加到镀液中的纳米颗粒的种类也有很多，常见的有 Al_2O_3、SiO_2、SiC、金刚石和 Cr_2O_3 等。

✓ 添加到镀液中的纳米颗粒常见的有 Al_2O_3、SiO_2、SiC、金刚石和 Cr_2O_3 等，种类很多。（"，种类很多"也可改为"多个种类"。）

【40】

✗ 高温技术的飞速发展促使越来越多的复合材料被用于高温构件的生产制造。

此例没有必要用被动句式，用主动句式就能表达出其中暗含的被动义（复合材料被用在高温构件的生产制造中），故介词"被"属于无关冗余。

<参考修改>

✓ 高温技术的飞速发展，促使越来越多的复合材料用在各类高温构件的生产制造中。（逗号可去掉。）

【41】

✗ 随着发动机性能的提高，对叶片的性能和质量提出了更高的要求。

此例的介词"随着"多余，使得句子本来的主语变成介词的宾语而使全句缺主语。

<参考修改>

✓ 发动机性能的提高，对叶片的性能和质量提出了更高的要求。（逗号可去掉。）

✓ 发动机性能不断提高，对叶片的性能和质量提出了更高的要求。

【42】

✗ 计算压力条件是高压与低压的比为 10.00 / 3.97 MPa。

此例中的"10.00 / 3.97"表示"高压"与"低压"这两个压力值相除，即"10.00 MPa / 3.97 MPa"，故末尾放 MPa 错误，造成无关冗余。另外，"压力"与"条件"之间缺少结构助词"的"，造成苟简。

第 5 章 语句冗余

⟨参考修改⟩

✓ 计算压力的条件是高压与低压之比为 10.00 / 3.97。（"是"后可以加逗号停顿一下。）

【43】

✗ 故本文通过对均质平面圆环和叠层圆环的振动进行理论和实验分析，以研究叠层对圆环振动的影响及叠层圆环振动特性。

此例中逗号后面的句子相对前面的句子来说表示结果，而连词"以"常用来表示目的，因此"以"无关冗余。另外，主语"本文"改为状语"本文中"更好；"叠层圆环"与"振动特性"之间缺少结构助词"的"，造成苟简。

⟨参考修改⟩

✓ 故本文中通过对均质平面圆环和叠层圆环的振动进行理论和实验分析，研究叠层对圆环振动的影响及叠层圆环的振动特性。（"研究"可改为"来研究"或"研究了"。）

【44】

✗ HIROHIKO 等指出对二阶非完整系统研究存在难度的原因是由于零输入的存在，使得状态方程带有浮动项。

此例中的名词"原因"和连词"由于"连用造成其一无关冗余。"……的原因是由于……"是常见的错误句式，"的原因"之后应直接说原因"是什么"，而不说"是由于什么"；如果后面一定要说"是由于什么"，那么前面"的原因"就应去掉。

⟨参考修改⟩

✓ HIROHIKO 等指出，对二阶非完整系统研究存在难度的原因是零输入使状态方程带有浮动项。

✓ HIROHIKO 等指出，对二阶非完整系统的研究存在难度，是由于零输入使状态方程带有浮动项。（"由于"可改为"因为"）

【45】

✗ 由于电流、温度、自放电和老化等因素对荷电状态（SOC）的非线性影响使得在线准确估计电池组的 SOC 具有很大难度。

此例中画线部分本应充当句子的主语（"使得"为谓语），但因句首加有介词"由于"，此画线部分就成为该介词的宾语，造成全句主语残缺。故"由于"无关冗余，应去掉，并在"使得"前加逗号。或将画线部分中的"的"改为"产生"，"使得"改为连词"致使"，这时的"由于"也是连词了（"由于……致使"是较为常见的句式）。

<参考修改>

✓ 电流、温度、自放电和老化等因素对荷电状态（SOC）的非线性影响，<u>使得</u>在线准确估计电池组的 SOC 具有很大难度。（单句）

✓ <u>由于</u>电流、温度、自放电和老化等因素对荷电状态（SOC）<u>产生</u>非线性影响，<u>致使</u>在线准确估计电池组的 SOC 具有很大难度。（因果复句）

【46】

✗ 密封运行过程中，<u>由于</u>端面螺旋槽的存在会产生泵送效应，<u>因而使得</u>密封泄漏量随着转速的增加有所增加。

此例中连词"由于"引导的分句表示原因，"因而"后面的部分表示由原因产生的结果，"使得"无关冗余，应去掉。也可将"因而使得"改为"致使"。

【47】

✗ <u>由于</u>机器人<u>的各个</u>连杆参数和角度参数存在一定误差，<u>从而导致了</u>机器人的末端位姿不准确。

此例中连词"由于"引导的分句表示原因，"从而"后面的部分表示由原因产生的结果，"导致了"无关冗余。也可将"从而导致了"改为"致使"，或去掉连词"由于"和"从而"而改为单句。

<参考修改>

✓ 由于机器人各个连杆<u>的</u>参数和角度参数存在一定误差，<u>从而</u>机器人的末端位姿不准确。（"从而"可改为"致使"。）

✓ 机器人各连杆的参数和角度参数之间的误差<u>导致</u>机器人的末端位姿不准确。（单句）

【48】

✗ 磨杆与螺母的端面可能发生碰撞（如图 1 <u>中</u>所示），这直接影响<u>到</u>可加工螺母的最大长度。

此例中"图1"后面的方位词"中"无关冗余。这是一种较为常见的习惯性不规范表达。另外，动词"到"做动词"影响"的补语，表示动作"影响"有结果，其实这里"影响"已含有这一语义，因此可认为"到"也属无关冗余。

<参考修改>

✓ 磨杆与螺母的端面可能发生碰撞（<u>如图 1</u> 所示），这直接<u>影响</u>可加工螺母的最大长度。（"如图 1 所示"可改为"见图 1"。）

✓ 磨杆与螺母的端面可能发生如图1所示的碰撞,这直接影响可加工螺母的最大长度。

【49】

✗ 通过理论分析和模型仿真计算发现,当合理油压弹簧预压力选择合适的数值时,可使得辅助导向装置的输出力矩与二系悬挂的回转力矩相互抵消,此时走行部的摇头角接近零,能够使转向架在圆曲线上处于径向位置,并有效缓解走行轮与导向轮的磨耗。

此例中"当……时"是时间状语从句,其后面四个句子应是并列主句,结构应一致,但"可使得""能够使"无关冗余,误做谓语,使正常的主句(主句一、三)变成了无主语句。注意,去掉"可使得""能够使"时,主句一、三就成为有主语句,主句四因为是无主语句,故也应相应地改为有主语句(变换语态)。另外,"此时"与前面的"时"有字面重复。

<参考修改>

✓ 通过理论分析和模型仿真计算发现,当合理的油压弹簧预压力选择合适的数值时,辅助导向装置的输出力矩与二系悬挂的回转力矩相互抵消,走行部的摇头角接近零,转向架在圆曲线上处于径向位置,而且走行轮与导向轮的磨耗得到有效缓解。

【50】

✗ 10年积累,铁建重工从最初的高速道岔生产基地发展到掘进机、特种装备、轨道设备和磁浮装备四大产业板块,弯道超车,厚积薄发,一跃成为世界一流的集高端地下装备和轨道设备研究、设计、制造和服务于一体的自主品牌,拥有盾构、硬岩掘进机(TBM)的先进生产设备200多台套,盾构、TBM年产能力达120台套。

此例中"弯道超车,厚积薄发,一跃"与"10年积累"在语义上不大协调,属于无关冗余。"品牌"前的修饰语"集高端地下装备和轨道设备研究、设计、制造和服务于一体的自主"是不言自明的,有虽然不算错,但多余,也可看作无关冗余。

<参考修改>

✓ 10年积累,铁建重工从最初的高速道岔生产基地发展到掘进机、特种装备、轨道设备和磁浮装备四大产业板块,成为世界一流的盾构品牌,拥有盾构、硬岩掘进机(TBM)的先进生产设备200多台套,盾构、TBM年产能力达120台套。

5.2 主语冗余

主语冗余是指句中存在不必要或多余的主语而造成语句冗余。

【51】

✗ TI 蜗杆传动即渐开面包络环面蜗杆传动，它是由渐开线斜齿轮及其包络的环面蜗杆即 TI 蜗杆组成的蜗杆传动。

此例中画线部分为主语，后面用代词"它"对其复指并充当主语，造成主语冗余。

〈参考修改〉

✓ TI 蜗杆传动即渐开面包络环面蜗杆传动，是由渐开线斜齿轮及其包络的环面蜗杆即 TI 蜗杆组成的蜗杆传动。

✓ TI 蜗杆传动（即渐开面包络环面蜗杆传动）是由渐开线斜齿轮及其包络的环面蜗杆（即 TI 蜗杆）组成的蜗杆传动。

✓ TI 蜗杆（渐开面包络环面蜗杆）传动是由渐开线斜齿轮及其包络的环面蜗杆（TI 蜗杆）组成的蜗杆传动。

✓ TI 蜗杆传动即渐开面包络环面蜗杆传动，是由渐开线斜齿轮及其包络的环面蜗杆即 TI 蜗杆组成的。

✓ TI 蜗杆传动（即渐开面包络环面蜗杆传动）是由渐开线斜齿轮及其包络的环面蜗杆（即 TI 蜗杆）组成的。

✓ TI 蜗杆（渐开面包络环面蜗杆）传动是由渐开线斜齿轮及其包络的环面蜗杆（TI 蜗杆）组成的。

【52】

✗ 填充法作为一种新的减压阀流量特性的测试方法具有效率高、精度高和耗气量少等优点，它不仅适用于普通调压阀，也完全适用于精密调压阀。

此例的问题同例【51】，用"它"复指主语"填充法"，造成主语冗余。将"它"去掉后，变成二重复句，语气通畅，表达简洁。也可将介词短语"作为……方法"置于句首而将主语"填充法"移到谓语动词"具有"的前面。

〈参考修改〉

✓ 填充法作为一种新的减压阀流量特性测试方法，具有效率、精度高和耗气量少等优点，不仅适用于普通调压阀，也完全适用于精密调压阀。

✓ 作为减压阀流量特性的一种新的测试方法，填充法具有效率、精度高和耗气量少等优点，不仅适用于普通调压阀，也完全适用于精密调压阀。

5.3 谓语冗余

谓语冗余是指句子某谓语或若干谓语的表义重复。某谓语表义重复是指该谓语在形式上是一个词语，实则由若干表义相同、相近的词语叠加而成，造成重复；若干谓语的表义重复是指句子在形式上有若干词充当谓语，实则这些词语的表义相同、相近，造成重复。前一种情况可看作后一种情况的特例，即若干谓语紧相邻而组成一个整体谓语。

【53】

✗ 此类期刊的阅读对象，主要是面向计算机专业的研究生、本科生、教师及其他相关专业的科技工作者。

此例中的谓语是"是面向"，由两个动词"是"和"面向"叠加而成，造成谓语冗余。可以直接将"面向"去掉；或去掉"是"，但需要对主语进行调整。

〈参考修改〉

✓ 此类期刊的阅读对象，主要是计算机专业的研究生、本科生、教师及其他相关专业的科技工作者。（逗号也可以去掉。）

✓ 此类期刊主要面向计算机专业的研究生、本科生、教师及其他相关专业的科技工作者。

【54】

✗ 塑料镜片的光学质量测试包括有焦距、成像的放大率、各种像差等技术指标，是符合产品设计指标/规格的要求。

此例中前面分句的谓语是"包括有"，其中动词"包括"与"有"叠加，语义重复，谓语冗余；后面分句的谓语是"是符合"，其中动词"是"多余，谓语冗余。

〈参考修改〉

✓ 塑料镜片光学质量测试包括对焦距、成像放大率及各种像差等技术指标的测试，符合产品设计指标/规格的要求。

✓ 塑料镜片光学质量测试的技术指标包括焦距、成像放大率及各种像差等，符合产品设计指标/规格的要求。（"包括"可改为"有"。）

【55】

✗ 混沌行为的轨迹是吸引子，称为混沌吸引子或奇怪吸引子，由于它具有显著的分形特征和确定的分形维数，故又称作为分形吸引子。

此例最后一句的谓语是"称作为"，其中"作"与"为"语义相同或相近，谓语冗余，应去一留下，即把"称作为"改为"称作"或"称为"。

【56】

✗ ω，ζ 可<u>看作为是</u><u>与</u>结构动力特性中的模态频率<u>与</u>模态阻尼等价的物理量。

此例的谓语是"看作为是"，其中动词"看作"的意思是"当作"，含有"为""是"之义，其后的"为""是"冗余。另外，连词"与"也冗余。

<参考修改>

✓ ω、ζ 可<u>看作</u>与结构动力特性中的模态频率、模态阻尼等价的物理量。（"看作"也可改为"视作"或"视为"。）

【57】

✗ 由表 2 和图 4，表 3 和图 5 <u>可知</u>，同样可<u>看出</u>，这两方法分类效果较明显。

此例中的谓语"可知"与谓语"看出"语义重复，即有多余的谓语。还有苟简语病。

<参考修改>

✓ 由表 2、图 4 及表 3、图 5 <u>可知</u>，这两种方法的分类效果较为明显。（"可知"可改为"可以看出"，其后面的逗号也可去掉。）

5.4 宾语冗余

宾语冗余是指句中存在与谓语搭配不当的宾语或用不恰当的中心语来充当宾语，前者通常是宾语中有多余的字词如助词而造成宾语的结构与谓语所要求的宾语结构不一致，后一种情况通常是宾语部分有多余的中心语。

【58】

✗ 高校必须充分考虑市场需求，更多地根据市场需求进行<u>学科专业的配置工作</u>。

动词"进行"常要求带谓词性宾语，而不是体词性宾语。此例中的"进行"带体词性宾语"学科专业的配置工作"（定中词组），宾语结构不当，其中的助词"的"冗余，应去掉而改为谓词性词组"学科专业配置工作"（主谓词组）。

【59】

✗ 为了使信息在企业管理中有效地发挥作用，高层管理者<u>要求</u>在信息处理过程中做到及时、准确、适用和经济<u>的要求</u>。

此例中谓语"做到"的宾语部分（及时、准确、适用和经济的要求）中的中心词"要求"多余，它不仅与前面的谓语"要求"重复，而且还与"做到"搭配不当，"的要求"应去掉。

【60】

☒ 这台机器是该公司购买的第一台海天品牌注塑机，<u>选择该机器的原因是该注塑机上采用了使用便捷的抽拉杆功能</u>且能一键完成动作，交货期<u>更快</u>。

此例中"采用"的宾语部分里有多余的中心词"功能"，而且"采用"能与"抽拉杆"搭配，而不能与"功能"搭配。还有其他冗余语病。

<参考修改>

- ✓ 这台机器是该公司购买的第一台海天品牌注塑机，<u>选择该机器的原因是，它采用了使用便捷的抽拉杆</u>且能一键完成动作，交货期<u>更短</u>。
- ✓ 这台机器是该公司购买的第一台海天品牌注塑机，<u>选择它的原因是，机器上采用了使用便捷的抽拉杆</u>且能一键完成动作，交货期<u>更短</u>。
- ✓ 这台机器是该公司购买的第一台海天品牌注塑机，<u>选择它的原因是，机器可以通过其抽拉杆来便捷地实现抽拉功能</u>且能一键完成动作，交货期<u>更短</u>。

（"且"前可以加逗号，加此逗号时"且"也可改为"而且"。）

5.5 定语冗余

定语冗余指句子里存在多余的定语（定语不必要出现或复指），或定语表达中存在冗余的字词（定语自身表达不简洁）。

【61】

☒ <u>新型内外组合搅拌浆</u>的开发及<u>其</u>流场特性研究。

此例中"其"做"流场特性"的定语，指"新型内外组合搅拌浆"，但"新型内外组合搅拌浆"已在前面出现过了，这里再次以指代的形式出现，显得啰唆，此代词应去掉。

【62】

☒ <u>钻花长度过长</u>，<u>钻花刚度急剧下降</u>，导致加工精度低、表面<u>粗糙质量差</u>等问题。

此例中的形容词"粗糙"做"质量"的定语，但搭配不当，"粗糙"的意思是不光滑，暗含加工表面的"劣质""不足"之意，即加工质量差。因此，"粗糙"和"质量差"语义重叠，可择其一。也可考虑用专业术语"表面粗糙度"，而对"表面粗糙质量差"重新表达。另外，"钻花"字面重复。

〈参考修改〉

✓ 钻花长度过长，其刚度急剧下降，导致加工精度低、表面质量差等问题。

✓ 钻花长度过长，其刚度急剧下降，导致加工精度低、表面粗糙等问题。

✓ 钻花长度过长，其刚度急剧下降，导致加工精度低、表面粗糙度高等问题。

【63】

✗ 提炼并归纳了高速电主轴系统多物理过程、多参数耦合现象，给出高速电主轴系统全局耦合关系的框图。

此例中两处"高速电主轴系统"均做定语，后一处在字面上完全重复前面一处，造成冗余，若改用代词词组或代词来复指，表达效果自然得到提升。

〈参考修改〉

✓ 提炼并归纳了高速电主轴系统多物理过程、多参数耦合现象，并给出该系统全局耦合关系的框图。（"该系统"可改为"其"或"它的"。）

【64】

✗ 这里物华天宝，土地肥沃，资源丰富，蕴藏着储量惊人的各种铁、铜、锡、锰等矿藏。

此例中"储量惊人的各种铁、铜、锡、锰等"做"矿藏"的定语，但存在冗词"各种"，表达不简洁。另外，对此定语的内部语序也可进行调整。

〈参考修改〉

✓ 这里物华天宝，土地肥沃，资源丰富，蕴藏着储量惊人的铁、铜、锡、锰等矿藏。

✓ 这里物华天宝，土地肥沃，资源丰富，蕴藏着铁、铜、锡、锰等储量惊人的矿藏。

5.6 状语冗余

状语冗余指存在多余的状语或状语中有冗余的字词。前者通常是指句中出现了两个甚至多个字面不同但表义相同或相近的状语，后者通常是指句中一个状语内出现了多余的同义词（相对该状语中的另一词语）、助动词等非必要词语。对于前者，保留一个状语即可；对于后者，去掉状语中多余的非必要词语就好。

【65】

✗ 或许一桶水对已经茂盛的参天大树可能并不起什么作用。

此例中的"或许"和"可能"均做状语，但表义相同，造成冗余，应去掉其中一个。

<参考修改>

- ✓ 或许一桶水对已经茂盛的参天大树并不起什么作用。
- ✓ 一桶水对已经茂盛的参天大树或许并不起什么作用。（"或许"可改为"可能"或"也许"。）

【66】

✗ 汽车前照灯自由曲面反光镜既符合空气动力学又符合艺术美感，是目前世界国际上最为流行的一种汽车灯具。

此例中的状语"世界"与"国际"重复，应选择其一。另外，"符合空气动力学""符合艺术美感"应是针对"反光镜的设计"而不是"反光镜"来说的，因此主（反光镜）谓（符合）搭配不当。

<参考修改>

✓ 汽车前照灯自由曲面反光镜的设计，既符合空气动力学，又符合艺术美感要求，这种反光镜是目前国际上最流行的一种汽车灯具。（"国际"可改为"世界"。）

【67】

✗ 这些学校的贫困生总数约为全国高校贫困生总和的三分之二还多，高校贫困生问题短时期内不可能很快解决。

此例中的"短时期内"和"很快"均为状语，但表义相近，应去掉其中一个。

<参考修改>

✓ 这些学校的贫困生总数约占全国高校贫困生总和的 2/3 还多，高校贫困生问题短时期内不可能解决。（"短时期内"可以去掉而在"不可能"后加"很快"；"2/3"可以用原来的汉语形式"三分之二"。）

【68】

✗ 在工作、生活之余应该经常开展体育活动是十分必要的。

此例中的"应该经常"做谓语"开展"的状语，其中助动词"应该"多余。

5.7 补语冗余

补语冗余指句子里存在多余的补语，这种多余主要表现在表义不需要或与上文（主要是状语）语义重复两个方面。

【69】

✗按这种创新理念设计的新一代机器人已经<u>进入</u>试运行阶段<u>中去</u>。

　　此例中的"去"做谓语"进入"的补语,但在表义上不需要 ,纯属多余,须去掉。另外,"中"字也可以去掉,但保留也是可以的。

【70】

✗为精简字数,这篇文章不得不<u>略加</u>删改<u>一些</u>。

　　此例中的"一些"做谓语"删改"的补语,但与状语"略加"表义重复,因此该补语冗余。也可保留补语而去掉状语。

<参考修改>

✓ 为精简字数,这篇文章不得不<u>略加</u>删改。

✓ 为精简字数,这篇文章不得不删改<u>一些</u>。

第 6 章　搭配不当

选词造句是有规律的,词与词之间是以一定规则组合在一起的,句中组合在一起的各个句法成分在表义、逻辑上只有搭配,才能表达准确、流畅,否则就会造成搭配不当。搭配不当会引起语义冲突、逻辑不通,容易产生歧义、增加阅读障碍,引起人们思维不适甚至混乱。避免搭配不当是语言表达和科技写作的基本要求。搭配恰当与否应主要从是否符合事理规律、是否符合语法规则、是否符合语言习惯等因素来考虑,其中任何一个因素不满足均会造成语病。本章从句子主要成分之间(主谓之间、谓宾之间、主宾之间)、修饰语与中心语之间等多个层面来讲述搭配不当,剖析 74 个实例语句。

6.1　主谓搭配不当

主谓搭配不当是指句子的主语和谓语不能完好或大体搭配,主要有表义不合理、表义不对应、联合词组分项不匹配等。

6.1.1　主谓表义不合理

主谓表义不合理是指主语和谓语搭配所产生的语义不合事理规律,就是不符合常识、知识或客观的规律性,或者不符合人们的正常思维规律。

【1】

✗ 许多文献都对它做详尽的研究。

动词"做"的动作行为通常由"人"来进行、发出或完成,此例中"文献"指文章,充当谓语"做"的主语说不通,主谓搭配表义不合理。

〈参考修改〉

✓ 很多学者对它进行了研究。

✓ 许多文献报道了有关它的研究。

✓ 许多文献对有关它的研究进行了报道。

【2】

✗ 上述文献均没有解决四杆机构瞬心无穷远时,拐点曲线求解这一理论问题。

此例的问题同例【1】，"解决"这一动作行为的发出者是"人"，用指物的"文献"做其主语不妥当，主谓搭配表义不合理。

<参考修改>

✓ 上述研究均没有解决四杆机构瞬心无穷远时拐点曲线求解这一理论问题。

✓ 从上述文献看，四杆机构瞬心无穷远时拐点曲线求解这一理论问题仍未得到解决。（"从上述文献看"可改为"上述文献表明"。）

【3】

⊠ 实验结果说明，过去很多文献试图单纯通过研究金刚石工具材料的抗弯强度来推断其实际加工性能，忽视了结合系统本身性能对抗弯强度和耐磨性贡献上的差异。

此例中也用指物的"文献"做"试图""推断""忽视"（谓语）这些在正常事理中只有人才具备的动作行为的发出者（主语），主谓搭配表义不合理。

<参考修改>

✓ 实验结果说明，过去很多研究人员试图单纯通过研究金刚石工具材料的抗弯强度来推断其实际加工性能，却忽视了结合系统本身性能对抗弯强度和耐磨性贡献上的差异。

【4】

⊠ 该设备在处理烟尘排放、粉尘飘逸、沥青烟气及噪声阻隔等方面采取了有效的措施，设备维护与运行信息延续公司一贯的智能化"e法系统"配备。

此例的主语"设备"和谓语"采取"搭配不当。"采取"的意思是选择施行某种方针、政策、措施、手段、形式、态度等，其主体即动作行为的发出者（施事）应是"人"，而不是"物"（设备）。本例是普通的语言表达，没有特别修辞需要，用"设备"做"采取"的施事不当，即"设备采取措施"这种表达不合人们的正常思维规律。

<参考修改>

✓ 对该设备在处理烟尘排放、粉尘飘逸、沥青烟气及噪声阻隔等方面采取了有效措施，对设备维护与运行信息，延续公司一贯的智能化"e法系统"进行配备。（"对该设备"前可以加逗号，一同移到"采取"前。"进行"也可改为"来"。）

第6章 搭配不当

【5】

✗ 传统的短路过渡过程一般认为整个过程只存在一次引弧。

动作行为"认为"的发出者通常是人，此例中用非"人"的"短路过渡过程"做谓语动词"认为"的主语，主谓搭配表义不合理。

〈参考修改〉

✓ 传统的短路过渡过程一般只存在一次引弧。

✓ 对传统的短路过渡过程，一般认为其整个过程只存在一次引弧。

【6】

✗ 高速齿轮传动除具有更高的接触疲劳强度和弯曲疲劳强度外，还提出了传动平稳、噪声小和重量轻等需求。

动作行为"提出"的发出者通常是人，此例中用非"人"的"高速齿轮传动"做谓语动词"提出"的主语，主谓搭配表义不合理。

〈参考修改〉

✓ 高速齿轮传动除具有更高的接触疲劳强度和弯曲疲劳强度外，还具有传动平稳、噪声小和重量轻等特点。

✓ 高速齿轮传动除了对接触疲劳强度和弯曲疲劳强度有更高的要求外，还对传动平稳、噪声小和重量轻等有更高的要求。

（"接触疲劳强度和弯曲疲劳强度"可改为"接触、弯曲疲劳强度"。）

【7】

✗ JZL150-45螺旋挤土桩机根据客户提出的具体要求，再签定设计销售合同，实现定向开发。

此例中谓语动词"根据""签定""实现"所表示的动作行为发出者应为"人"，这里用表示"物"的名词短语"螺旋挤土桩机"做这些动词的主语不当，主谓搭配表义不合理。其中"根据"应视作介词。

〈参考修改〉

✓ JZL150-45螺旋挤土桩机是根据客户提出的具体要求，在签定设计销售合同后，定向开发出来的。

【8】

✗ 球罐型储罐系统为挪威Moss Maritime公司的专利技术，该型储罐采用AA5083的铝合金制造。

主语"储罐系统"和谓语"为"通常能搭配,但在此例中,因宾语是"专利技术",全句的意思就是"储罐系统为专利技术",说不通,显然"储罐系统"和"为"搭配表义不合理,可将"为"改为"使用"。

<参考修改>

✓ 球罐型<u>储罐系统使用</u>挪威 Moss Maritime 公司的<u>专利技术</u>,该储罐用 AA5083 铝合金来制造。

6.1.2 主谓表义不对应

主谓表义不对应是指句子的主语和谓语在语义上不一致或不匹配。

【9】

✗ 水下防喷器体积庞大,<u>质量较重</u>,结构复杂。

此例中主语"质量"与谓语"重"的表义不对应,"质量"应与表示大小的词(大、小)搭配,"重"应与表示轻重的词(轻、重)搭配。

<参考修改>

✓ 水下防喷器体积庞大,<u>质量较大</u>,结构复杂。

✓ 水下防喷器体积庞大,<u>重量较重</u>,结构复杂。

✓ 水下防喷器体积大,<u>较重</u>,结构复杂。

【10】

✗ 1825 年,世界上第一条现代<u>铁路</u>修建完成了,<u>这条铁路</u>全长 27 km,可以搭载 <u>450 人</u>,最高时速达到了 24 km,并首次采用了 1 435 mm 的标准轨距。

此例中谓语"搭载"的主语是"铁路"(主承前主),但表义不对应,因为可以说"车辆搭载""列车搭载",但不能说"铁路搭载"。另外,"铁路"与"时速"也不对应。

<参考修改>

✓ 1825 年,世界上第一条现代<u>铁路</u>修建完成了,全长 27 km,<u>其列车每辆可以搭载 450 人</u>,最高时速达到了 24 km,并首次采用了 1.435 m 的标准轨距。("时速"可改为"速度",同时"24 km"须改为"24 km/h"。)

【11】

✗ 这个村的<u>棉花生产</u>,由于改良品种,合理种植,科学管理,<u>长势</u>一直不错。

此例中主语"棉花生产"与谓语"长势"搭配不当,因为"长势"的主语应是"棉花",而不是"棉花生产","棉花生产"与"长势"的表义不对应,应改为"棉花"。

<参考修改>

✓ 这个村的棉花,由于改良品种,合理种植,科学管理,长势一直不错。

✓ 由于改良品种,合理种植,科学管理,这个村的棉花长势一直不错。

【12】

✗ 这家电厂的发电量,除了满足本市用电需要外,还不断向周边地区输送。

此例中的主语"发电量"与谓语"满足""输送"的表义不对应,因为"电"可以使用、输送,而"发电量"是不能使用、输送的。在现代汉语中,"量"只表示事物的数量属性,而不表示事物本身,因此"发电量"应为"发电"或"供电"。还可以有以下修改方案。

<参考修改>

✓ 这家电厂除了满足本市用电需要外,还不断向周边地区输送供电。

【13】

✗ 为解决国内铁路运力与需求的矛盾,铁路客运专线相继立项并陆续开工,这就需要大批量现代化的架桥机、运梁车以及提梁机。

此例中的主语"铁路客运专线"与谓语"立项""开工"的表义不对应,因为专线本身不能立项和开工,可在"专线"的后面加"建设"。

<参考修改>

✓ 为解决国内铁路运力与需求的矛盾,铁路客运专线建设相继立项并陆续开工,这就需要大批量现代化的架桥机、运梁车和提梁机。

【14】

✗ 近似直线轨迹四杆机构的综合问题是一个古老问题,近一个世纪以来引起了机构学家、数学家的广泛关注和兴趣并取得了丰硕成果,其理论基础是欧拉-萨伐里方程。

此例由三个分句组成,分句二(近一个世纪……取得了丰硕成果)的主语应是"综合问题"但省略了(承前省略),与谓语一"引起"表义对应,但与谓语二"取得"表义不对应,因为"问题"不可能有"取得"这一动作或行为。可改为句群的形式。

<参考修改>

✓ 近似直线轨迹四杆机构的综合问题是一个古老问题,近一个世纪以来引

起了机构学家、数学家的广泛关注和浓厚兴趣。他们对该问题进行研究并取得了丰硕成果，其理论基础是欧拉-萨伐里方程。

【15】

✗ 发动机在不同负载和不同转速下的表现将大大提高。

此例中的主语"表现"和谓语"提高"表义不对应。"表现"指表示出来的行为或作风，用"提高"做其谓语不妥当。"表现"可改为"运行效率"或其他合适的词语，"不同负载和不同转速下"应表达为"负载、转速均不同时"。若保留"表现"，则应相应地调整"提高"一词，比如将其替换为别的词，也可能需要调整其他词语。

<参考修改>

✓ 发动机在负载、转速均不同时的表现将大大改观。（"大大改观"可改为"变得非常不错"。）

✓ 发动机在负载、转速均不同时的运行效率将大大提高。（"效率"可改为"稳定性"。）

【16】

✗ 近几年计算机的使用范围在日益增加。

此例中主语"范围"和谓语"增加"表义也不对应。"增加"表示在原有基础上加多，而使范围、规模比原来大应该用"扩大"，说范围"增加"不妥当，"增加"应改为"扩大"。

【17】

✗ 家用先进电子产品中，随着 VCD、DVD、CVD、HDVD、HDTV 等的快速普及，数字光盘的需求量快速发展。

此例中的主语"需求量"和谓语"发展"表义不对应。"需求量"指需求的数量，其变多应该用"增加""增多"来表示，而"发展"指事物由小到大、由简单到复杂、由低级到高级的变化。本例中的"发展"应改为"增加"或"增多"。

<参考修改>

✓ 家用先进电子产品中，随着 VCD、DVD、CVD、HDVD、HDTV 等的快速普及，人们对数字光盘的需求量快速增加。

✓ 随着 VCD、DVD、CVD、HDVD、HDTV 等的快速普及，家用先进电子产品中人们对数字光盘的需求量快速增加。（"人们对"可移到"家用"前。）

【18】

☒ 春节期间大部分地区天气晴好,局部地区将普降瑞雪。

此例后一分句的谓语"普降瑞雪"是一个动宾结构,其中动词"降"前面的修饰语"普"与主语"局部地区"中的修饰语"局部"表义不对应,可直接说"降雪"或"有降雪",也可将"普"改为"喜"。

<参考修改>

✓ 春节期间大部分地区天气晴好,局部地区将降雪。("降雪"前可加"有"。)

✓ 春节期间大部分地区天气晴好,局部地区将喜降瑞雪。

6.1.3 联合词组分项不匹配

联合词组分项不匹配是指主语(或谓语)由联合词组充当时,其中部分或全部组成项与其谓语(或主语)的部分或全部组成项在语义上不一致或不对应。这是一种特殊的主谓表义不对应。

【19】

☒ 那种新研制出的控制器的运算能力强而快。

此例中的主语"运算能力"与充当谓语的联合词组"强而快"中的分项"快"不匹配。可以说"运算能力强",但不能说"运算能力快",因为"快"是指速度高或所花费的时间短,不适合用来表述"能力"的大小、强弱。

<参考修改>

✓ 那种新研制出的控制器的运算能力强,运行速度快。

【20】

☒ 这家企业生产的数控设备的数量和质量都高。

此例中联合词组"数量和质量"做主语,其中分项"数量"指设备的多少,"质量"指设备的优劣程度,均与谓语"高"不匹配。平常说数量大、多或小、少,一般不说数量高、低;平常说质量好、优或差、劣,一般不说质量高或低。

<参考修改>

✓ 这家企业生产的数控设备数量大、质量好。("大"可改为"多","好"可改为"优"。)

6.2 谓宾搭配不当

谓宾搭配不当是指谓语同宾语在语义、习惯上不存在（没有、不符合）正常的谓宾关系[①]或因语法关系而不能相互配合，如谓语用词不当、谓宾用词不当、联合词组分项不匹配等。消除这类语病的方法是更换谓语、宾语或重组句子。

6.2.1 谓语用词不当

谓语用词不当指因选用不合适的词语来做谓语而造成与宾语不能搭配。对这种病句，通常只要修改谓语就好，一般不用修改宾语。

【21】

☒通过本文中案例机床的分析研究，<u>发现</u>以下<u>结论</u>。

此例的谓语"发现"与宾语"结论"不能搭配，谓语用词不当，可改为"得出""得到""推出"。另外，"本文"前缺少介词"对"。

【22】

☒<u>建立</u>一种在蠕变-疲劳机制下含缺陷结构剩余寿命的<u>评定方法</u>。

此例的谓语"建立"与宾语"评定方法"不能搭配，谓语用词不当，可改为"提出""给出"之类的词。

【23】

☒对比这些实验曲线可以<u>看出</u>一些<u>现象</u>。

此例中谓语"看出"与宾语"现象"不能搭配，谓语用词不当，可以将"看出"改为"看到""发现"或"观察到"。

【24】

☒从而实现机构输出主轴空间三维移动和回转的<u>需要</u>，<u>能对复杂球面实现加工</u>。

此例中前面分句的谓语"实现"与宾语"需要"不能搭配，谓语用词不当，可改为"满足"。

<参考修改>

✓ 从而满足机构输出主轴空间三维移动和三维回转的<u>需要</u>，<u>实现对复杂球面的加工</u>。

[①] 句子谓语和宾语的关系主要包括：支配与被支配；动作与结果；谓语所表示的动作行为表示宾语所代表的事物的存在、出现、消失的状况；宾语表示动作的处所。

第6章 搭配不当

【25】

⊠路面养护作业人员的安全保护设备和智能预警系统<u>有了</u>较大程度的<u>开发</u>。

此例中的谓语"有了"与宾语"开发"不能搭配,谓语用词不当,可改为"得到了""获得了"。

【26】

⊠并不是所有地铁都建设在地下,在某些特殊地段(地上)同样也是需要用地铁来<u>完成</u>交通<u>需求</u>的,例如瑞士的皮拉图斯山地铁就是建设在陡峭的山地之上,其长度和全程高度落差都是全球首屈一指的。在这种特殊的地形之下,也只有通过地铁或者城市轻轨才能<u>完成</u>爬坡<u>需求</u>。

此例为句群,由两句(复句+单句)组成,两句中均有谓语"完成"和宾语"需求",但不能搭配,谓语用词不当,可改为"满足"。

6.2.2 谓宾用词不当

谓宾用词不当指因选用不合适的词语来做谓语而造成与宾语不能搭配(谓语用词不当),或选用不合适的词语来做宾语而造成与谓语不能搭配(宾语用词不当)。对这种语病,既可修改谓语用词以与宾语搭配,也可修改宾语用词以与谓语搭配,还可以同时修改谓语、宾语使其搭配,必要时可重新组织语句,原来的谓语、宾语以及其他成分可能发生变化而产生新的谓语、宾语。上节介绍的"谓语用词不当"是谓宾用词不当的一种情况。

【27】

⊠以老年人轮椅设计为例,<u>提出</u>了基于QFD(质量功能展开)和TRIZ(发明问题解决理论)集成模型的用户<u>需求分析</u>。

此例的谓语"提出"与宾语"需求分析"不能搭配,谓宾用词不当,谓语可改为"进行",或将宾语改为"需求分析方案"。

【28】

⊠按客流量日益增加的情况,航空公司新近<u>开辟</u>了从上海直达旧金山的<u>航班</u>。

此例的谓语"开辟"与宾语"航班"不能搭配,谓宾用词不当。谓语可改为"开通",或将宾语改为"航线"。

【29】

⊠这样就有效<u>避开</u>了通过准确测量临界速度来区分静动区间的<u>困难</u>。

此例的谓语"避开"与宾语"困难"不能搭配,谓宾用词不当。可将谓语改为"克服",或将宾语改为"难题"或"问题"。

【30】

✗ 为了实现禽蛋检测与分级的自动化,提出了一种轻型自动化系统,即禽蛋检测与分级智能机器人系统。

此句的谓语"提出"与宾语"轻型自动化系统"搭配不当,谓宾用词不当。若保留原谓语不变,则宾语结构不完整,即缺中心语,应在"轻型自动化系统"后补出真正的宾语,如"设计方法""概念"或"原理"等。若保留原宾语不改,则应修改谓语用词,如将"提出"改为"设计""开发""建造"之类的词。

<参考修改>

✓ 为了实现禽蛋检测与分级的自动化,提出轻型自动化系统(即禽蛋检测分级智能机器人系统)的一种设计方法。("设计方法"可改为"概念"或"原理"。)

✓ 为了实现禽蛋检测与分级的自动化,设计了一种轻型自动化系统,即禽蛋检测与分级智能机器人系统。("设计"可改为"开发"或"建造"。)

【31】

✗ 考虑极限剪切应力／界面滑移的弹流数值分析给出一类新的具有入口凹陷的弹流油膜。

对此句可以有以下两种理解:

(1) 由两个分句组成的并列复句(画线部分分别为谓语、宾语、谓语、宾语),结构为:

考虑……弹流数值分析,给出……弹流油膜

(2) 单句(画双线部分为谓语、宾语),结构为:

"考虑……的弹流数值分析给出……弹流油膜"

对于第一种理解,谓语"考虑""给出"分别与宾语"弹流数值分析""弹流油膜"不能搭配,谓宾用词不当,应重新组织语句。

<参考修改>

✓ 对极限剪切应力／界面滑移弹流进行了数值分析,并给出一类新的具有入口凹陷的弹流油膜的定义。(并列复句)

✓ 通过极限剪切应力／界面滑移的弹流数值分析,定义了一类新的具有入口凹陷的弹流油膜。(单句,逗号前面为方式状语)

对于第二种理解，主语"弹流数值分析"与谓语"给出"，谓语"给出"与宾语"弹流油膜"均不能搭配，谓宾用词不当，应重新组织语句。

<参考修改>

✓ 用考虑极限剪切应力／界面滑移的<u>弹流数值分析法</u>，<u>给出</u>一类新的具有入口凹陷的弹流油膜的<u>定义</u>。（单句，逗号前面为方式状语）

【32】

☒<u>提供</u>一个关于叠层平面圆环的振动行为和叠层对其振动影响的<u>实验研究报告</u>。

此例出自某论文的摘要，其中谓语"提供"与宾语"实验研究报告"虽在字面上能搭配，但表达啰嗦，谓宾用词不当。其本意是"进行了实验研究，并对此研究进行了报道"，应直截了当说"进行了实验研究"，何必说"提供实验研究报告"，发表文章就是一种报告、报道。

<参考修改>

✓ 对叠层平面圆环的振动行为、叠层对其振动的影响<u>进行了实验研究</u>。

✓ <u>实验研究</u>了叠层平面圆环的振动行为、叠层对其振动的<u>影响</u>。（顿号也可改为"及""以及"或"，以及"。）

【33】

☒常常是一个名词，各个行业、各个学派<u>拿</u>它做不同的<u>使用</u>，有不同的内涵；而不同的名词，各个行业、各个学派又常常用它来表达同一件事。

此句的谓语"做"与宾语"使用"不能搭配，谓宾用词不当，需重新组织语句。

<参考修改>

✓ 同一个名词，各个行业、各个学派常常<u>将其用</u>在不同场合，有不同的内涵；而不同的名词，各个行业、各个学派又常常用<u>它们</u>来表达同一件事。

【34】

☒该车<u>解决</u>了当前市场上使用的搅拌混合方法所产生的混合不均匀、扬尘污染、罐体容积大和剩余物料浪费严重等<u>现象</u>，能够精确控制混合量、混合速度和混合比例，<u>可</u>满足不同工作环境下的多种需求。

此例中前面分句的谓语"解决"与宾语"现象"不能搭配，谓宾用词不当。

<参考修改>

✓ 使用该车解决了当前市场上使用的搅拌混合方法所产生的混合不均匀、扬尘污染、罐体容积大和剩余物料浪费严重等问题，能够精确控制混合量、混合速度和混合比例，满足不同工作环境下的多种需求。（"解决""问题"可分别改为"克服""缺点"。）

【35】

✗ 对于不带毛细管的换热器来说，某一压降支路上的制冷剂的压降与流量可写成如下的关系

$$\Delta p_{r,j} = S_j q_{mr,j}^2 \quad (j = 1, 2, \cdots, n)。$$

此例中的谓语"可写成"与宾语"关系"不能搭配，谓宾用词不当。

<参考修改>

✓ 对于不带毛细管的换热器来说，某一压降支路上的制冷剂的压降与流量可表达为

$$\Delta p_{r,j} = S_j q_{mr,j}^2 \quad (j = 1, 2, \cdots, n)。$$

（"可表达为"也可改为"有以下关系："。）

【36】

✗ 随着科学技术的发展，在社会的大背景下智能化和自动化是发展的大趋势，因此智能设备的出现为焊接设备提供了更好的优化。

此例中的谓语"提供了"与宾语"优化"不能搭配，谓宾用词不当。

<参考修改>

✓ 随着科学技术的发展，智能化和自动化是社会发展的大趋势，智能设备将会用来更好地优化焊接设备。

✓ 随着科学技术的发展，智能化和自动化是社会发展的大趋势，智能设备的出现将会促进对焊接设备的优化。

✓ 随着科学技术的发展，智能化和自动化是社会发展的大趋势，智能设备的出现将为焊接设备的更好优化提供条件。

【37】

✗ 两国政府就两国间的贸易问题进行了交换意见，取得了积极成果。

此例中的"交换意见"做动词"进行"的宾语,但语义不通,谓宾用词不当。可保留"进行",将"交换意见"改为"商谈";也可去掉"进行",将助词"了"放在"交换"与"意见"之间,相当于将原宾语"交换意见"中的"交换"拿出来做谓语,"意见"做宾语。

6.2.3 联合词组分项不匹配

联合词组分项不匹配通常是指宾语(或谓语)由联合词组充当时,其组成项全部或部分与谓语(或宾语)在语义上不一致或不对应。

【38】

✗ 对其他混沌解的分析也能得到类似的现象和结论。

此例中"现象和结论"为联合词组,做宾语,但其中"现象"与谓语"得到"不匹配。

〈参考修改〉

✓ 对其他混沌解的分析也能得到类似的结论。

✓ 通过对其他混沌解的分析,也能发现类似的现象,得到类似的结论。

("得到"可改为"得出"。)

【39】

✗ 中国队在比赛中充分发挥了自身的水平和风格,但也暴露了一些问题和不足。

此例的问题同例【38】,联合词组"水平和风格"为宾语,其中"风格"与谓语"发挥"不匹配,"风格"一般与"发扬"搭配。

〈参考修改〉

✓ 中国队在比赛中充分发挥了自身的水平,但也暴露了一些问题和不足。

✓ 中国队在比赛中充分发挥了自身的水平,发扬了自身的风格,但也暴露了一些问题和不足。

【40】

✗ 有些国家面积有限,天然资源缺乏,没有条件和能力进行大规模的矿山开发或钢铁冶炼等重工业。

此例中谓语"进行"后的宾语部分(大规模的矿山开发或钢铁冶炼等重工业)为联合词组,其中名词"重工业"与谓语不匹配,"等重工业"应去掉。一些特殊动词,如"进行、加以、予以、给以、受到"等,要求的宾语常限于动词或由动词组成的联合词组,用除此之外的其他词或联合词组做宾语通常会造成谓宾搭配不当。

【41】

☒ 国内外已有大量实验证明,氦氖激光照射可抑制或杀死细菌生长。

此例中"抑制或杀死"为联合词组,做谓语,其中"杀死"与宾语"细菌生长"不匹配。可将"抑制或杀死"拆分为两个谓语"抑制""杀死",分别用"细菌生长""细菌"做这两个谓语的宾语,也可使用介词词组"将其"把"杀死细菌"表达为"将其杀死"。

<参考修改>

✓ 国内外已有大量实验证明,氦氖激光照射可抑制细菌生长,甚至杀死细菌。("杀死细菌"可改为"将其杀死"。)

6.3 主宾搭配不当

主宾搭配不当是指句子的主语和宾语不能完好或大体搭配,主要有表义不对应、是字句不当、词类不一致等。

6.3.1 主宾表义不对应

主宾表义不对应是指句子的主语和宾语在语义上不一致或不匹配。

【42】

☒ 这个持续了百余年的国际争端至今得不到国际社会应有的、严厉而有效的支持。

此例中的"争端"为主语,"支持"为宾语,表义不对应,可以说"介入争端""解决争端",但不能说"支持争端"。因此,应将"支持"改为"介入"或"解决"。

【43】

☒ 在隧道挖掘过程中,人们无法保证挖掉的土体刚好就是隧道外围的形状,通常盾构机挖出来的隧道要比实际的管片直径更大。

此例中的主语"土体"与宾语"形状"表义不对应,不能说"土体是形状"。另外,"隧道"是一个空间,与管片的"直径"根本不在一个层面,不能相比较,表义也不对应。

<参考修改>

✓ 在隧道挖掘过程中,人们无法保证挖掉土体后的形状刚好就是所需要的隧道外围的形状,通常由盾构挖出来的隧道横截面的直径要比实际管片的直径更大。

【44】

☒ 并联式混合动力汽车多采用发动机和电动机两套独立的驱动系统，与纯电动汽车相比，能有效地降低汽车的自重和制造成本，成为<u>一种十分具有发展前景的结构形式</u>。

此例中的主语"并联式混合动力汽车"与它的一个宾语"结构形式"表义不对应，一般不能说"汽车成为结构形式"。

<参考修改>

✓ 并联式混合动力汽车多采用发动机和电动机两套独立的驱动系统，与纯电动汽车相比，能有效地降低汽车的自重和制造成本，成为<u>一种发展前景非常看好的新型汽车</u>。（最后一句可改为"其发展前景十分看好"。）

【45】

☒ 应用 CFD 方法研究内流结构，<u>避免了</u>测试研究时的测试点少，受泵复杂空间结构限制以及不能较全面获得流场结构的缺点，成为研究流体机械及工程内部流动问题的<u>热点和有力工具</u>。

此例中的"应用 CFD 方法研究内流结构"是加有状语的谓宾结构（状语是"应用 CFD 方法"，谓宾是"研究内流结构"），充当主语；"热点和有力工具"是联合词组，充当宾语。从语义上看，该主语整体上与"热点"对应，但与"工具"不对应，可与"工具"对应的是主语中的 CFD（计算流体动力学），而不是用"CFD 方法"修饰的"研究内流结构"。

<参考修改>

✓ <u>应用 CFD 方法研究内流结构，能够避免</u>测试研究时的测试点少、受泵复杂空间结构限制以及不能较全面获得流场结构的缺点，成为研究流体机械及工程内部流动问题的<u>热点，CFD 是开展研究的有力工具</u>。

✓ <u>CFD 法能够避免</u>测试研究时的测试点少、受泵复杂空间结构限制以及不能较全面获得流场结构的缺点，<u>CFD 已</u>成为研究流体机械及工程内部流动问题的<u>热点和有力工具</u>。

6.3.2 是字句不当

是字句是一种由谓语动词"是"来关联句子主语和宾语的典型主谓宾句，有"是……"和"是……的"两种形式，使用非常广泛。该句式的主语和宾语的表义只有对应时才能由"是"来关联，否则就会造成是字句不当，引起表义不准或混乱。这种语病其实就是主宾表义不对应的一种特殊情形。

【46】

✗ 世界是一个永远不停地运动、变化和转化的过程。

此例中的"世界"为主语,"过程"为宾语,表义不对应,不能说"世界是过程"。

<参考修改>

✓ 世界的发展是一个永远不停地运动、变化和转化的过程。

【47】

✗ 各地所出土的砍砸器常常是当地古人生产经验的总结。

此例中的主语"砍砸器"与宾语"总结"表义不对应,不能说"砍砸器是总结"。

<参考修改>

✓ 各地所出土的砍砸器常常是当地古人总结生产经验而发明创造出来的。

【48】

✗ 图 2 是我们研制的小型实验台,放大器采用 PWM,具有较好的线性度。

此例中"是"前面的主语"图 2"和后面的宾语"实验台"表义不对应,不能说"图 2 是实验台"。

<参考修改>

✓ 图 2 所示是笔者研制的小型实验台,该实验台采用 PWM 作放大器,具有较好的线性度。

✓ 笔者研制的小型实验台如图 2 所示,它采用 PWM 作放大器,具有较好的线性度。

【49】

✗ 图 8 是作者对叠层影响模态依赖性的一种解释。

此例中的主语"图 8"和宾语"解释"表义不对应,不能说"图 2"是"解释"。

<参考修改>

✓ 图 8 所示是作者对叠层影响模态依赖性的一种解释。

✓ 图 8 可为作者对叠层影响模态的依赖性提供一种解释。

【50】

✗ 图 5 中隔磁管的主要作用是密封增压阀,对磁铁的运动起导向作用。

此例中"是"字前后的主语"主要作用"和宾语"密封增压阀"表义不对应，不能说"主要作用"是"密封增压阀"。

<参考修改>

✓ 图 5 所示的隔磁管中起主要作用的是密封增压阀，它对磁铁的运动起导向作用。（"它"可以去掉。）

✓ 图 5 所示隔磁管中的密封增压阀非常重要，对磁铁的运动起导向作用。

【51】

☒ 表 1 是本文实验车辆所用电磁阀的仿真和实验结果的对比，仿真模型结果和实验结果符合良好。

此例中"是"字前后的主语"表 1"和宾语"对比"表义不对应，不能说"表 1"是"对比"。也可考虑将主语、宾语换位（即主语改为宾语，宾语改为主语），效果较好。

<参考修改>

✓ 表 1 显示了本文中实验车辆所用电磁阀的仿真和实验的对比结果，仿真和实验结果符合良好。

✓ 本文中实验车辆所用电磁阀的仿真和实验结果对比参见表 1，仿真和实验结果符合良好。

【52】

☒ 由以上分析可知，整个实验模态分析是按下面步骤进行。

此例中的宾语（是字后面部分）后明显缺助词"的"，与主语表义不对应。应补上"的"而组成"是……的"句；或将"是"去掉，这样句子的谓语就变化了。

<参考修改>

✓ 由以上分析可知，整个实验模态分析是按下面步骤进行的。

✓ 由以上分析可知，整个实验模态分析按下面步骤进行。

【53】

☒ 叠层圆环的振动行为主要是由组成该环的单片圆环振动行为所支配。

此例的问题同例【52】，句尾明显缺助词"的"。也可看作"是"多余。

【54】

☒ 是否能得到上级单位的支持，是做成这个创新项目的关键。

此例的主语部分（逗号前面部分）包含"能"或"不能"得到上级单位的支持两个相反角度，而宾语部分（"是"后面线部分）只有一个角度，二者在范围上不相当，表义不对应。

<参考修改>

- 能否得到上级单位的支持，是能否做成这个创新项目的关键。
- 能否得到上级单位的支持，是这个创新项目能否做成的关键。
- 得到上级单位的支持是做成这个创新项目的关键。
- 得到上级单位的支持是这个创新项目做成的关键。

6.3.3 词类不一致

一些特殊动词如"是""作为""充当"等，通常要求其主语和宾语的词语类别相同、相近或相当，即词类一致，否则就会造成词类不一致。

【55】

⊠ 化学中一个极为活跃的领域是研究各种无机分子的形状。

此例的主语"领域"是名词，宾语"研究各种无机分子的形状"是谓词性词组，词类不一致。可将此谓词性词组改为名词性词组。

<参考修改>

- 化学中一个极为活跃的领域是对各种无机分子形状的研究。（"对"可去掉。）
- 化学中一个极为活跃的研究领域是各种无机分子的形状。

（"各种"可去掉。）

【56】

⊠ 采用求解方法是迭代法和搜索法。

此例的主语"采用求解方法"属于动宾词组，是谓词性的，宾语"迭代法和搜索法"属于联合词组，是名词性的，词类不一致。可在"采用"之后加"的"，动宾词组就变成偏正词组，成为名词性的了。

【57】

⊠ 汽车制动防抱系统（ABS）和汽车驱动控制系统（TCS）是对汽车行驶过程中的纵向力进行控制。

此例的主语（第一画线部分）是名词性联合词组，宾语（第二画线部分）是谓词性介词结构（介词＋偏正＋谓），词类不一致。可以调整介词结构的词性为名词性的（介词＋偏正＋谓＋偏正），或用"是……的"句，或将"是"改为另外的词如"用来"。

<参考修改>

✓ 汽车制动防抱系统（ABS）和驱动控制系统（TCS）<u>是对汽车行驶过程中的纵向力进行控制的两个重要系统</u>。

✓ 汽车制动防抱系统（ABS）和驱动控制系统（TCS）<u>是对汽车行驶过程中的纵向力进行控制的</u>。

✓ 汽车制动防抱系统（ABS）和驱动控制系统（TCS）<u>用来对汽车行驶过程中的纵向力进行控制</u>。

【58】

✗ 实验中观察到的<u>入口凹陷</u>可作为已有的入口凹陷弹流数值分析的<u>实验证实</u>。

此例中的主语"入口凹陷"为偏正词组（名词性），宾语"实验证实"为主谓词组（谓词性），词类不一致。

<参考修改>

✓ 实验中观察到的<u>入口凹陷</u>可用来证明已有入口凹陷弹流数值分析结果的<u>正确性</u>。

✓ 实验中观察到的<u>入口凹陷</u>可用来证实已有入口凹陷弹流数值分析的<u>结果</u>。

6.4 修中搭配不当

修中是修饰语和中心语的简称，修中搭配不当就是修饰语和中心语不能完好或大体搭配，主要由修饰语和中心语表义不对应引起，包括定中、状中和补中搭配不当等。

6.4.1 定中搭配不当

定中搭配不当是由定语与中心语表义不对应而引起的一种修中搭配不当。

【59】

✗ 目前，智能制造技术正在引起机械工程界<u>越来越多</u>的<u>兴趣</u>。

此例中的定语"越来越多"与中心语"兴趣"表义不对应，搭配不当。这里的"多"暗含是从"人"的数量的角度来讲的，而不是指"兴趣"本身的增多，故可在"多"后加"人"。

<参考修改>

✓ 目前，智能制造技术正在引起机械工程界越来越多人的兴趣。

【60】

✗ 提取终锻成形载荷峰值进行比较，发现新工艺的载荷大幅度降低。

此例中的定语"新工艺"与中心语"载荷"表义不对应，搭配不当，因为"工艺"本身是不可能有"载荷"的。另外，句子的结构也应调整。

<参考修改>

✓ 对提取出的终锻成形载荷峰值进行比较，发现利用新工艺可以大幅度降低成形载荷。

【61】

✗ 以下采用文中发展的有限元与无网格自适应耦合方案分别对平面Poiseuill 流向问题和一个典型型腔的充填过程进行数值模拟。

此例中的定语"发展"表义笼统，与中心语"方案"表义不大对应。可按语义将"发展"改为"提出""阐述""设计""改进""修正"等词语。另外，全句过长，应在"方案"后加逗号停顿一下。

【62】

✗ 为保证液压控制系统有足够快的响应时间，这种工作液的黏度应该尽量低，并具备很好的润滑性。

"时间"的属性是长短而不是快慢（快慢通常是针对"速度"来讲的），一般不用"快"来修饰"时间"。本例中的定语"足够快"与中心语"响应时间"表义不对应，搭配不当，可将"快"改为"短"，或将"时间"改为"速度"。

【63】

✗ 近 20 年来，随着我国综合国力尤其是科技实力的飞跃发展，国家科学技术进步奖在引领科技发展方向、引导科技创新模式、激励和表彰科技创新人才，以科技促进社会进步和国家发展的道路上，留下了光辉的印记。

此例中的定语"国力""实力"与中心语"发展"表义不对应，搭配不当。可将"发展"改为"提升""提高"。若保留"发展"，则得修改"国力""实力"为其他合适的词语。

<参考修改>

✓ 近 20 年来，随着我国综合国力尤其是科技实力的稳步提升，……。（"提升"可改为"提高"。）

✓ 近20年来，随着我国社会、经济尤其是科技的飞跃式发展，……。

6.4.2 状中搭配不当

状中搭配不当是由状语与中心语表义不对应而引起的一种修中搭配不当。

【64】

☒ 收看电视时，室内应适当开灯，以保护视力。

此例中的状语"适当"与中心语"开灯"表义不对应，搭配不当。"开灯"就是"开灯"，是无法"适当开灯"的，即"适当"不能修饰"开灯"。

〈参考修改〉

✓ 收看电视时，室内应保持适当亮度，以保护视力。

✓ 收看电视时，室内应注意开灯，保持适当亮度，以保护视力。

【65】

☒ 这种产品价格比较合理，质量也比较过关。

此例中的状语"比较"与中心语"过关"表义不对应，搭配不当。"比较"做副词表示具有一定程度，"过关"表示达到了规定的标准，二者放在一起在语义上有冲突，可将"比较"改为"已"（"也"也可去掉），或者直接将"比较"去掉。

【66】

☒ 针对更高的设计自由度、更高效和更集成的动力系统开发了特定的钢材料。

此例中的"更集成"为状中结构，副词"更"做状语，修饰动词"集成"，但表义模糊，可以说"集成度更高""集成性更好""更容易集成"，但不能说"更集成"。另外，出现了多个包含"更"的结构，但其句法结构参差不齐，字数有多有少，缺乏语音和谐美，有修辞提升空间。

〈参考修改〉

✓ 针对有更高设计自由度、更高效率和更高集成度的动力系统开发了特定的钢材料。

✓ 针对有更高设计自由度、效率和集成度的动力系统开发了特定的钢材料。

✓ 针对设计自由度、效率和集成度更高的动力系统开发了特定的钢材料。

✓ 针对设计自由度更大、效率更高和集成性更好的动力系统开发了特定的钢材料。

✓ 针对更高设计自由度、更加高效和更易集成的动力系统开发了特定的钢材料。

6.4.3 补中搭配不当

补中搭配不当是由补语与中心语表义不对应而引起的一种修中搭配不当。

【67】

☒ 2012 年的加拿大之行，因事务安排得特别忙，一些有名的城市没有顾得上去考察。

此例中的补语"特别忙"与中心语"安排"表义不对应，搭配不当。"忙"是人的主观感觉，不是客观安排，"事务安排"不是忙或不忙，而是紧或不紧，可将"忙"改为"紧"。还可以有以下修改方案。

<参考修改>

✓ 2012 年的加拿大之行，因事务较多，特别忙，一些有名的城市没有顾得上去考察。（在"事务"后可以加"安排"。）

【68】

☒ 营业员要笑脸相迎，热情服务，这样顾客才会来得高兴，去得满意。

此例中的补语"高兴""满意"与中心语"来""去"表义不对应，搭配不当。"高兴"不是"来"这个动作行为的结果，"满意"也不是"去"的结果，这种述补结构（谓词+补语："来高兴""去满意"）欠妥，宜改为状中结构（状语+谓词："高兴来""满意去"）。

<参考修改>

✓ 营业员要笑脸相迎，热情服务，这样顾客才会高兴而来，满意而去。

【69】

☒ 选用喷嘴直径为 0.41 mm 的喷头，当喷嘴距离运动平台过高时，挤出成型材料被拉长且出现螺旋形状，当喷嘴距离运动平台过低时，成型材料被挤出，且被喷嘴挤压成扁平形状，冷冻干燥后脆而易断。

此例中用表示位置的形容词"高""低"做补语来描述中心语"距离"不妥当。"距离"的属性是"远、近、长、短"而不是"高、低"，因此"距离"与"高、低"表义不对应，搭配不当。若"距离"改用"位置"，则补语可用"高""低"。

<参考修改>

✓ ……，当喷嘴距离运动平台过远时，挤出成型材料被拉长且出现螺旋形状，当喷嘴距离运动平台过近时，……。

✓ ……，当喷嘴与运动平台的距离过长时，挤出成型材料被拉长且出现螺旋形状，当喷嘴与运动平台的距离过短时，……。

✓ ……，当喷嘴的位置相对运动平台过高时，挤出成型材料被拉长且出现螺旋形状，当喷嘴的位置相对运动平台过低时，……。

6.5 其他搭配不当

其他搭配不当常见的有以下几种情况：句中充当句首状语的介词结构的逻辑主语与句子的主语不一致；对同一或同类事物的表述未采用相同或一致的词语；句间表义不对应，承接不连贯，过渡不自然。

【70】

✗ 为满足数控机床和各类高端装备向高速、高效、精密、大型、重载及绿色环保等方向发展的需要，滚动功能部件产品性能正向高速度、高精度、高刚度、高寿命及高可靠性发展。

此例句首的介词结构（为……需要）充当状语，其暗含的主语（逻辑主语）是"人"，而后面主句的主语是"滚动功能部件产品性能"，指物，二者不一致，造成搭配不当，错误表示成"人为达到某目的，物去做某事"之意，正确的应是"人为达到某目的而去做某事"或"物在某种形势下呈现某种趋势"。

<参考修改>

✓ 为满足数控机床和各类高端装备向高速、高效、精密、大型、重载及绿色环保等方向发展的需要，正在大力发展滚动功能部件产品，使其性能向高速度、高精度、高刚度、高寿命及高可靠性发展。（无主语句，主语是"人"，省略了。）

✓ 适应数控机床和各类高端装备向高速、高效、精密、大型、重载及绿色环保等方向发展的需要，滚动功能部件产品在性能上正向高速度、高精度、高刚度、高寿命及高可靠性发展。（主语是物，即"滚动功能部件产品"。）

【71】

✗ 国内学者对柔顺机构主要是研究功能性拓扑优化，而对于功能的抗干扰、稳定性优化设计方面相关文献较少。

此例中后面分句的主要用语"文献",与前面分句的主要用语"研究"用词不一致,造成搭配不当。

<参考修改>

✓ 国内学者对柔顺机构的研究主要集中于功能性拓扑优化,而对功能的抗干扰、稳定性优化设计方面的研究较少。

✓ 国内学者对柔顺机构研究发表的文献多为功能性拓扑优化,而功能的抗干扰、稳定性优化设计方面的文献较少。("为"可改为"是"。)

【72】

☒通过对高合金钢等温退火的介绍,设计出了符合要求的网带式等温退火炉。

此例为单句,逗号前面为状语(表方式),后面为主句(表结果)。主句的谓语动词"设计"与方式状语的动词"介绍"不承接,猛然跳跃,令人突兀,句间表义不对应,造成搭配不当。既然方式是"介绍",那么结果怎么会是"设计"出一种退火炉呢?可统一用词,把"介绍"改为"设计";也可将方式状语改成单句,这样全句就成为并列复句,表达"先介绍,再设计"之意。

<参考修改>

✓ 通过对高合金钢等温退火的设计,设计出符合要求的网带式等温退火炉。

✓ 对高合金钢等温退火进行设计,设计出符合要求的网带式等温退火炉。

✓ 介绍了高合金钢等温退火,设计出符合要求的网带式等温退火炉。

✓ 对高合金钢等温退火作了介绍,并设计出符合要求的网带式等温退火炉。

(第一句为单句,后三个为并列复句。)

【73】

☒齿轮是采煤机中的关键零件,由于齿轮零件材料、力学性能的特殊性以及对尺寸的高精度要求,导致齿轮的修复一直是个难题。

此例中出现了"由于""导致",形式上二者配套组成关联词语"由于……导致"。其实这是一种典型的病句,因为"由于"是连词,"导致"是动词,二者不能搭配,不可组成关联词语。

注意:"由于……致使"是正确的关联词语,其中"致使"是连词而不是动词;"由于……使""由于……使得"是错误的,因为"使""使得"仅做动词,不能做连词。

〈参考修改〉

✓ 齿轮是采煤机中的关键零件，其零件材料、力学性能的特殊性以及对尺寸的高精度要求，导致对它的修复一直是个难题。（"导致"可改为"使得"。）

✓ 齿轮是采煤机中的关键零件，由于其零件材料、力学性能的特殊性以及对尺寸的高精度要求，致使对它的修复一直是个难题。

✓ 齿轮是采煤机中的关键零件，由于它的零件材料、力学性能具有特殊性，对尺寸的精度要求也高，因此对它的修复一直是个难题。

【74】

☒ 该发明旨在提供一种结构简单合理、性能可靠、效率高、保养方便、减少浪费的注塑机无滞留柱塞注射储料缸结构，以克服现有技术中的不足之处。

此例画线部分为五个词组的并列，其中最后一个为动宾结构，与前四个的主谓结构不搭配，应改成主谓结构。考虑到并列语间在语音上应和谐，最好将"效率高"改成一个四字结构。

〈参考修改〉

✓ 该发明旨在提供一种结构简单合理、性能可靠、效率提高、保养方便、浪费减少的注塑机无滞留柱塞注射储料缸结构，以克服现有技术中的不足之处。

第 7 章 句式杂糅

句式杂糅是句子结构混乱的典型形式，是违背一句一结构的基本造句表义规则，将两种甚至两种以上句子结构混杂在一起，导致句子结构混乱，最终分不清句子的结构究竟属于哪一种。这种语病可分为混杂和粘连两种：混杂指本应该用一种结构而同时混用了几种结构，造成把几句混合为一句；粘连指本应该用分开的几种结构前后说（用标点分开），却将几种结构首尾相接粘在一起说（除句尾外没有标点），造成把几句相接为一句。本章分别讲述混杂和粘连，剖析 13 个实例语句。

7.1 混杂

同一内容的语言表达往往可以采用不同的句法结构，但只应选用一种结构，若将两种甚至两种以上结构硬套或糅在一起（相当于融合），前后交叉错叠，则整个句子结构混乱繁杂，给人以"似驴非驴，似马非马"之感。这种语病即为混杂，消除它的方法是，先搞清楚是将哪几种结构套或糅在了一起，然后抽取选用一种结构来表达。

【1】

✗ <u>截止到目前为止</u>，经国家批准，全国已有 43 所高校相继开办了网络教育试点工作，网络教育在线学生日益增加。

此例画线部分中两种结构混杂：①截止到目前＋②到目前为止。选取一种结构，画线部分应改为"截止到目前"或"到目前为止"。

【2】

✗ 主层的薄膜采用 1.2 mm 厚的压筋型不锈钢薄板，压筋的<u>目的是为了</u>释放温度和结构应力。

此例画线部分中两种结构混杂：①目的是……＋②是为了……。选取一种结构，画线部分应改为"目的是"或"是为了"。

【3】

✗ 推进机构是<u>靠液压系统带动若干个推进油缸工作所组成的</u>，是为盾构机提供前进动力的机构。

此例画线部分中两种结构混杂：①是由……所组成的＋②是靠……工作的。

〈参考修改〉

✓ 推进机构是由液压系统及若干推进液压油缸所组成的，是为盾构提供前进动力的机构。

✓ 推进机构是靠液压系统带动若干推进油缸工作的，是为盾构提供前进动力的机构。

【4】

✗ 造成肥胖的主要原因是因为血液循环不畅的缘故而引起了新陈代谢缓慢。

此例中两种结构混杂：①原因是……＋②是因为……。另外，"缘故"冗余。

〈参考修改〉

✓ 造成肥胖的主要原因是血液循环不畅引起的新陈代谢缓慢。

✓ 造成肥胖主要是因为血液循环不畅引起了新陈代谢缓慢。

【5】

✗ 种子发芽率的高低，关键是内因起决定作用。

此例中两种结构混杂：①……，关键是内因＋②……，内因起决定作用。选择一种结构，画线部分应改为"关键是内因"或"内因起决定作用"。

【6】

✗ 以农业为基础这个思想，经过社会主义建设的多年实践，无可争辩地证实了这个正确的思想。

此例中两种结构混杂：①以农业为基础这个思想被证实（证明是正确的）＋②证实了以农业为基础这个思想。另外，"证实"与"正确"有语义重复。

〈参考修改〉

✓ 经过社会主义建设的多年实践，以农业为基础这个思想被证实。

✓ 经过社会主义建设的多年实践，以农业为基础这个思想证明是正确的。

✓ 社会主义建设的多年实践，无可争辩地证实了以农业为基础这个思想。

【7】

✗ 这次国际学术会议的参加者，除高校和研究机构的科研工作者、研究生外，还有来自企业的科技工作者和其他有关人员也参加了会议。

此例中两种结构混杂：①会议参加者包括……人员＋②……人员参加了会议。

〈参考修改〉

✓ 这次国际学术会议的参加者，除高校和研究机构的科研工作者、研究生外，还有来自企业的科技工作者和其他有关人员。

✓ 除高校和研究机构的科研工作者、研究生外，还有来自企业的科技工作者和其他有关人员也参加了这次国际学术会议。

【8】

☒ 信号系统就是站内各种信息的传递系统，由很多子系统互相配合而成。
这些子系统具体包括：
站内电话系统——提供公务及车站之间的联络服务；
有线调度电话系统——运营控制中心与车站联络的专用电话；
时钟系统——提供标准时间信息，保证系统同步精准；
无线系统——地铁内部工作人员专用的通信系统；
视频监控系统——实时监控；
传输系统——利用光纤通信网提供传输隧道。

此例中各破折号后面部分的结构五花八门，有的是谓宾结构（如第一个）或谓宾结构并列（如第三个），有的是定中结构（如第二个、第四个），有的是状中结构（如第五个），有的是句子结构（如第六个），而且有长有短，写法不一，上下句之间缺乏基本的均衡性、一致性及和谐性，读起来是满满的混杂感。按本例表义，破折号后面的语句并不是对那些子系统的详细解释，而仅是基本功能概括。因此，可去掉破折号，将破折号后面的语句直接移到子系统名称前面做定语，这样对各子系统的表述就一致了，混杂就消除了。而且，对各子系统的定名还有提升的空间，提升后应达到名称或术语的准确性和科学性。

〈参考修改〉

✓ 信号系统是站内各种信息的传递系统，由很多子系统互相配合而成。这些子系统具体包括：①提供公务及车站之间联络服务的站内电话系统；②提供标准时间以保证系统同步的时钟系统；③实时监控站内情况的视频监控系统；④用于运营控制中心与车站联络的有线调度电话系统；⑤用于地铁内部工作人员通信的专用无线系统；⑥利用光纤通信网提供传输隧道的传输系统。（数字编号①～⑥可以去掉。）

✓ 信号系统是站内各种信息的传递系统，由很多子系统互相配合而成。这些子系统具体包括：
（1）提供公务及车站之间联络服务的站内电话系统；
（2）提供标准时间以保证系统同步的时钟系统；
（3）实时监控站内情况的视频监控系统；

(4) 用于运营控制中心与车站联络的有线调度电话系统；
(5) 用于地铁内部工作人员通信的专用无线系统。
(6) 利用光纤通信网提供传输隧道的传输系统。

7.2 粘连

一个句子或一个句子的分句的结构已经完整，却把其最后某成分甚至整句作为下一句子前面的某个成分，就是将后面的句子硬往前面的句子的后面粘，前后交叉错叠，形成连体句子，造成句子结构混乱，这种语病即为粘连，又称黏合、牵连（相当于焊接）。消除这种语病的方法是，将句子分为前后两部分，其间加逗号，这两部分即为通过分离而还原成的两个句子，必要时还可为后面这句补上所缺少的成分如主语。

【9】

✗ 雷锋同志有善于挤和善于钻的"钉子"精神作为我们学习的榜样。

此例存在粘连，"精神"为粘连点。可在"精神"后加逗号，将后面的语句分离出来，分离出来的语句的前面既可不加主语（承接前面整个句子而省略），也可以加主语如"这"或"这种精神"，使主语更加明确，同时将谓语"作为"改为"是"。

〈参考修改〉

✓ 雷锋同志有善于挤和善于钻的"钉子"精神，是我们学习的榜样。

✓ 雷锋同志有善于挤和善于钻的"钉子"精神，这是我们学习的榜样。

✓ 雷锋同志有善于挤和善于钻的"钉子"精神，这种精神是我们学习的榜样。

（第二个"善于"可去掉。）

【10】

✗ 为了便于编制通用程序，现建立一个两支承传动轴的受力模型如图1所示。

此例后面的句子（主句）存在粘连，"受力模型"是粘连点。可在"受力模型"之后加逗号，将"如图1所示"分离出来，分离出来的语句的主语承接前句的"受力模型"，因此其前面无须加主语"该模型"，但加上也没有问题。另外，也可以将"如图1所示"移到前面合适的位置做"受力模型"的定语。

〈参考修改〉

✓ 为了……程序，现建立一个两支承传动轴的受力模型，如图1所示。

✓ 为了……程序，现建立一个两支承传动轴的受力模型，该模型如图1所示。

✓ 为了……程序，现建立一个如图1所示的两支承传动轴受力模型。

【11】

✗ 该值的测定方法有多种，最好是用测水传感器埋在滴头正下方。

此例后一分句存在粘连，"测水传感器"是粘连点。可在"测水传感器"之后加逗号，将后面的语句分离出来，并在分离出来的语句前面补上必要的成分，如"将其"或"将它"。另外，"是用"改为"使用"更好。

〈参考修改〉

✓ 该值的测定方法有多种，最好使用测水传感器，将其埋在滴头正下方。（"其"可改为"它"。）

【12】

✗ 图论引入机构学表示运动链拓扑结构为机构结构学研究带来了极大的方便。

此例有两处粘连，"机构学""拓扑结构"均为粘连点。可在这两个粘连点后加逗号，将后面的语句分离出来，前一个分离出来的语句前不加主语（但可补充"来"或"可用来"），后一个分离出来的语句前加主语"这"。

〈参考修改〉

✓ 图论引入机构学，来表示运动链的拓扑结构，这为机构结构学的研究带来了极大的方便。

✓ 图论引入机构学，可用来表示运动链的拓扑结构，这为机构结构学的研究带来了极大的方便。

【13】

✗ 植物激素有许多种，在农业上有广泛的用途，如诱导作物提前开花，改良良种，防止果树、棉花的落果、落铃，改变植物的生长习性，提高产量等已成为农业科学上一个个引人注目的研究课题，正等待大家进行更深入的探索。

此例中画单线部分是"如"的宾语，又是画双线部分的主语，存在粘连。修改方法是，在"已成为"的前面加上主语"这些"，并在此主语前加逗号。

〈参考修改〉

✓ 植物激素有许多种，在农业上有广泛的用途，如诱导作物提前开花，改良良种，防止果树、棉花的落果、落铃，改变植物的生长习性，提高产量等，这些已成为农业科学上一个个引人注目的研究课题，正等待大家进行更深入的探索。

第 8 章　语序不当

同样的词和词组，以不同的顺序组合，表达出的意思往往不会相同，选词造句其实就是按原始表义（本意、原义）选择出一个个的词和词组，再将它们以合适的顺序组合而成为一个个的句子。一个句子内词语之间有顺序，不同的句子与句子之间也有顺序，整篇文章就是以种种语序关联起来的大量语言文字的组合。汉语中词与词之间的关系不是依靠词形变化而是依靠语序来表示的，语序不同所表达的语法关系和语义就会不同。由不合适或不正确的语序导致表义偏离本意的语病称为语序不当。本章主要从句子主要成分的位置不当或成分之间顺序不妥（位置颠倒）的角度来讲述，剖析 56 个实例语句。

8.1　主宾位置不当

主宾位置不当是指主语和（或）宾语处于句中不恰当的位置，引起句子在语法、逻辑和语义上的错误。科技文章中使用常式句（正常的语法结构，通常主语位于谓语前，谓语位于宾语前）较多，非常式句（变异句）或倒装句很少甚至不用。非常式句或倒装句使用不当容易产生主宾位置不当。

【1】

✗ 在机械产品亟需更新换代之际，是值得研究这一问题的。

此例中逗号后面的部分是"是……的"句，"这一问题"理应做主语位于"是"字前，但由于被放到后面，致使全句无主语，原因在于主宾位置不当。另外，"亟需"改为"亟须"更好。

<参考修改>

✓ 在机械产品亟须更新换代之际，这一问题是值得研究的。（"是""的"可去掉。）

【2】

✗ 通过该结构的改善，从压缩机吸气口传播的速度脉动可以缓解。

此例中的"速度脉动"应做"缓解"的宾语，但因位于谓语"缓解"前，就成为主语。若将"速度脉动"放到"缓解"后，还应将句首的介词"通过"去掉，使"改善"成为主语。若保留句子原有结构，则可在"缓解"前加上"得到"，这样主宾位置就妥当了。

<参考修改>

✓ 该结构的改善可以缓解从压缩机吸气口传播的速度脉动。

✓ 通过该结构的改善，从压缩机吸气口传播的速度脉动可以得到缓解。

8.2 定语位置不当

定语位置不当是指定语处于句中不合适的位置而造成表义不准、错误或歧义。这种语病主要有以下三种情况：

（1）定语和中心语的位置颠倒。

（2）定语与中心语没有紧相邻（定语错放在别的词语前，或在定语及其中心语之间插进别的成分）。

（3）多项定语的排列顺序欠妥。

前两种语病的性质属于错误，最后一种属于不规范。

判断定语位置恰当与否的一般原则是：

（1）定语在前，中心语在后。

（2）从离中心语最远的算起，多项定语的顺序大致是：①领属（名词、代词及相应的词组）→②时间、处所→③数量→④性状→⑤数量→⑥质料→⑦种属（不带"的"名词、动词或形容词）。

（3）数量词充当定语的位置较为灵活，可位于"性状"定语的前面或后面。

（4）同类定语并列时，可按表义重要程度由小到大的顺序排列，程度相同、相近或无法区分时，可凭语感或按习惯来排列。

【3】

☒ 采用磁性研磨头不同直径对玉石表面进行旋转超声辅助磁力研磨试验，结果见图6。

此例中的"不同直径"应是其前面的"磁性研磨头"的定语，但二者位置颠倒，误使中心语"磁性研磨头"成为"不同直径"的定语，而"不同直径"成为中心语，造成表义错误。

<参考修改>

✓ 采用不同直径的磁性研磨头对玉石表面进行旋转超声辅助磁力研磨试验，结果见图6。

【4】

☒ 作为一种助学贷款的消费信贷，市场需求的潜力很大。

此例中的定语"助学贷款"与中心语"消费信贷"的位置颠倒。"助学贷款"属于"消费信贷"的一种,因此应将"消费信贷"改为定语,"助学贷款"改为中心语,即二者换位。

【5】

✘ 恩格尔将 LSR 注射成型与非晶态合金成型相结合,用于成型金属/硅橡胶复合电子设备框架。

此例中的"金属/硅橡胶复合电子设备框架"本应位于第三处即最后一个"成型"前而做定语,这里却位于其后而做宾语,定语和中心语的位置颠倒。况且"成型"是不及物动词,不能带宾语。从另一个角度看,三处"成型"的句法结构应一致,前两处是主谓结构(注射+成型、非晶态合金+成型),第三处应改为主谓结构(金属/硅橡胶复合电子设备框架+成型)。

〈参考修改〉

✓ 恩格尔将 LSR 注射成型与非晶态合金成型相结合,用于金属/硅橡胶复合电子设备框架成型。

【6】

✘ 大会邀请了知名学者作专题报告,并通过现场互动解答一些企业在发展过程中遇到的现实问题。

此例中的"一些"做"企业"的定语,但实际表义应是修饰"现实问题",因此放错了位置,远离中心语,应放到"现实问题"前面。

【7】

✘ 该方程是一个三维复杂的偏微分方程。

此例中的两项定语"三维""复杂"修饰中心语"偏微分方程",但定语顺序欠妥。"三维"表示种属,"复杂"表示性状,按多项定语的常规顺序,性状类定语应位于种属类定语之前,即"复杂"放在"三维"之前。

〈参考修改〉

✓ 该方程是一个复杂三维偏微分方程。("复杂"后可加"的"。)

【8】

✘ 高性能的实际光学系统,仍然需要比较复杂的多片透镜的结构形式。

此例中的定语"实际"大体表示领属,应放在表性状的定语"高性能"之前。

〈参考修改〉

✓ 实际的高性能光学系统仍然需要比较复杂的多片透镜结构形式。

【9】

✗ 这种客观需要，促进了自由曲面光学先进的超精密数控制造技术的发展。

此例中的定语"先进"表示性状，"自由曲面光学"表示种属，二者应交换位置，共同修饰"超精密数控制造技术"。

<参考修改>

✓ 这种客观需要促进了先进自由曲面光学超精密数控制造技术的发展。

【10】

✗ 计算力矩控制基本思想是设计一个非线性的基于模型的控制法则来抵消被控系统的非线性。

此例中的两项定语（第二画线部分）顺序欠妥。"非线性"表示种属，"基于模型"表示性状，种属应位于性状的后面，即表达为"基于模型的非线性"。

<参考修改>

✓ 计算力矩控制的基本思想是，设计一个基于模型的非线性控制法则，抵消被控系统的非线性。

✓ 计算力矩控制的基本思想是，通过设计一个基于模型的非线性控制法则，来抵消被控系统的非线性。（第二个逗号可去掉。）

【11】

✗ 自由曲面光学面形可由非对称、不规则、复杂的自由曲面随意组合而成。

此例中的三项定语（画线部分）顺序欠妥。"非对称""不规则""复杂"均表示性状，从语义的重要程度看，先说"非对称"再说"不规则"是可以的，但"复杂"词数最少，凭语感位于三项之首更妥当。也可认为"非对称""不规则"的语义地位平等，谁前谁后无所谓。

<参考修改>

✓ 自由曲面光学面形可由复杂的非对称、不规则自由曲面随意组合而成。

8.3 状语位置不当

状语位置不当是指状语处于句中不合适的位置而造成表义不准、错误或歧义。这种语病主要有以下四种情况：

（1）状语和中心语（谓语或谓语动词）的位置颠倒。

（2）状语与中心语没有紧相邻（状语错放在别的词语前，或在状语及其中心语间插进别的成分）。

(3) 句首状语误做句中状语，或句中状语误做句首状语。
(4) 多项状语的排列顺序欠妥。
前三种语病的性质属于错误，最后一种属于不规范。
判断状语位置恰当与否的一般原则是：
(1) 状语在前，中心语在后。
(2) 句首状语在主语前，句中状语在主语后。
(3) 从离中心语最远的算起，多项状语的顺序大致是：①情态（时间）→②时间（情态）→③处所→④语气、关联、时间等→⑤方式→⑥方向→⑦对象→⑧动作描写。
(4) 同类状语并列时，可按表义重要程度由小到大的顺序排列，程度相同、相近或无法区分时，可凭语感或按习惯来排列。

【12】

⊠ 对近似解法中提出的等效导热系数进行重新推导，导出不同的等效导热系数。

此例中的副词"重新"应做谓语动词"进行"的状语，但位置颠倒，状语应在谓语前面。另外，定语"近似解法"与"等效导热系数"应是一个整体，在其间插入"中提出的"不妥，定语位置不当。

<参考修改>

✓ 对所提出的近似解法等效导热系数重新进行推导，推导出不同的等效导热系数。（"进行"可以去掉。）

✓ 重新推导了所提出的近似解法等效导热系数，推导出不同的等效导热系数。

【13】

⊠ 该目标很难进行直接量化，故采用机床对携带切削液的切屑过滤程度来描述。

此例中的形容词"直接"应做谓语动词"进行"的状语，但位置颠倒，状语应在谓语前面。另外，后句本应承接前句的主语"该目标"（主承前主），却暗换了主语（笔者、作者之类的主语在形式上省略了）。前句也可改为介词结构做状语，这样全句就成为单句。

<参考修改>

✓ 该目标很难直接进行量化，故对其采用机床对携带切削液的切屑过滤程度来描述。（句首可加"对"；"进行""对其"可去掉一个或同时去掉。）

✓ 很难对该目标直接量化，故采用机床对携带切削液的切屑过滤程度来描述。

【14】

☒ 超声处理金属熔体作为一种新的熔体处理技术,已<u>广泛</u>被人们所<u>关注</u>。

此例中的形容词"广泛"做状语修饰谓语动词"关注",应与"关注"紧相邻,但其间插进"被人们所",造成状语与中心语没有紧相邻,状语位置不当。

<参考修改>

✓ 超声处理金属熔体作为一种新的熔体处理技术,已<u>被</u>人们<u>广泛关注</u>。

✓ 作为一种新的熔体处理技术,超声处理金属熔体已<u>被</u>人们<u>广泛关注</u>。

("被"可改为"为"。)

【15】

☒ 负压力角误差齿轮的噪声在任何情况下都<u>是最高</u>。<u>平均</u>比中凹齿形齿轮<u>高出</u> 6.5 dB(A),比正确渐开线齿形齿轮<u>高平均</u> 10~11 dB(A)。

此例中两处状语"平均"的位置不当。形容词"平均"做状语修饰谓语动词"高",正常组合应是"平均高"。然而,对于前一处,在"平均高"中插进表示对象的介词结构状语(比中凹齿形齿轮),造成状语未与中心语紧相邻;对于后一处,错将"平均高"表达为"高平均",状语和谓语的位置颠倒。另外,"是最高"属于"是……的"句,但结尾缺少"的";第一个句号不妥,造成其后面的句子主语残缺,读起来令人突兀,应为逗号。

<参考修改>

✓ 负压力角误差齿轮的噪声在任何情况下都<u>是最高的</u>,比中凹齿形齿轮<u>平均高出</u> 6.5 dB(A),比正确渐开线齿形齿轮<u>平均高出</u> 10~11 dB(A)。

【16】

☒ 借助图论这一工具,<u>到目前为止</u>,大量<u>的</u>各种构件数和运动副数的运动链<u>被相继综合出来</u>,大大丰富了机构的结构类型。

此例中的"到目前为止"按语义是统领全句的,应放在句子开头做句首状语,这里却放在第一句后面成为句中状语,造成状语位置不当。另外,第二句(大量的……综合出来)应承接第一句,其主语与"借助"的主语相同(主承前主),但因为使用了被动语态,"运动链"成为主语,导致未能主承前主,衔接不够顺畅,这里都用主动语态较好。

<参考修改>

✓ <u>到目前为止</u>,借助图论这一工具,已<u>综合出</u>有大量各种构件数和运动副数的运动链,大大<u>丰富</u>了机构的结构类型。(主动语态)

【17】

✗ 端夯扩灌注桩<u>从 80 年代</u>逐渐在江浙一带推广使用。

此例中错将句首状语"从 80 年代"放在主语（端夯扩灌注桩）后，充当句中状语，状语位置不当。另外，"80 年代"前缺少定语，容易引起表义不清。

<参考修改>

✓ <u>从 20 世纪 80 年代开始</u>，端夯扩灌注桩在江浙一带逐渐推广使用。

【18】

✗ 英国《新科学家》杂志<u>2005 年 10 月</u>刊出了人类自诞生以来，提出的 10 个最具影响力的科学理论，<u>它们是</u>：宇宙大爆炸理论、进化论、量子力学、相对论、混沌理论、万物理论、风险理论、气候变化、板块构造地质论、科学本身。

此例中错将句首状语"2005 年 10 月"放在主语（《新科学家》杂志）后，充当句中状语，状语位置不当。

<参考修改>

✓ <u>2005 年 10 月</u>，英国《新科学家》杂志刊出了人类自诞生以来所提出的 10 个最具影响力的科学理论：宇宙大爆炸理论、进化论……科学本身。

✓ <u>2005 年 10 月</u>，英国《新科学家》杂志刊出了人类自诞生以来所提出的 10 个最具影响力的科学理论，<u>分别</u>是宇宙大爆炸理论、进化论……科学本身。（在"分别"前可以加"它们"或"这些理论"。）

【19】

✗ 我们<u>为了实用、方便，并能更好地推广应用</u>，编制了通用计算程序。

此例中错将句首状语（画线部分）放在主语（我们）后，充当句中状语，状语位置不当。

<参考修改>

✓ <u>为了实用、方便并更好地推广应用</u>，我们编制了通用计算程序。

【20】

✗ <u>基本上</u>，在一定的环境温度和水分条件下，种子发芽率与时间<u>呈</u>线性关系。

此例中句首的"基本上"是描写性状语，本应修饰谓语动词"呈"，属句中状语，故放在句首不妥，状语位置不当。应将此状语放在主语之后、谓语之前。

<参考修改>

✓ 在一定……条件下，种子的发芽率与时间基本上呈线性关系。

【21】

☒ 这样完全可以避免了网格划分和网格重构。

此例中的副词"完全"和助动词"可以"（即能愿动词，表示情态）做谓语"避免"的状语，两个状语连用，但排列顺序欠妥。按多项状语的常规顺序，情态类状语应位于状语中的首位。另外，"了"字多余。

<参考修改>

✓ 这样可以完全避免网格的划分和重构。（"可以"前可加"就"，"的"也可去掉。）

【22】

☒ 硬脆材料常可采用金刚石砂轮，在超精密机床上，直接进行磨削加工得到。

此例状语（画线部分）顺序欠妥，其中处所状语"在超精密机床上"应放在方式状语"采用金刚石砂轮"前；"直接"是属性词，做方式状语，非常简短，放在较长的另一方式状语"采用金刚石砂轮"前更顺畅，但保持原位置也是可以的。

<参考修改>

✓ 硬脆材料通常可以在超精密机床上直接采用金刚石砂轮进行磨削加工得到。

【23】

☒ 突片作为一种结构简单的涡激励器，这一概念最初是由BRADBURY等学者于1975年提出的。

此例中的状语"由BRADBURY等学者"（对象）和"于1975年"（时间）的顺序欠妥。另外，介词"作为"要求前后句的主语相同，这里前后句的主语不同（分别为"突片""这一概念"），因此该介词使用不当；若一定使用该介词，则需调整句子，使前后句的主语相同。

<参考修改>

✓ 突片是一种结构简单的涡激励器，其概念最初是于1975年由BRADBURY等学者提出的。（"其"可改为"这一"。）

✓ 突片作为一种结构简单的涡激励器，最初是于1975年由BRADBURY等学者提出的。

✓ 作为一种结构简单的涡激励器，突片最初是于1975年由BRADBURY等学者提出的。

【24】

☒ 利用类内类间判据从数据集 Θ_1 和 Θ_2 中选择的特征组合分别为 s_1（噪声信号）、s_2（低频轴向振动），与实际工程应用明显不符。

此例中两个状语（与实际工程应用、明显）连用，在语感上没有什么问题，但按多项状语的常规顺序，"明显"（表情态或语气）位于"与实际工程应用"（表对象）前更合适。

<参考修改>

✓ 利用类内类间判据从数据集 Θ_1 和 Θ_2 中选择的特征组合分别为 s_1（噪声信号）、s_2（低频轴向振动），这明显与实际工程应用不符。

8.4 主语误做定语

主语误做定语是将本应做句子主语的词语误表达为做定语，通常是在主语后加了冗词，使得主语变成定语。

【25】

☒ 为了在安装时确保较低的重心，Y型三通的方向一般需要水平放置。

从形式上看，此例中的名词"方向"做句子的主语，但从语义上说不通，"方向"怎么能放置呢？"的方向"纯属多余，误放在真正的主语"Y型三通"后，使"Y型三通"成为"方向"的定语。

<参考修改>

✓ 为了在安装时确保较低的重心，Y型三通一般需要水平放置。

✓ 为了在安装时确保较低的重心，一般需要将Y型三通水平放置。（"需要"还可改为"应"或"宜"。）

【26】

☒ 复位机构的运动过程中，运动平台的位移和角速度随时间变化的各个曲线有一定的运动，具有实现六自由度调整姿态的能力，且无尖点和凸起，运动过程无冲击，机构的运动符合要求。

此例开头的"复位机构"和"运动过程"在语义上本应是主谓关系，但其间误加"的"字而造成二者成为偏正关系，本质上是将主语误做定语。另外，还有其他语病，如主语多余（第二处"运动过程"）、定语多余（机构的）。

<参考修改>

✓ 复位机构运动过程中，其运动平台的位移和角速度随时间变化的各个曲线有一定的变化，它具有实现六自由度调整姿态的能力，且无尖点和凸起，无冲击，运动符合要求。

8.5 定语误做主语

定语误做主语是将本应做句子定语的词语误表达为做主语，将本应做定语的词语放在主语的位置上或加在主语的后面均会导致定语变成主语，相应地原主语变成新主语的定语。

【27】

✗ 车站根据设备的重要程度，将供电负荷分为三级：列车信号通信消防和照明，普通风机和电梯，空调系统，照明，电热设备。

此例所表述的动作行为（"根据""分为"）本应是"人"（主语），但错误地表述为"车站"（主语）。按语境，"车站"应做"设备"的定语，这里却误做主语。另外，"三级"后面的语句较为混乱，这里级的层次在形式上是"五"，与"三"不对应。

<参考修改>

✓ 根据车站设备的重要程度，可以将供电负荷分为三级：列车信号通信、消防和照明；普通风机和电梯；空调系统、照明、电热设备。

✓ 根据车站设备的重要程度，可以将供电负荷分为三级，分别是列车信号通信、消防和照明，普通风机和电梯，以及空调系统、照明、电热设备。

✓ 根据车站设备的重要程度，可以将供电负荷分为列车信号通信、消防和照明，普通风机和电梯，以及空调系统、照明、电热设备三级。

【28】

✗ 目前我国盾构机已经实现完全自主设计、制造的全过程，国内盾构机市场从2009年单德国海瑞克就占据70%以上的份额，到如今国产盾构机占据80%以上的份额，并大量出口海外。

此例中的"我国盾构机"做主语（谓语是"实现"，宾语是"全过程"），与宾语的定语"完全自主设计、制造的"在语义上不搭配，因为"自主设计、制造"的主体（动作行为发出者）是"我国"，而不是"盾构机"，"盾构机"本应做定语，这里误放在"我国"后做主语，而"我国"成为"盾构机"的定语。可在"盾构机"前面加动词"拥有"做谓语，宾语调整为"能力"。另外，"盾构机"改为"盾构"更简洁（类似全书多处）。

<参考修改>

✓ 目前我国已拥有盾构生产全过程的自主设计制造能力，国内盾构市场从 2009 年单德国海瑞克就占据 70%以上的份额，……。

8.6 主语误做状语

主语误做状语是将本应做句子主语的词语误表达为做状语，通常是在主语前或后加了冗词，导致主语变成状语。介词多余有时会造成主语误做状语，参见第 3 章 "3.8.2 介词多余"。

【29】

☒ 通过混沌技术的遍历性、不重复性和随机性，保证了经过预处理的解空间具有高效性、全局性、代表性和可重复性。

此例中的介词 "通过" 多余，使句子本来的主语（遍历性、不重复性和随机性）变成了介词的宾语，形成的介词结构（通过……遍历性、不重复性和随机性）误做全句的状语，原因在于在主语前加了 "通过"，去掉该冗词即可。

【30】

☒ 接触网供电时（地铁 1500 V），是靠列车上方的受电弓和接触网接触供电的（铁路中电力机车动力部分的电能也来自接触网），这种方式乘客误跌其间不会导致触电。

从形式上看，此例中的 "接触网供电时" 做句首状语，但其后的 "是……的" 句缺少主语，其实这一句首状语中的名词词组 "接触网供电" 正是这个主语，主语误做状语。产生这种语病的原因是，在 "接触网供电" 后误加了 "时" 字，造成主语淹没和状语产生。另外，"误跌其间" 有苟简，语言晦涩。

<参考修改>

✓ 接触网供电（地铁 1.5 kV）是靠列车上方的受电弓和接触网接触供电的（铁路中电力机车动力部分的电能也来自接触网），以这种方式乘客误跌入轨道不会导致触电。

8.7 状语误做主语

状语误做主语是将句中本应充当状语的词语误表达为做主语，导致句子成分不搭配或逻辑不通。

【31】

✗ 图7~图10的结果可以知道：镁合金在高温加热过程中，其物理和化学性质发生了显著变化。

此例的首句说不通，"结果"（主语）怎么会有"知道"（谓语）这一动作行为呢？应该是由结果（状语）而知道、获知、得知（谓语），这里状语误做主语。

<参考修改>

✓ 由图7～10的结果可以知道：镁合金在高温加热过程中，其物理和化学性质发生了显著变化。（"，其"可改为"的"。）

✓ 由图7～10的结果可以知道：在高温加热过程中，镁合金的物理和化学性质发生了显著变化。

【32】

✗ 空间桁架结构由于管壁刚度大、末端载荷悬臂安装，传统直接敷加约束阻尼层的方法，减震效果并不明显。

此例中第二画线部分在形式上是主语部分（"方法"是主语），但因为其后面的语句"减振效果并不明显"独立成句，因此缺少与该主语配套的谓语，不能成句。这里实际上是将状语误做主语，按语义应在第二画线部分前加适当的介词如"用"，将主语部分变成状语。另外，表示原因的关联词"由于"位置不当（两个分句的主语不同时，前一分句的关联词位于其主语的前面）；若补出与"由于"成组配套的表示结果的关联词（如因此、所以、故等）更恰当。

<参考修改>

✓ 由于空间桁架结构管壁刚度大、末端载荷悬臂安装，因此用传统直接敷加约束阻尼层的方法，减震效果并不明显。

8.8 定语误做状语

定语误做状语是将句中本应做定语的词语误表达为做状语，导致句子成分不搭配或逻辑不通。

【33】

✗ 在时域内清晰地阐明了振动传递路径的参数贡献度。

此例为省略主语句（暗含的主语是"作者""研究者"之类指人的词语），"在时域内"为句首状语，表达人在某时间或地点（时域内）做某事（阐明）。实际上，"在时域内"不是表述作者做事的时间或地点，而应是修饰"振动传递路径"做定语的，这里误做状语。

第 8 章 语序不当

〈参考修改〉

✓ 清晰地阐明了<u>时域内</u>振动传递路径<u>的</u>参数贡献度。

【34】

☒ 轧制压力分布、摩擦、变形抗力等<u>的</u>轧制因素<u>在轧制过程中</u>无法测量。

此例中的"在轧制过程中"做状语，按语义做主语"轧制因素"的定语更妥当。

〈参考修改〉

✓ <u>轧制过程中的</u>轧制压力分布、摩擦、变形抗力等轧制因素无法测量<u>到</u>。

【35】

☒ 由于<u>迭代开始时</u>，无法利用微单元受力分析直接求解轧制力，可根据 Siebel 公式估算轧制力初值。

此例中"迭代开始时"为前一分句的句首状语，按语义做宾语"轧制力"的定语更妥当。

〈参考修改〉

✓ 由于无法利用微单元受力分析<u>来</u>直接求解<u>迭代开始时的</u>轧制力，<u>因此</u>可根据 Siebel 公式估算轧制力<u>的</u>初值。

【36】

☒ 试验结果详细如表 2 所示。

此例中的"详细"应位于"试验结果"或"结果"前做定语，位于谓语动词"如"前做状语属于定语误做状语。

〈参考修改〉

✓ <u>详细的</u>试验结果如表 2 所示。（"详细"与"试验"可换位。）

【37】

☒ 车底部装有轮子，可以推动，车上<u>用坚木</u>竖起两根长柱，在车的柱子顶端设一辘轳轴（滑车），用绳索系一小板屋于辘轳上，板屋高 9 尺，方 4 尺，四面开有 12 个瞭望孔，外面蒙有生牛皮，以防敌人矢石破坏。

此例中的"用坚木"位于谓语动词"竖起"前，做方式状语，表示如何竖起两根长柱，即用或借助坚木竖起了两根长柱。但仔细考察语意，这个"坚木"应指"长柱"的材质，即长柱是由坚木制成的，即"坚木"应做"长柱"的定语，这里误做状语。

⟨参考修改⟩

✓ 车底部装有轮子，可以推动，车上竖起两根<u>用坚木制成的长柱</u>，在柱子顶端设一辘轳轴（滑车），……。

【38】

☒ 为了保证产品性能稳定，我们<u>在 670 ℃及 635 ℃</u>也做了实验。

人怎么可能亲身处于 670、635 ℃的高温环境中做实验呢？很明显此例中误将定语"670、635 ℃"表达为状语。

⟨参考修改⟩

✓ 为了保证产品性能稳定，我们<u>对 670、635 ℃两种情况</u>做了实验。

✓ 为了保证产品性能稳定，我们<u>在 670、635 ℃两种条件下</u>做了实验。

✓ 为了保证产品性能稳定，我们做了 <u>670、635 ℃两种情况下</u>的实验。（"情况"可改为"条件"。）

【39】

☒ 无限长空心圆柱壳中导波的传播特性相当复杂，GAZIS 首先<u>在图 1 所示的管道示意图中</u>提出了粒子位移的精确解表达。

此例的本意是，GAZIS 提出粒子位移的精确解表达，并用图 1 所示的管道示意图进行描述，但误将定语性质的"在图 1 所示的管道示意图中"表达为状语，成为谓语"提出"的位置或地点。

⟨参考修改⟩

✓ 无限长空心圆柱壳中导波的传播特性相当复杂，GAZIS 首先提出了<u>如图 1 所示的管道示意图中</u>所描述的粒子位移的精确解表达。（"中"可去掉。）

✓ 无限长空心圆柱壳中导波的传播特性相当复杂，GAZIS 首先提出了粒子位移的精确解表达，<u>如图 1 所示的管道示意图</u>。（画线部分也可改为"该解的管道示意图见图 1"或"图 1 为该解的管道示意图"。）

8.9 状语误做定语

状语误做定语是将句中本应做状语的词语误表达为做定语，导致语义不匹配或逻辑不通。

【40】

☒ 在<u>不断声波作用</u>中，这些空化泡就会崩溃，产生瞬时的高温高压区。

此例中的"不断"按语义应做动词"作用"的状语（不断作用），但因位于名词"声波"前，误做定语（不断的声波）。虽然"不断"做定语也能勉强说通，但做状语更恰当。

<参考修改>

✓ 在声波<u>不断作用</u>下，这些空化泡<u>就</u>会崩溃，产生瞬时的高温高压区。（在"声波"与"不断作用"之间可以加"的"，"就"可以改为"最终"。）

【41】

☒ 金属板材应用极为普遍，各种工业产品<u>都</u>使用<u>大量</u>的金属板材成形件<u>。</u>

此例中的"大量"做宾语"金属板材成形件"的定语，按语义将其改为谓语"使用"的状语更妥当，即"大量使用"。

<参考修改>

✓ 金属板材应用极为普遍，各种工业产品<u>大量使用</u>金属板材成形件。

【42】

☒ 与气动位置伺服系统的非线性类似，气体润滑膜和负载质量<u>组成</u>的等效弹簧阻尼质量系统，也是一个<u>本质非线性的</u>系统。

此例后面分句中的"本质"做宾语"系统"的定语，按语义改为谓语"是"的状语更妥当。另外，还有其他语病，如苟简（与"组成"配套的介词"由"缺少）和用词不妥（组成）。

<参考修改>

✓ 与气动位置伺服系统的非线性类似，<u>由</u>气体润滑膜和负载质量<u>构成</u>的等效弹簧阻尼质量系统，<u>本质上</u>也是一个非线性系统。

【43】

☒ 固体氧化物燃料电池-燃气轮机（SOFC-GT）的混合<u>发电系统</u>是未来<u>高效、清洁的发电技术</u>之一。

此例中的联合词组"高效、清洁"做宾语"发电技术"的定语，按语义将其改为动词"发电"的状语更妥当。另外，主语（发电系统）和宾语（发电技术）搭配不当。

<参考修改>

✓ 固体氧化物燃料电池-燃气轮机（SOFC-GT）的混合<u>发电</u>是未来<u>高效、清洁发电的技术</u>之一。

【44】

✗ 这家学校的 MBA 没有全国统一认可的学历文凭，其毕业生进入国企时不被承认，而流向了<u>更多的外企</u>。

此例中的"更多"做宾语"外企"的定语，按语义将其改为谓语"流向"的状语更妥当。

<参考修改>

✓ 这家学校的 MBA 没有全国统一认可的学历文凭，其毕业生进入国企时不被承认，而<u>更多地流向</u>了外企。（"更多地"可改为"更多"。）

【45】

✗ 该类型的非正弦波已进行了<u>工业应用</u>，实践证明<u>此波形</u>的动力学特性较好。

此例中的名词"工业"做定语，修饰动词"应用"（做宾语，谓语为"进行"），改为状语"工业中"更妥当（去掉"进行"，"应用"变成谓语，或补充新谓语"得到"，"应用"仍是宾语）。

<参考修改>

✓ 这种类型的非正弦波已在<u>工业中应用</u>，实践证明<u>其</u>动力学特性较好。（"应用"前可加"得到"，"其"可改为"了它的"。）

【46】

✗ 放缩倍数的限制仍然<u>是目前</u>这种结构设计中的一个难点。

此例中的定语"目前"应为谓语"是"的状语。主语部分"放缩倍数的限制"之前缺"突破""克服"之类的动词，造成主语（限制）和宾语（难点）在语义上搭配不当。

<参考修改>

✓ <u>突破</u>放缩倍数的限制，<u>目前仍然是</u>这种结构设计的一个难点。（逗号可去掉。）

【47】

✗ 每天都有海量人次<u>利用</u>地铁，而且在特定高峰期的<u>地铁真是一言难尽</u>。

此例本来想用"一言难尽"来描写乘坐地铁的人们的心情或状态，但误将状语"乘坐地铁"表达成主语"地铁"，结果变成"地铁是一言难尽"，即用描写人的"一言难尽"来描述地铁这一没有思想的"物",在科技文章中不是很恰当,除非修辞需要(如拟人)。

<参考修改>

✓ 每天都有海量人次乘坐地铁,人们在特定高峰期乘坐地铁更是一言难尽。("一言难尽"也可改为"苦不堪言"。)

✓ 每天都有海量人次乘坐地铁,人们在特定高峰期乘坐地铁会更加拥挤和不舒适。("更加拥挤和不舒适"可改为"拥挤不堪,没有舒适感"。)

✓ 每天都有海量人次乘坐地铁,人们在特定高峰期乘坐地铁会拥挤不堪,没有舒适感。

8.10 注释语位置不当

注释语位置不当指注释语(多用括号括起)未紧跟在被注释词语之后而处于不当的位置,造成表达不严谨、不规范。

【48】

✗ 不久,国民议会迁到法皇的内宫凡尔赛去(在巴黎城西南 18 公里)。

此例中的注释语(括号部分)本应注释"凡尔赛",故放到"去"之后位置不当。

<参考修改>

✓ 不久,国民议会迁到法皇的内宫凡尔赛(在巴黎城西南 18 km)去。

【49】

✗ 根据协同优化理论(collaborative optimization,CO)和 CAE 技术的使用特点,提出了多任务间协同、单任务间协同(即有限元前处理协同),以及分析过程与设计流程协同三个协同策略。

此例中第一个注释语本应注释"协同优化",故放到"理论"之后位置不当。

<参考修改>

✓ 根据协同优化(collaborative optimization,CO)理论和 CAE 技术的使用特点,提出多任务间协同、单任务间协同(即有限元前处理协同),以及分析过程与设计流程协同三个协同策略。(后一画线部分可改为"三个方面的协同策略。")

【50】

✗ B. Petersson 提出有效导纳的概念(effective mobility)。

此例中的注释语本应注释"有效导纳",故放到"概念"之后位置不当。

<参考修改>

✓ B. Petersson 提出有效导纳（effective mobility）的概念。

【51】

☒ 高速铣削的颤振频率相对较高（大约 1～5 kHz）。

此例中的注释语本应注释"颤振频率",故放到"相对较高"之后位置不当。

<参考修改>

✓ 高速铣削的颤振频率（1～5 kHz）相对较高。

【52】

☒ 这种模型的优点是可以对整个钻杆结构（例如 2 km 长）建立一个有限元模型进行分析,从而可以分析整个钻杆结构的力学行为特征。

此例中的注释语本应注释"整个钻杆",故放到"结构"之后位置不当。

<参考修改>

✓ 使用这种模型的优点是,可以对整个钻杆（例如 2 km 长）结构建立一个有限元模型进行分析,进而可以对整个钻杆结构的力学行为特征进行分析。（最后一句还可改为"进而分析整个钻杆结构的力学行为特征"。）

【53】

☒ 通常,转子系统工作转速在前几阶临界转速范围内（如汽轮机、压缩机等）,高阶振型对转子系统运动的影响比较小,可通过系统的前 k 阶振型,根据测得点的运动位移,推测其他各点的运动位移。

此例中的注释语本应注释"转子系统",故放到"临界转速范围内"之后位置不当。

<参考修改>

✓ 通常,转子系统（如汽轮机、压缩机等）的工作转速处于前几阶临界转速范围内,高阶振型对转子系统运动的影响较小,因此可通过系统的前 k 阶振型,并根据测得点的运动位移,来推测其他各点的运动位移。

【54】

☒ 在极小流量下（＜30 m^3/h）,计算与实验的相对误差明显增大。

此例中的注释语本应注释"极小流量",故放到"下"之后位置不当。

⟨参考修改⟩

✓ 在极小流量（＜30 m³/h）下，计算与实验的相对误差明显增大。

✓ 对于极小流量（＜30 m³/h）的情况，计算与实验的相对误差明显增大。

【55】

✗ 机械加工系统中的资源消耗和环境影响因素可分为两类：一类是与工件相关，受工件相关参数的影响（如工件材料、尺寸、工艺参数等）；另一类则与机床相关，受机床参数的影响（如：动力参数、运动参数等）。

此例中两处注释语本应分别注释"相关参数""机床参数"，但位置不当。

⟨参考修改⟩

✓ 机械加工系统中的资源消耗和环境影响因素可分为两类：一类与工件相关，受工件相关参数（如工件材料、尺寸、工艺参数等）的影响；另一类则与机床相关，受机床参数（如运动参数、动力参数等）的影响。

【56】

✗ 日本学者町田辉史认为[2]从人类历史发展的观点分析材料的发展，历史上发生了五次革命性的变化。

此例中有文献标注（标引），属于注释语范畴，本应位于人名"町田辉史"的右上方，这里位于动词"认为"的右上方，位置不当。

⟨参考修改⟩

✓ 日本学者町田辉史[2]认为从人类历史发展的观点分析材料的发展，历史上发生了五次革命性的变化。（"认为"后可以加逗号。）

✓ 日本学者町田辉史[2]从人类历史发展的观点分析材料的发展，认为历史上发生了五次革命性的变化。

第 9 章　复句错误

复句由若干分句（单句）组成，当分句有语病时，由其组成的复句自然就有语病，造成复句错误；各分句有先后顺序，这种顺序是由分句间的语义关联决定的，关联不当就会出现语病，同样也会造成复句错误。前一种复句错误，本质上就是单句的错误，有关内容已在前面章节讲过了；后一种复句错误，本质上就是分句之间的语义关联不当。分句之间语义关联不当主要表现为分句间语义不紧密、结构关系混乱，而关联词使用不当往往又是造成分句间语义不紧密、结构关系混乱的主要原因。本章将对有关复句错误的这些内容依次展开论述，剖析 50 个实例语句。

9.1　分句间语义不紧密

分句间在语义上应密切相关，否则其间即使使用了关联词，也无法构成正确的复句。

【1】

✗ <u>因为</u>所研究的对象相同，<u>所以物理模型如图 1 所示</u>。

此例中前后分句间不存在因果关系。如果将画双线部分改为"其物理模型可以用图 1 来表示"，或"其物理模型可表示为如图 1 所示"，或"可以用图 1 来表示其物理模型"，则前后分句间就是因果关系，语义紧密，前面的分句也可改为"因为研究对象相同"。

【2】

✗ 应用于火炮反后坐装置中的磁流变阻尼器工作在冲击载荷下，<u>因此对所设计长行程磁流变阻尼器进行了冲击实验</u>，<u>测试其在冲击载荷下的动态特性</u>。

此例有三个分句，前两个分句间无因果关系，语义不紧密，其间逗号可改为句号，"因此"应去掉，这样复句就成为句群。另外，后两个分句的句式结构可以改为一致。

<参考修改>

- ✓ 应用于……载荷下。<u>笔者对所设计的长行程磁流变阻尼器进行冲击实验</u>，<u>并测试其在冲击载荷下的动态特性</u>。
- ✓ 应用于……载荷下。<u>笔者对所设计的长行程磁流变阻尼器进行冲击实验</u>，<u>并对其在冲击载荷下的动态特性进行测试</u>。

（"笔者"也可改为"本文"或"本文中"。）

第9章 复句错误

【3】

✗ 由于某些矿物粉体材料具有对磨损表面进行在线自修复功能，因此，近年来，虽国外关于该领域的研究报道甚少，但国内对矿物粉体添加剂的研究却十分活跃。

此例有三个分句，前面两句使用关联词"由于……因此"，在形式上构成因果复句，但仔细考察不难发现，这两句间没有因果关系（对一事物研究多还是少与该事物具有某种功能没有什么关联），语义不紧密，实际上应是并列关系，应去掉"由于""因此"。

<参考修改>

✓ 某些矿物粉体材料具有对磨损表面进行在线自修复的功能，近年来虽国外关于该领域的研究报道甚少，但国内对矿物粉体添加剂的研究十分活跃。（"虽"可去掉。）

【4】

✗ 由于轧制压力分布、摩擦、变形抗力等的轧制因素在轧制过程中无法测量，而且误差又体现在轧制力的计算值，从上述结果可以得到，变形区的轧制因素的变化规律与实际情况一致，该计算模型可以在线使用。

此例中分句间表义不紧密，开头的句子是由关联词"由于"引导的表示原因的分句，但后面与其对应的表结果的分句在哪里，很难判断，造成因果关系不明。另外还存在其他语病，如苟简、冗余。

<参考修改>

✓ 轧制过程中的轧制压力分布、摩擦、变形抗力等轧制因素无法测量到，而且误差体现在轧制力的计算值上。从上述结果可以看到，变形区轧制因素的变化规律与实际情况一致，该计算模型可以在线使用。

【5】

✗ 教研组是开展教学研究的重要组织形式，也应该提高教研活动的质量。

此例中前后分句间不存在递进关系，因此用关联词"也"不当。其实前后分句在表义上为因果关系，将"也"改为表结果的关联词如"故""因此""所以"等，或者干脆省去关联词（省去后并不影响这种因果关系的表达），分句间的语义就紧密了。

<参考修改>

✓ 教研组是开展教学研究的重要组织形式，故应该努力提高教研活动的质量。（"故"可以去掉。）

✓ 教研组是开展教学研究的重要组织形式,应该把提高教研活动的质量作为工作重点。

【6】

✗ 一方面钢材质量屡屡出现问题,一方面销售人员在积极拓宽销售渠道。

此例中前后分句间的意思不相关,根本谈不上紧密不紧密,无法构成并列复句,关联词"一方面……一方面"使用不当。以下修改方案为因果复句。

〈参考修改〉

✓ 由于钢材质量屡屡出现问题,因此销售人员在积极拓宽销售渠道。("由于"或"因此"可去掉。)

✓ 钢材质量屡屡出现问题,使得销售人员在积极拓宽销售渠道。

✓ 由于钢材质量屡屡出现问题,致使销售人员在积极拓宽销售渠道。

✓ 在钢材质量屡屡出现问题的情况下,销售人员在积极拓宽销售渠道。

【7】

✗ 三维滤波是最近提出的一种特殊方法,目的是克服表面噪声。

此例中前后分句间无目的关系,用"目的是"不当。以下修改方案分别为并列复句、目的复句。

〈参考修改〉

✓ 三维滤波是最近提出的一种特殊方法,用该方法能克服表面噪声。

✓ 最近提出一种特殊的三维滤波方法,为的是克服表面噪声。

【8】

✗ 波兰研究生产一种测量煤矿噪声强度的信号指示器,当矿井开采平巷噪声强度超过安全值时,该指示器就会自动发出光信号,以保证安全生产。

此例中"自动发出光信号"和"以保证安全生产"间没有语义关联。其间缺少必要的说明或过渡语句,可在"以保证安全生产"前面或"光信号"之后补充必要的语句,使其间语义紧密。

〈参考修改〉

✓ 波兰研究生产出一种……指示器,当矿井开采平巷噪声强度超过安全值时,该指示器就会自动发出光信号,提醒人们降低噪声以保证安全生产。

✓ 波兰研究生产<u>出</u>一种……指示器,当矿井开采平巷噪声强度超过安全值时,该指示器就会<u>自动发出光信号</u><u>警告</u>,以保证安全生产。

9.2 分句间结构关系混乱

复句尤其是多重复句中,分句之间的结构比较复杂,把握不好就容易出现结构关系混乱,如层次不清、语义颠倒等。

【9】

✗ 此研究成果<u>不仅</u>在<u>国际</u>上处于领先地位,<u>而且</u>填补了<u>国内</u>这方面研究的空白。

此例使用关联词"而且",表明前后分句间为递进关系,但因"国际"比"国内"所表达的意义应该更进一步,即"国际"相对"国内"是递进关系,而"国内"相对"国际"在本例语境中构不成递进关系,所以分句间的递进关系颠倒了,结构关系混乱。

<参考修改>

✓ 此研究成果<u>不仅</u>填补了<u>国内</u>这方面研究的空白,<u>而且</u>在<u>国际</u>上也处于领先地位。

【10】

✗ 与会代表不仅<u>见多识广</u>,而且<u>专业知识精湛</u>,能得到他们的首肯,靠的不是溢美之词,而是材料、事实、理论和数据。

此例颠倒了分句间的递进关系,"见多识广"比"专业知识精湛"所表达的意义更进一步,因此"见多识广"和"专业知识精湛"应换位。

<参考修改>

✓ 与会代表不仅<u>专业知识精湛</u>,而且<u>见多识广</u>,能得到他们的首肯,靠的不是溢美之词,而是材料、事实、理论和数据。

【11】

✗ 我们应该继承前辈学者的<u>优良传统,发扬光大,刻苦钻研,发愤读书</u>。

此例分句间结构关系混乱,其中"发扬光大"应在句末,"刻苦钻研"应在"发愤读书"之后。

<参考修改>

✓ 我们应该继承前辈学者的<u>优良传统,发愤读书,刻苦钻研,并发扬光大</u>。

【12】

☒ 由于压力脉动沿着管道传播到储液器内部，故在储液器内部压力脉动最小，因为它受压缩机活塞旋转的影响最小。

此例有三个分句，其中两个偏句（第一分句和最后一个分句）由于使用了关联词"由于""因为"，因此在形式上均表示原因；但这两个原因分句没有放在一起前后说，而是被隔开分别位于表示结果的正句（第二分句）的前面和后面，导致最后一个分句是表示前面哪一句还是两句的原因较难判断，表意不清，分句间结构关系混乱。

<参考修改>

✓ 因压力脉动沿着管道传播到储液器内部，受压缩机活塞旋转的影响最小，故在储液器内部压力脉动最小。（"因""故"可分别改为"由于""所以"。）

【13】

☒ 本文旨对此问题作出一些研究，采用的是聚苯乙烯／蒙脱土陶瓷纳米粉末材料，这是因为聚合物／无机纳米复合材料是以聚合物为基体（连续相），填充纳米尺度的颗粒所形成的新型高分子复合材料。

此例中分句间结构关系混乱，因果关系不明。还有冗余、名称不一致（两个画双线部分）等语病。

<参考修改>

✓ 本文之所以采用聚苯乙烯／蒙脱土陶瓷纳米粉末材料对此问题进行研究，是因为它是一种以聚合物为基体（连续相）并填充纳米尺度的颗粒所形成的新型高分子复合材料。

✓ 本文之所以采用聚苯乙烯／蒙脱土陶瓷纳米粉末材料对此问题进行研究，是因为它是一种新型高分子复合材料，以聚合物为基体（连续相），并填充了纳米尺度的颗粒。

【14】

☒ 但是，由于弯曲外侧管壁只受材料自身连续性约束，而内侧管壁除受自身约束外，还受到弯模工作表面的刚性约束。因此，产生了弯曲外侧内外表面和弯曲内侧内、外表面材料在弯曲径向与切向变形的差异，给管材弯曲应力应变关系的建立造成困难，通常采用近似或数值分析方法进行计算。

此例以句群的形式，用两个复句分别表示原因和结果，但其间用句号分隔，这种因果关系遭到破坏，语气不衔接，结构较为混乱。应改成一个复句，即将"因此"前面的句号改为逗号。

<参考修改>

✓ <u>但是，由于</u>弯曲外侧管壁只受材料自身连续性的约束，而内侧管壁除受自身<u>的</u>约束外，还受弯模工作表面的刚性约束，<u>因此便会产生</u>弯曲外侧和内侧各自的内外表面材料在弯曲径向与切向变形的差异，给管材弯曲应力应变关系的建立造成困难，通常采用近似或数值分析方法<u>来</u>计算。

9.3 关联词使用不当

关联词在复句中具有十分重要的作用，能清楚地表明分句间的语义关联，显示出语句的结构和脉络。其使用有一定的规则，使用不当（如误配、残缺、错用和错位）就会影响语义的准确表达，甚至造成歧义或错误。

9.3.1 误配

关联词一般是成套（配对）使用的，有相对固定的格式，随意搭配就会造成误配。

【15】

✗ <u>只要</u>各组成环零件按照统计公差要求予以保证，<u>则</u>封闭环的装配精度和质量指标均可获得保证。

此例中关联词"只要……则"使用不当，"只要"和"则"误配。按语义，此例为条件复句，"则"应改为副词"就"，并移动到后句的谓语"均可获得"前面。

<参考修改>

✓ <u>只要</u>各组成环零件按照统计公差要求予以保证，封闭环的装配精度和质量指标<u>就</u>可获得保证。

【16】

✗ <u>若</u> $N(t)$ 表示到时刻 t 为止已发生的"事件"总数，<u>因此</u>一个计数过程 $N(t)$ 必须满足以下条件。

此例中关联词"若"和"因此"误配，因为"若"用于假设复句，"因此"用于因果复句，二者不能搭配。可改成假设复句，将"因此"改为"则"（"则"是连词，不是副词，不用放到其所在句的主语之后）；或改成因果复句，将"若"改为"因为"（这时"因此"改为"所以"更恰当）。

【17】

✗ 8.4 Hz 的振动是伴随 17.2 Hz 的振动产生的，如果能抑制 17.2 Hz 的振动，也就能同时消除 8.4 Hz 的振动。

此例后面两个分句之间为假设关系，"如果"和"也就"误配，可将"也就"改为"就"（那就，那么，那，则，便）。

【18】

✗ 不仅具有节能高效之特点，同时能使系统工作稳定。

此例中关联词"不仅"和"同时"误配。可改成递进复句，将"同时"改为"而且"。也可改成并列复句，将"不仅"去掉，"同时"后加一个"还"会更顺畅。

【19】

✗ 上述发展趋势不但可以大大促进材料加工技术本身的迅速发展，产生重大的经济效益和社会效益，同时可能引起许多概念范畴变化。

此例中"不但"和"同时"误配。可改成递进复句，"同时"改为"而且"。

〈参考修改〉

✓ 上述发展趋势不但可以大大促进材料加工技术本身的迅速发展，产生重大的经济和社会效益，而且可能会引起许多概念范畴的变化。

【20】

✗ 因为作者没有很好地掌握主题，单凭主观想象，加入了许多不必要的情节和人物，反而大大地削弱了作品的思想性和艺术性。

此例中关联词"因为""反而"误配，"因为"表示原因，"反而"表示递进，两者不能搭配。可改成因果复句，将"反而"改为"所以""因此"或"故"之类表示结果的关联词，"因为"也可以去掉。

【21】

✗ 由于刻线边缘粗糙度的变化很大程度反映了光刻工艺对半导体刻线的影响，以及刻线长度变化对元件电气性能的影响，而 ITRS 的定义并不能反映侧墙整体形貌信息和其中侧墙上的缺陷信息。

此例中的关联词"由于"和"而……"误配，"由于"表示原因，"而"表示转折，两者不能搭配，可将"而"改为"所以"。

〈参考修改〉

✓ 由于刻线边缘表面粗糙度的变化在很大程度上反映了光刻工艺对半导

体刻线、刻线长度变化对元件电气性能的影响，所以 ITRS 的定义并不能反映侧墙整体形貌信息和其中侧墙上的缺陷信息。(顿号可改为"，以及"。)

【22】

✗ 在水下生产设施的连接系统中，<u>当</u>利用水下连接管线，如跨接管、飞线、脐带缆等与水下生产设施连接<u>后</u>，<u>则</u>另外一端需要布局流动管线、立管或输出管线进行正常的油气生产。

此例中由"当""后""则"关联分句，但"当""后"误配，与"则"搭配的关联词没有出现（或无明显对应的语义）。通常"当"与"时""时候"搭配，"则"与"若""如果"搭配。

<参考修改>

✓ 在水下生产设施的连接系统中，<u>当</u>利用水下连接管线，如跨接管、飞线、脐带缆等与水下生产设施连接<u>时</u>，另外一端需要……。

✓ 在水下生产设施的连接系统中，<u>若</u>利用水下连接管线，如跨接管、飞线、脐带缆等与水下生产设施连接，<u>则</u>另外一端需要……。

9.3.2 残缺（漏用）

对于合用（即由两个成员搭配组成）的关联词，在复句中使用通常应该写完整，若其中某成员残缺或书写不完整，就会造成关联词残缺（漏用），使分句之间的结构关系不明确，表义不清楚，进而容易引起歧义。

【23】

✗ <u>当</u>温度超过了抗蛇行减振器油液正常工作范围，温度越低，减振器吸收的能量、动态刚度、动态阻尼反而会减小。

此例中缺少与"当"搭配的词语，如"时""时候"，造成关联词（当……时，当……时候）残缺。

<参考修改>

✓ <u>当</u>温度超过了抗蛇行减振器油液正常工作范围<u>时</u>，温度越低，减振器吸收的能量、动态刚度<u>和</u>动态阻尼反而会减小。

【24】

✗ 北京码头服务的目标是<u>不仅</u>让企业满意，<u>要</u>努力让企业感动。

此例中"要"与"不仅"搭配组成关联词"不仅……要"，但不完整，"要"前应加"还"，"不仅……还要"才是完整的。

〈参考修改〉

✓ 北京码头服务的目标是,<u>不仅让企业满意,还要</u>努力让企业感动。("不仅"可改为"不但","还要"可改为"而且"。)

【25】

✗ 种子加工后,要储存在专门的种子仓库,<u>随时注意仓库温度、湿度变化</u>,<u>保证种子发芽率在95%以上</u>。

　　此例中"随时""保证"前面缺少必要的关联词,分句间的结构关系未能清楚表达出来。"随时"前可加上"并",表示进一层;"保证"前加上"以",表示下文所说是要达到的目的。

【26】

✗ 如果娱乐活动节奏过快,人的心跳和呼吸必然也随之加快,这样就容易<u>出现体内供血不足</u>,<u>导致血压上升、疲劳感增加等现象</u>。

　　此例中"出现"后面的宾语结构较为复杂,原因在于缺少必要的关联词,导致语法错误,未能把句子结构关系清晰地表示出来,如"现象"是"导致"还是"出现"的宾语,"导致"的主语是"体内供血不足"还是"出现体内供血不足"?

〈参考修改〉

✓ 如果娱乐活动节奏过快,人的心跳和呼吸必然也随之加快,这样就容易<u>出现由体内供血不足而导致的血压上升</u>、疲劳感增加等现象。

【27】

✗ 为了求解接触力,<u>除了</u>必需满足摩擦锥的约束以及工件与夹具之间的单侧接触约束条件之外,利用最小总余能为目标函数可获得其<u>真实值</u>。

　　此例中缺少与"除了"搭配的关联词"还"。另外,还暗换了主语(前句"除了必需满足……之外"这句暗含的主语是"作者",而后句"利用最小总余能为……真实值"的主语是"利用最小总余能",后句未能顺接前句)。

〈参考修改〉

✓ 为了求解接触力<u>的真实值</u>,<u>除了</u>必须将摩擦锥及工件与夹具间的单侧接触作为约束条件之外,<u>还必须</u>将最小总余能作为目标函数。

【28】

✗ 如果驱动频率一定,驱动电压的影响主要体现为陶瓷管驱动速度对微操作球的影响。

第9章 复句错误

此例为假设复句，后面的分句缺少与前面分句中的"如果"搭配的关联词，如"则""那么""就"。也可将偏句改为"当……时"的结构，这样正句就不用补充关联词了。

<参考修改>

- ✓ <u>如果</u>驱动频率一定，<u>则</u>驱动电压的影响主要体现为陶瓷管驱动速度对微操作球的影响。（"则"可以改为"那么"。）
- ✓ <u>如果</u>驱动频率一定，驱动电压的影响<u>就</u>主要体现为……。
- ✓ <u>当</u>驱动频率一定<u>时</u>，驱动电压的影响主要体现为……。

【29】

⊠ 特别地，<u>若</u> $H(X)$ 为随机变量 X 的 Shannon 熵，可证明 $\lim_{\alpha \to 1} R_\alpha(X) = H(X)$。

此例中后面的分句均缺少与前面分句中的"若"搭配的关联词"则"。或将前句改为"当……时"的结构。

<参考修改>

- ✓ 特别地，<u>若</u> $H(X)$ 为随机变量 X 的 Shannon 熵，<u>则</u>可证明 $\lim_{\alpha \to 1} R_\alpha(X) = H(X)$。（"若"可改为"当"，同时在"熵"后加"时"。）

【30】

⊠ <u>如果</u>有碰撞发生，根据碰撞位置进一步识别出两物体发生碰撞的几何面对。

【31】

⊠ <u>如果</u> HCU 接收到来自部件的异常信号，如<u>电动机过速、过温、电池电压过高或过低等</u>，HCU 需要对相关部件功率进行限制，同时尽量<u>不影</u>响其他无故障部件的正常运行。

此两例均缺少与"如果"搭配的关联词。也可将偏句改为"当……时"的结构。另外，"过速、过温"存在苟简。

【30】<参考修改>

- ✓ <u>如果</u>有碰撞发生，<u>则</u>可以根据碰撞位置进一步识别出两物体发生碰撞的几何面对。（"如果"可改为"当"，同时在"发生"后加"时"，并将"则"去掉。）

【31】〈参考修改〉

✓ 如果 HCU 接收到来自部件的异常信号，如电动机转速和温度过高，电池电压过高或过低等，则需要它对相关部件的功率进行限制，同时尽量不要影响其他无故障部件的正常运行。("如果"可改为"当"，同时在"信号"后加"时"，并将"则"去掉。)

【32】

✗ 一个投资者所应忌讳的最大失误<u>不是</u>大胆冒险，过于小心谨慎。

此例是并列复句，后一分句中缺少与前面分句中的"不是"搭配的关联词"而是"。

〈参考修改〉

✓ 一个投资者所应忌讳的最大失误<u>不是</u>大胆冒险，<u>而是</u>过于小心谨慎。（第一个逗号可去掉。）

【33】

✗ 其主要缺点<u>由于 X 射线图像背景波动较大，而且区域很大，目标很小</u>。

此例画线部分是一个因果复句，但缺少与"由于"搭配的关联词，使得最后一句"目标很小"与前面句子的关系不明晰，既可将此句理解为"区域很大"的并列句，也可理解为与原因从句"由于……区域很大"对应的结果主句。

〈参考修改〉

✓ 其主要缺点是，<u>由于 X 射线图像背景波动较大，而且区域很大，因此在图像中看到的目标很小</u>。

【34】

✗ 密封端面之间<u>由于</u>动压效应会形成一定厚度的润滑膜，此时<u>密封工作在流体润滑状态</u>。

此例中的"由于"使用不当，既可理解为关联词，也可理解为介词。若是关联词，其后的"动压效应会形成一定厚度的润滑膜"就是原因分句，那么后句中明显缺少与"由于"搭配的表示结果的关联词，如"从而""因此"或"故"等。

〈参考修改〉

✓ 密封端面之间<u>由于</u>动压效应形成了一定厚度的润滑膜，<u>从而处于流体润滑状态</u>。（复句，"从而"可改为"因此"或"故"。）

✓ 密封端面之间<u>由于</u>动压效应形成了一定厚度的润滑膜，处于流体润滑状态。（单句，"由于"为介词，"由于……润滑膜"为介词结构做状语，也可用"由"。）

【35】

❌ 在反射对称中,如果对称轴两边的曲线首末端点相连且满足一定的约束,须作相应的处理才能达到预期的效果。

此例形式上有两个分句,但后一分句为紧缩复句,因此全句属多重复句。第一层是假设关系,但缺少与"如果"搭配的关联词,如"则";第二层是条件关系,但缺少与"才能"搭配的关联词,如"只有"。

<参考修改>

✓ 在反射对称中,如果对称轴两边的曲线首末端点相连且满足一定的约束,则只有做相应的处理才能达到预期的效果。("只有"语义明显,可以省略。)

【36】

❌ 由于使用要求大多是多目标函数,甚至有的目标之间存在相互制约关系,设计时无法同时达到要求,不进行协调是不行的。

此例是首层为因果关系的多重复句,因缺少与"由于"搭配的关联词,故不易分清结果分句究竟从后面哪个分句或位置开始。

<参考修改>

✓ 由于使用要求多为多目标函数,甚至有的目标之间存在相互制约关系,因此设计时无法同时达到要求,不进行协调是不行的。("存在""关系"可同时去掉。)

【37】

❌ 为尽可能地去除噪声,加大了偏差却减小了方差,而二次偏差在幅值上是一个比方差更高阶的量,所以 VisuShrink 阈值的结果过于平滑,此问题不可能仅仅通过调节阈值大小来解决,因为这个阈值规则在逐项的统一阈值规则中是渐近最优的。

此例中因缺少与关联词"所以""因为"配套的关联词,结构关系混乱。正确使用标点,改用句群容易消除这种语病。

<参考修改>

✓ 为了尽可能地去除噪声,加大了偏差却减小了方差,因为二次偏差在幅值上是一个比方差的阶更高的量,所以 VisuShrink 阈值的结果过于平滑。此问题不可能仅仅通过调节阈值的大小来解决,因为这个阈值在逐项统一的阈值规则中是渐近最优的。

9.3.3 错用（滥用）

用不同的关联词可表达句子间不同的结构或语义关系。在不必用关联词时用了关联词，就会造成关联词错用甚至滥用，影响语义的准确表达。在用由两个关联词合用而构成的成套（配对）的关联词时，若合用会使句子显得生硬拗口，而省去其中一个又能显著提高表达效果，则可以省去这一关联词。

【38】

✗ DELIO等建议通过设定噪声的阈值来判别是否发生颤振，<u>因此</u>阈值的设定对颤振的诊断至关重要。

此例中两个分句之间本为并列关系，但因错用关联词"因此"而在形式上成为因果关系，"因此"须去掉。

【39】

✗ <u>由于</u>陶瓷材料和复合材料的应用前景广阔，<u>故</u>这类研究有很好的应用价值。

此例中两个分句之间的因果关系非常清晰，因此可以去掉关联词"故"，或去掉"由于"。

【40】

✗ 微制造技术在国际上实际上分为两个<u>主要</u>领域，一是<u>以硅微工艺和光刻电铸（LIGA）工艺为代表的微制造技术。但其三维体加工能力较差，需要非常的超净条件和受到线宽尺寸的限制</u>，<u>同时</u> LIGA 或准 LIGA 需要较强的射线源。

此例中句号（指第一个句号）后面部分的内容陈述了前面所述的"以硅微工艺和光刻电铸（LIGA）工艺为代表的微制造技术"的缺点，与前面的句子无转折关系，因此错用了关联词"但"。另外还有标点不当的问题。

<参考修改>

✓ 微制造技术在国际上<u>主要</u>分为两个领域。一是以硅微、光刻电铸（LIGA）工艺为代表的微制造技术，此技术的三维体加工能力较差，需要非常的超净条件，并受到线宽尺寸的限制，而且 LIGA 或准 LIGA 需要较强的射线源。

【41】

✗ <u>由于</u>这些机械系统结构和工作过程的复杂性，<u>如果</u>用数学模型来描述工作中发生的故障，<u>往往</u>会遇到大量的非线性方程，求解十分困难、实时性不好、故障分离困难、稳定性差。

此例中第一画线部分应为其后面的语句"往往会遇到大量的非线性方程"的状语，但错用了关联词"如果"，导致此部分在形式上是假设从句，而缺少与"如果"对应的关联词，如"则""就"或"那么"等。如果去掉"如果"并在第一画线部分末尾补充"时"，则这部分充当状语。如果将句首的"由于"视作连词，则应补充与之配套的关联词，如"所以""因此"或"故"等，并调整有关语句。

〈参考修改〉

- ✓ <u>由于</u>这些机械系统结构和工作过程<u>的</u>复杂性，<u>如果</u>用数学模型来描述工作中发生的故障，<u>则</u>往往会遇到大量的非线性方程，求解十分困难，<u>而且</u>实时性不好，故障分离困难，稳定性差。

- ✓ <u>由于</u>这些机械系统结构和工作过程<u>具有</u>复杂性，<u>因此</u>如果用数学模型来描述工作中发生的故障，<u>则</u>往往会遇到大量的非线性方程，求解十分困难，<u>而且</u>实时性不好，故障分离困难，稳定性差。

（"如果"可去掉，同时在"故障"后加"时"，并将"则"去掉。）

【42】

✗ <u>因为</u>在外侧管壁产生裂纹之前，<u>由于</u>拉伸失稳引起的管横断面畸变或管壁塌陷等，<u>就</u>已经使得管弯曲达到成形极限。<u>因此</u>管材的抗稳性能对于管材弯曲变形分析具有重要的意义。

此例中等义的关联词"因为""由于"连用，造成重复，属关联词错用。另外，原因、结果分句二者一起构成完整的复句时，其间常用逗号，这里用句号不当。

〈参考修改〉

✓ <u>因为</u>在外侧管壁产生裂纹之前，<u>由</u>拉伸失稳引起的管横断面畸变或管壁塌陷等<u>已使</u>管弯曲达到成形极限，<u>所以</u>管材的抗稳性能对于管材弯曲变形分析具有重要的意义。（"因为"可移到"由"之前；"因为""所以"可分别改为"由于""因此"；"由"也可去掉。）

【43】

✗ <u>由于</u>大厚度三导线曲面要求的尺寸精度很高，有时回摆角度很小，<u>由于</u>丝损对加工精度产生了很大影响，以至于掩盖了回摆角度，必须予以补偿。

此例中的关联词"由于"重复，也属关联词错用，原因从句冗余，结果主句缺少主语。修改时须斟酌、区分哪部分表原因，哪部分表结果，不同的修改表义自然不同。

〈参考修改〉

✓ 大厚度三导线曲面要求的尺寸精度很高,有时回摆角度很小。由于丝损对加工精度产生了很大影响,以至于掩盖了回摆角度,所以必须对回摆角度予以补偿。

✓ 由于大厚度三导线曲面要求的尺寸精度很高,有时回摆角度很小,因此丝损对加工精度产生了很大影响,以至于掩盖了回摆角度。这样就必须对回摆角度予以补偿。

✓ 大厚度三导线曲面要求的尺寸精度很高,有时回摆角度很小,丝损由于对加工精度产生了很大影响,以至于掩盖了回摆角度,因此必须对其予以补偿。

【44】

✗ 本实验烧结过程中的预热一方面是为了减少烧结时的温差,另一方面是为了使聚苯乙烯处于软化状态,因此设定为稍稍高于聚苯乙烯的玻璃化温度,聚苯乙烯的玻璃化温度为70~98℃,因此取预热温度为95℃,因此,可对比参数为烧结功率与激光扫描的速度。

此例滥用关联词"因此",结构层次不清,因果关系较为混乱。

〈参考修改〉

✓ 为了减少烧结时的温差并使聚苯乙烯处于软化状态,本实验烧结过程中进行了预热,并将预热温度设定为95℃,稍稍高于聚苯乙烯的玻璃化温度(70~98℃)。因此,可对比的参数为烧结功率与激光扫描速度。

【45】

✗ 由于我们采用样本的前一半数据进行建模,那么后一半数据就可进行检验,如果参数估计的很精确,那么建模所得的预测值就和实际值差别很小。

此例中关联词较多,其中前两个分句开头的"由于""那么"纯属多余,属于关联词滥用。去掉这两个关联词后,前两个分句为并列关系,过渡自然,表达顺畅。

〈参考修改〉

✓ 我们采用样本的前一半数据进行建模,后一半数据进行检验,如果参数估计得很精确,那么建模所得的预测值与实际值的差别就会很小。

9.3.4 错位

关联词在句中使用时有相对固定的位置,位置不当就是错位,会影响意思的正确表达。通常的规则是:两个分句的主语相同时,前一分句的关联词位于其主语的后面;两个分句的主语不同时，前一分句的关联词位于其主语的前面；不论分句的主语是否相同，后一分句的关联词位于其主语的前面，但副词做关联词时通常位于其主语之后。

【46】

☒ 由于柴油机具有燃油消耗低、动力性强和可靠性高等优点，因而被广泛用于交通运输、工程机械及农业机械等领域。

此例中前后分句有相同的主语"柴油机"，但"由于"位于主语前，造成关联词错位，应放在此主语后面。

〈参考修改〉

✓ 柴油机由于具有燃油消耗低、动力性强和可靠性高等优点，因而广泛用于交通运输、工程机械及农业机械等领域。

【47】

☒ 若方向边 q 背向节点 p，它则取负向；若方向边 q 指向节点 p，它则取正向。

此例中由"若……则"关联的分句有相同的主语"方向边 q"，但"若"放在此主语之前，"则"放在"它"（指"方向边 q"）之后，造成关联词错位。

〈参考修改〉

✓ 方向边 q 若背向节点 p，则取负向；若指向节点 p，则取正向。

✓ 方向边 q 背向节点 p 时取负向，指向节点 p 时取正向。

【48】

☒ 根据泛函数的有关理论，只要一种核函数 $K(x, x_i)$ 满足 Mercer 条件，它就对应某一变换空间的内积，即 $K(x, x_i) = \Phi(x) \cdot \Phi(x_i)$。

此例中前后分句有相同的主语"核函数 $K(x, x_i)$"，但"只要"在主语之前，造成关联词错位。另外，"就"是副词，位于主语"它"后是正确的，但"它"多余。

〈参考修改〉

✓ 根据泛函数的有关理论，一种核函数 $K(x, x_i)$ 只要满足 Mercer 条件，就对应某一变换空间的内积，即 $K(x, x_i) = \Phi(x) \cdot \Phi(x_i)$。

【49】

☒ 为了实现多手指的稳定抓取和协调操作，各手指与物体的接触点不仅应满足摩擦约束条件，而且实现物体给定运动所需的力应该合理地分配给参与接触的各手指，这就是多指抓取的力规划问题。

此例中由"不仅……而且"关联的分句的主语不相同（分别是"接触点""力"），故"不仅"放在主语"接触点"后面不妥，造成关联词错位，"不仅"应放在该主语之前。

<参考修改>

✓ 为了实现多手指的稳定抓取和协调操作，<u>不仅</u>各手指与物体的<u>接触点</u>应满足摩擦约束条件，<u>而且</u>实现物体给定运动所需的<u>力</u>应该合理地分配给参与接触的各手指，这就是多指抓取的力规划问题。

【50】

☒ 它旨在解决高定时精度的问题，<u>要求不但</u>传感器有很高的频率响应及灵敏度，<u>而且要求</u>后续处理有很大的系统带宽与之相匹配。

此例有三个分句，对后面两个句子可有两种理解。一种理解是，分句二开头的动词"要求"错位，应放在关联词"不但"的后面，这样后面两个分句便是递进复句，由关联词"不但……而且"关联。另一种理解是，分句三关联词"而且"后面的动词"要求"多余，去掉该动词后，后面两句整体上为一个单句，由关联词"不但……而且"关联的语句部分是一个递进复句，充当"要求"的宾语，即由复句充当单句的宾语。

<参考修改>

✓ 它旨在解决高定时精度的问题，<u>不但要求</u>传感器有很高的频率响应及灵敏度，<u>而且要求</u>后续处理有很大的系统带宽与之相匹配。

✓ 它旨在解决高定时精度的问题，<u>要求不但</u>传感器有很高的频率响应及灵敏度，<u>而且</u>后续处理有很大的系统带宽与之相匹配。

第 10 章　标点不当

标点符号在语言表达中有相当重要的作用，对于同样的句子，若使用不同的标点符号来分隔分句或句子的成分（词语），或标示其中的某些词语，则全句的表义自然不会相同。因此用错了标点符号，或标点符号使用不当，会直接影响语义的表达及表达的准确性，甚至导致语言表达的失败。本章总结标点符号的主要使用场合，剖析实例语句 85 例。

10.1　顿号

顿号用在并列词语间，是为了在前后词语间加上一个短暂的停顿，本质上相当于加了一个连词，如"和""与"或"或"。词语间如果无停顿，通常就不用加顿号，如"婴幼儿""零部件""左右轮""工农业"中的"婴"与"幼"、"零"与"部"、"左"与"右"、"工"与"农"之间没有停顿，若在其间加了顿号，虽不影响语义，但显得啰嗦，让人有画蛇添足之感。

【1】

✗ 动、静摩擦面之间的摩擦力可由下式进行计算。

【2】

✗ 多数工业现场工况复杂，流量计上、下游直管段长度往往难以达到要求，从而使流量计的实际使用误差远远大于实流标定装置上所测出的误差。

此两例画线部分中前后词语（"动"与"静"，"上"与"下"）间无停顿，加顿号多余。

【1】〈参考修改〉

✓ 动静摩擦面之间的摩擦力可由下式来计算。

【2】〈参考修改〉

✓ 多数工业现场的工况复杂，流量计上下游直管段长度往往难以达到要求，从而使流量计的实际使用误差远远大于实流标定装置上所测出的误差。

【3】

✗ 这项高难度的技术研发工作已进行了五、六年了。

【4】

✗ 本人经过多年坚持不懈的练习,目前能不间断一次游<u>四、五</u>百米,非常轻松。

相邻或相近的两个数字连用表示概数时,其间无停顿,一般不用顿号。此两例画线部分就是用相邻两个数字连用来表示概数,其间加顿号是多余的。

【4】〈参考修改〉

✓ 本人经过多年坚持不懈的练习,目前能不间断一次轻松游<u>四五</u>百米。

【5】

✗ 从<u>十七八</u>世纪就有这个故事在民间留传了。

此例画线部分是相邻两数字连用表示概数,但相邻两数字连用表示概数通常限单字数字,这里为双字数字,其间应有停顿。另外,应是"十七""十八"相邻,这里误作"十七"与"八"相邻。

〈参考修改〉

✓ 从<u>十七、十八</u>世纪就有这个故事在民间留传了。

✓ 从 <u>17、18</u> 世纪就有这个故事在民间留传了。

【6】

✗ 农业是国民经济的基础,也是<u>二三</u>产业的基础。

相邻两数字连用为词语的缩写形式,或为了标点符号间配合,其间宜用顿号。此例画线部分形式上是相邻两数字连用,但不表示概数,而是表示缩写("第二产业和第三产业"或"第二、第三产业"的缩写),其间需要加顿号。

〈参考修改〉

✓ 农业是国民经济的基础,也是<u>二、三</u>产业的基础。

✓ 农业是国民经济的基础,也是<u>第二、三</u>产业的基础。

✓ 农业是国民经济的基础,也是<u>第二、第三</u>产业的基础。

【7】

✗ 那个学校的<u>生物系、遗传教研室</u>正在申请这个项目。

此例画线部分应是某学校的一个二级或三级机构名称,是一个局部整体,即"生物系遗传教研室","生物系"与"遗传教研室"是上下位关系,不是并列关系,其间无须加顿号。

【8】

✗2015 年 8 月 14 日,在日本首相官邸,安倍晋三<u>出席、说明</u>战后 70 周年谈话的新闻发布会。

此例画线部分中的"出席""说明"连用,原本表示安倍晋三的一个整体行为(暗含在出席的这个会议上说明,而不是先出席后说明),但在"出席""说明"之间加了顿号,这种整体性被破坏了,表达成两个单独的动作行为(先出席会议,再进行说明),况且"说明"与后面的"新闻发布会"不能搭配。因此,这个顿号多余。

【9】

✗<u>为了降低计算负担、提高分类精度</u>,<u>须要</u>将明显表征设备状态的敏感特征<u>选择出来</u>,<u>剔除</u>对诊断无用甚至影响诊断效果的不相关或冗余特征。

此例第一画线部分是两个并列的分句,分句间的停顿较长,宜用逗号,而不用顿号。

<参考修改>

✓ <u>为降低计算负担,提高分类精度</u>,<u>需要选择</u>明显表征设备状态的敏感特征,<u>剔除</u>对诊断无用甚至影响诊断效果的不相关或冗余特征。

✓ <u>为降低计算负担,提高分类精度</u>,<u>需要</u>将明显表征设备状态的敏感特征<u>选择出来</u>,<u>剔除</u>对诊断无用甚至影响诊断效果的不相关或冗余特征。

("需要"可改为"须要"。)

【10】

✗该机<u>结构简单、制造方便、性能稳定、操纵容易</u>。

此例是一个由四个分句组成的并列复句(主语均为"该机",而"结构简单""制造方便""性能稳定""操纵容易"是谓语),分句间的停顿用顿号不妥,应全部改为逗号。

【11】

✗<u>在测量点足够密集、且测量点之间夹角不变的情况下</u>,相邻测点之间的弧长同该测点与回转中心形成的极径近似成正比关系。

此例中"测量点足够密集"和"测量点之间夹角不变"之间既然有连词"且"(相当于用连词代替了顿号),就不必再用顿号,其间只有在未用连词的情况下,才有必要用顿号。此例中的顿号应去掉,若保留该顿号,则将"且"去掉。

【12】

✗运动链第一个环 $L(1)$ 由顶点 <u>1,2,3,4,5,6</u> 构成,第二个环 $L(2)$ 由顶点 <u>7,8,9,10,11,12</u> 构成。

序列数字间、符号间的停顿用顿号还是逗号，除数学式中数字间、符号间的停顿，以及对其中符号进行解释的序列符号间的停顿约定俗成地用逗号外，并没有统一的规定。此例中有两个序列数字，数字间用逗号没有什么问题。然而，在中文语境中，数字、字母、字符串或英文单词等虽然其自身仍有英文语言要素的痕迹，却融入到中文语言要素中起着中文词语的作用，其间停顿用顿号更符合中文的表达习惯。从这个角度考虑，此例中数字间的逗号用顿号更好。

<参考修改>

✓ 运动链第一个环 $L(1)$ 由顶点 <u>1、2、3、4、5、6</u> 构成，第二个环 $L(2)$ 由顶点 <u>7、8、9、10、11、12</u> 构成。（第二个"顶点"可去掉。）

【13】

✗ 如定义图 1(b) 所示运动链第一个环 $L(1)$ 由顶点 <u>1、2、3、4、5、6</u> 构成，则可表示为 $L(1) = [\underline{0, 0, 1, 1, 1, 1, 1, 1}]$。

此例中，第一个序列数字属常规的语言表达，数字间用顿号是对的；第二个序列数字属于数学式范畴，按数学式的表达习惯，数字间用逗号也是对的。但是在同一句子中，同样是序列数字，有的其数字间用顿号，而有的用逗号，较为混乱。为保持行文表达的一致性，可将第一个序列数字间的顿号改为逗号。

<参考修改>

✓ 如定义图 1(b) 所示运动链<u>的</u>第一个环 $L(1)$ 由顶点 1, 2, 3, 4, 5, 6 构成，则<u>它</u>可表示为 $L(1) = [0, 0, 1, 1, 1, 1, 1, 1]$。

【14】

✗ 式中，$k = 1, 2, \cdots, m$；$j = 2, 3, \cdots, n_k$；U_{Aj}^k、V_{Aj}^k、W_{Aj}^k、U_{Bj}^k、V_{Bj}^k、W_{Bj}^k 为矢量 A_{11}、A_0、B_{11}、B_0 <u>以及</u> E_{11} 坐标分量的函数；$L_h (h = 1, 2, \cdots, 7)$ 分别表示矢量 A_0、B_0、C_0、A_{11}、B_{11}、C_{11}、E_{11}。

此例中序列符号间的点号使用不一致，有时用顿号，有时用逗号，较为混乱，宜统一用一种点号。

<参考修改>

✓ 式中，$k = 1, 2, \cdots, m$；$j = 2, 3, \cdots, n_k$；U_{Aj}^k, V_{Aj}^k, W_{Aj}^k, U_{Bj}^k, V_{Bj}^k, W_{Bj}^k 为矢量 A_{11}, A_0, B_{11}, B_0 <u>及</u> E_{11} 坐标分量的函数；$L_h (h = 1, 2, \cdots, 7)$ 分别表示矢量 A_0, B_0, C_0, A_{11}, B_{11}, C_{11}, E_{11}。

✓ 式中，$k = 1, 2, \cdots, m$；$j = 2, 3, \cdots, n_k$；U_{Aj}^k、V_{Aj}^k、W_{Aj}^k、U_{Bj}^k、V_{Bj}^k、W_{Bj}^k 为矢量 A_{11}、A_0、B_{11}、B_0 及 E_{11} 坐标分量的函数；$L_h (h = 1, 2, \cdots, 7)$ 分别表示矢量 A_0、B_0、C_0、A_{11}、B_{11}、C_{11}、E_{11}。

【15】

✗ 图 2 <u>为</u>焊接电流 $I = 96$ A、电弧电压 $U = 21.1$ V、送丝速度 $v_d = 5$ m/min、激光功率 $P_1 = 2.0$ kW、焊接速度 $v = 1.2$ m/min、光丝间距 $d_{la} = 2$ mm <u>和</u>离焦量 $\Delta z = 1$ mm <u>下</u>的 Nd：YAG 激光＋脉冲 MAG 电弧复合热源焊缝。

此例中由顿号分隔的各部分相当于分句，为并列关系，但其间停顿稍长，用顿号不当，应该用逗号。

<参考修改>

✓ 图 2 <u>显示了</u>，在焊接电流 $I = 96$ A，电弧电压 $U = 21.1$ V，送丝速度 $v_d = 5$ m/min，激光功率 $P_1 = 2.0$ kW，焊接速度 $v = 1.2$ m/min，光丝间距 $d_{la} = 2$ mm，离焦量 $\Delta z = 1$ mm <u>时</u>的 Nd：YAG 激光＋脉冲 MAG 电弧复合热源焊缝。

【16】

✗ 目前应稳定实施农业机械购置补贴政策，最大限度发挥政策效益，推动农业机械化向<u>全程全面高质高效</u>升级。

此例中"全程全面"与"高质高效"之间有停顿，应加顿号。也可认为"全程"与"全面"及"高质"与"高效"之间缺少顿号，而在"全面"与"高质"之间加逗号。

10.2 句号

句号用于句子末尾，表示陈述语气。使用句号主要根据语段前后有较大停顿、带有陈述语气，并不取决于句子的长短。句号有时也可表示较为缓和的祈使语气和感叹语气。

【17】

✗ <u>前一种的</u>出发点是通过减少石板材成品的厚度来提高石材的利用率。<u>而后一种则</u>是通过减少锯缝的宽度来减少石材浪费。

此例中的两句在语义上是对举关系，应构成一个并列复句，但其间用句号就使二者成为独立的句子，整体上就是一个句群，不能成为复句。因此，这两句间用句号不当。

<参考修改>

✓ <u>前一种的</u>出发点是通过减少石板材成品的厚度来提高石材的利用率，<u>而后一种</u>是通过减少锯缝的宽度来减少石材浪费。（"而后一种"可改为"后一种则"。）

【18】

☒ 近年以"特征脸"法为代表的基于变换域特征的特征提取方法在人脸识别中得到空前的关注和成功的应用。在其基础上又发展出多种新的全局特征提取法。

此例中的两句在语义上应构成一个递进复句，二者之间用句号不当，应改为逗号。

〈参考修改〉

✓ 近年以"特征脸"法为代表的基于变换域特征的特征提取方法，在人脸识别中得到空前的关注和成功的应用，并且在其基础上又发展出多种新的全局特征提取法。

【19】

☒ 由于振动传递路径较长，激励源多，从箱体测得的振动信号实际上非常复杂。因此在实验时选择振动能量较为集中和突出的轴承座垂直方向作为测点位置。

此例为句群，两个句组之间为因果关系，其间语义密切，停顿较小，用句号不当。应改用逗号，使两个句组成为一个复句（"在实验时"中的"在"可省去）。

【20】

☒ 依据微小型构件接触力学模型特点做如下假设：①干摩擦。②弹性变形。③接触体等效为半无限体。④弹性半空间假设。

此例冒号后面的四个语句为并列关系，而且较短，其间用句号不当，应改为分号。也可考虑改为顿号，但需要在过渡语"如下假设，"后加引导语"分别为"。另外，这四个语句中，语句一、二、四为名词性词组（偏正结构），而语句三为主、谓、宾完整的句子，整体上不大协调，可对语句三进行调整，使其成为名词性词组。

〈参考修改〉

✓ 依据微小型构件接触力学模型特点做如下假设：①干摩擦；②弹性变形；③半无限体（接触体等效为半无限体）；④弹性半空间。（数字序号①～④可去掉。）

✓ 依据微小型构件接触力学模型特点做如下假设，分别为干摩擦、弹性变形、半无限体（接触体等效为半无限体）、弹性半空间。

【21】

☒ 加工特征实体是所有加工特征的抽象父类。其派生类，比如平面、型腔、曲面等，通过几何属性描述了最终要求达到的表面效果。

此例为由两个单句组成的句群。句一的主语是"加工特征实体",句二的主语是"其派生类"("其"做定语,指代句一的主语),两句在语义上为主从关系,但其间用句号削弱了这种关系。如果将该句号改为逗号,句群变成复句,则表达效果得到提升。

〈参考修改〉

✓ 加工特征实体是所有加工特征的抽象父类,其派生类如平面、型腔和曲面等,是用几何属性描述其最终要求达到的表面效果。("其"可改为"它的";"其"前的逗号可改为句号,但效果一般。)

【22】

☒ 我们定义 LER 为由加工工艺和材料本身结构引起的刻线侧墙表面形貌微观不规则程度。并解释了该定义和 ITRS 的定义间的关系,分析了所定义 LER 的合理性。

此例中前面两句"我们定义……不规则程度"和"并解释了……的关系"为递进关系,且主语相同(后句以"主承前主"的方式省略了主语"我们"),因此两句间用句号不当,应改为逗号。

〈参考修改〉

✓ 笔者定义 LER 为由加工工艺和材料本身结构引起的刻线侧墙表面形貌微观不规则的程度,解释了该定义和 ITRS 的定义间的关系,并分析了所定义 LER 的合理性。

✓ 笔者定义 LER 为由加工工艺和材料本身结构引起的刻线侧墙表面形貌微观不规则的程度,并对该定义与 ITRS 的定义之间的关系给予解释,还对所定义 LER 的合理性进行分析。

【23】

☒ 粗糙表面会引起表面力场变化,进而影响其表面性质。如表面粗化后的形貌可改变植入体的表面电荷和表面能。

此例中的"如表面……"是对前面句子表义的举例,其间停顿较小,自然用逗号比句号合适。因此,"如"前的句号应改为逗号。

【24】

☒ 起初是用手工方法将大颗粒的天然金刚石镶嵌到铸钢插块内,再将插块连接到锯片基体上进行初割。但效果并不理想。

此例最后一句与前面句子间为紧密的转折关系,"但"前用句号不当,应改为逗号。

<参考修改>

✓ 起初是用手工方法,将大颗粒的天然金刚石镶嵌到铸钢插块内,再将插块连接到锯片基体上进行初割,但效果并不理想。

【25】

☒ 由于微小型零件的完整加工时,在一台机床上使用很多加工方法,从而涉及很多加工工序,其中某些工序可能有严格的先后关系,或某些工序的排序可以进行优化从而在保证精度前提下降低成本。所以在研究微小型零件完整加工工艺时必须要进行工艺优化的研究。

此例为句群,本应为双重复句:第一层为因果关系,有了原因(由于……)才有结果(所以……),因此"所以"前用句号不当,可改为逗号。因考虑到原因部分又包含多个分句(第二层),分句间使用了多个逗号,为了区分其低于第一层的性质,可考虑"所以"前保留句号,而将开头的"由于"去掉,并在"所以"后加逗号。

<参考修改>

✓ 由于对微小型零件进行完整加工时,在一台机床上会使用多种加工方法,涉及较多加工工序,其中某些工序可能有严格的先后关系,或可以优化某些工序的排序,从而在精度得到保证的前提下降低成本,所以在研究微小型零件完整加工工艺时,必须对工艺优化进行研究。

✓ 对微小型零件进行完整加工时,在一台机床上会使用多种加工方法,涉及较多加工工序,其中某些工序可能有严格的先后关系,或可以优化某些工序的排序从而在精度得到保证的前提下降低成本。所以,在研究微小型零件完整加工工艺时,必须对工艺优化进行研究。

【26】

☒ 在橡胶超弹性性能的研究历史上,用来描述其性能的本构模型可分为两类。一类是基于分子统计热力学的本构模型;另一类是唯象的连续介质本构模型。

此例中第一个句号后面的部分与前面的语句具有较为紧密的承接性,其间停顿较短。然而用句号体现不出这种性质,若改用冒号、逗号,就没有问题了;或干脆不用标点,改成更加紧凑的单句形式,如以下最后一个修改方案。

<参考修改>

✓ 在橡胶超弹性性能的研究历史上,用来描述其性能的本构模型可分为两类:分子统计热力学本构模型;唯象连续介质本构模型。

✓ 在橡胶超弹性性能的研究历史上，用来描述其性能的本构模型可分为**两类**，**一类**是分子统计热力学本构模型，**另一类**是唯象连续介质本构模型。

✓ 在橡胶超弹性性能的研究历史上，用来描述其性能的本构模型可分为分子统计热力学和唯象连续介质**两类**。

10.3 逗号

逗号所表示的停顿比顿号长，但比句号短。逗号用于各种语法位置：较长的主语后；句首的状语后；带句内语气词的主语（或其他成分）后，或带句内语气词的并列成分之间；较长的主语中间、谓语中间或宾语中间；前置的谓语后或后置的状语、定语前。逗号还可用于一些停顿处：复指成分或插说成分前后；某些序次语（"第"字头、"其"字头及"首先"类序次语）后。复句内各分句间的停顿，除了有时用分号，一般都用逗号。

【27】

✗ 本文针对电液比例液压压力机控制系统**具有非线性**，**参数不确定性**的特点，提出**了**一种鲁棒控制算法。

此例中"非线性"和"参数不确定性"为较短的并列词语，其间停顿很短，用逗号不当，应改为顿号或直接用连词。

〈参考修改〉

✓ 本文针对电液比例液压压力机控制系统的非线性、参数不确定的特点，提出一种鲁棒控制算法。（顿号可改为"和"。）

【28】

✗ 选取**了**四个特征作为加工对象：区域特征中的贝塞尔曲面，孔的重复特征，型腔特征，折线槽特征。

此例中逗号间的并列词语较短，若不是为了强调，其间用逗号不如顿号合适；但是，如果为了强调，用分号也可以。

〈参考修改〉

✓ 选取四个特征作为加工对象：区域特征中的贝塞尔曲面、孔的重复特征、型腔特征、折线槽特征。（冒号也可改为"，分别是"或破折号。）

✓ 选取四个特征作为加工对象：区域特征中的贝塞尔曲面；孔的重复特征；型腔特征；折线槽特征。

✓ 选取四个特征作为加工对象（区域特征中的贝塞尔曲面、孔的重复特征、型腔特征、折线槽特征）。

【29】

☒ 沉管法就是先在干坞中预制好隧道管段，并在两端用临时隔墙封闭，<u>然后</u>把它托运至目标位置，沉放到江河中预先挖好的沟槽中，并连接起来，<u>最后</u>充填基础和回填砂石，将管段埋入原河床中。

此例描述沉管法的步骤，分为三大步，以明显的关联词"然后""最后"为标志，但因各分句间全部用逗号，三大步的层次性就难以体现出来，如果"然后""最后"前的逗号改用分号或句号，则能体现这种层次性。

<参考修改>

✓ 沉管法就是先在干坞中预制好隧道管段，并在两端用临时隔墙封闭；<u>然后</u>把它拖运至目标位置，沉放到江河中预先挖好的沟槽中，并连接起来；<u>最后</u>充填基础和回填砂石，将管段埋入原河床中。

✓ 沉管法就是先在干坞中预制好隧道管段，并在两端用临时隔墙封闭。<u>然后</u>，把它拖运至目标位置，沉放到江河中预先挖好的沟槽中，并连接起来。<u>最后</u>，充填基础和回填砂石，将管段埋入原河床中。

【30】

☒ 根据齿面啮合原理 R_s，R_b，N_s，N_b 应满足方程式（22）。

此例的主语是"R_s，R_b，N_s，N_b"，还是"R_b，N_s，N_b"，还是"N_s，N_b"，还是"N_b"，有歧义，给阅读带来障碍，应按语义来修改以上符号间的逗号。若主语是"R_s，R_b，N_s，N_b"，则有以下第一方案；若主语是"N_s，N_b"，可有以下第二方案。

<参考修改>

✓ 根据齿面啮合原理，R_s、R_b、N_s、N_b 应满足方程式（22）。

✓ 根据齿面啮合原理 R_s、R_b，可知 N_s、N_b 满足方程式（22）。

【31】

☒ 在国产高速走丝电火花线切割机床上，<u>辅以研制的三轴联动数控转摆工作台构成五轴联动电火花线切割加工系统进行空间复杂直纹曲面加工是个很好的选择</u>。

此例画线部分太长，因其间缺少标点（缺少必要的停顿，逗号残缺），读起来有既别扭又必须读下去的进退两难之感。修改办法是，判断长句中的停顿处，在合适的位置加上逗号，有几个停顿处就加几个逗号，对句子给以恰当的分隔，必要时还可调整句子，如增补、删减或修改词语。

第 10 章 标点不当

<参考修改>

✓ 在国产高速走丝电火花线切割机床上，辅以研制的三轴联动数控转摆工作台，构成五轴联动电火花线切割加工系统，用该系统进行空间复杂直纹曲面加工是个很好的选择。

【32】

✗ 当外加磁感应强度较小时（$B<1.5T$）各个磁流变试样的正应力相差不大；但随着外加磁感应强度的增大各个磁流变试样的正应力的差别越来越大。

此例分号前后分别为一个单句，均由句首状语（画线部分）和主句组成，但是在句首状语和主句之间缺少逗号分隔（逗号残缺），造成对二者的区分不明显，增加了阅读障碍。

<参考修改>

✓ 当外加磁感应强度较小时（$B<1.5T$），各个磁流变试样的正应力相差不大；但随着外加磁感应强度的增大，各个磁流变试样的正应力的差别越来越大。

【33】

✗ 车辆内设包括服务于乘客的车体内的固定装置如车电、通风、取暖、空调、座椅、拉手等和服务于车辆运行的设备装置大多吊挂于车底架，如蓄电池箱、继电器箱、主控制箱、电动空气压缩机组、总风缸、电源变压器、各种电器开关和接触器箱等。

此例中"如车电、通风、取暖、空调、座椅、拉手等"是用来列举前面所提及的"固定装置"的类别的（先总后分），与"固定装置"之间有明显的停顿，应加逗号来分隔（逗号残缺），这样还可以与下文"，如蓄电池箱……和接触器箱等"在结构上一致。

<参考修改>

✓ 车辆内部设备包括服务于乘客的车内固定装置，如车电（列车供电系统）、通风、取暖、空调、座椅和拉手等，还包括服务于车辆运行的设备装置，大多吊挂于车底架，如蓄电池箱、继电器箱、主控制箱、电动空气压缩机组、总风缸、电源变压器、各种电器开关和接触器箱等。

【34】

✗ 从图 8 可以看出在 31 996 Hz 上下 5 kHz 范围内该定子无其他谐振频率，提供了较大的调频范围，可以确定 31 996 Hz 为该定子合适的扭振工作模态频率。

此例中"从图 8 可以看出"与其后语句间应有停顿,可用逗号分隔。另外,"在 31 996 Hz 上下 5 kHz 范围内"充当状语,与其后主句之间也可加逗号。这两处均属逗号残缺。

<参考修改>

✓ 从图 8 可以看出,在 31 996 Hz 上下 5 kHz 范围内,该定子无其他谐振频率,该调频范围较大,据此可以确定 31 996 Hz 为该定子合适的扭振工作模态频率。(第二个逗号可去掉,即"内,该"改为"内该"。)

10.4 分号

分号主要用于表示复句内部并列关系的分句(尤其当分句内部还有逗号时)之间的停顿,或用于表示非并列关系的多重复句中的第一层分句(主要是选择、转折等关系)之间的停顿,或用于分项列举的各项之间。

【35】

✗ 为了加速工作进程,工作人员一方面进行调查研究;一方面查阅有关资料。

此例后面两句的结构较为简单、简短,其间停顿很自然,用逗号就好,不必用分号。

<参考修改>

✓ 为了加速工作进程,工作人员一方面进行调查研究,一方面查阅有关资料。(后一个"一方面"可改为"另一方面"。)

✓ 为了加速工作进程,工作人员进行调查研究,同时查阅有关资料。

【36】

✗ 目前,数控技术研究应用领域有两大阵营:一个是以发那科(FANUC)、西门子(SIEMENS)为代表的专业数控系统厂商;另一个是以山崎马扎克(MAZAK)、德玛吉(DMG)为代表的自主开发数控系统的大型机床制造商。

此例冒号后面两句均为单句,由关联词是"一个……另一个"连接构成一个并举并列复句,其间用分号不当,应改用逗号。若保留分号,则应淡化关联词。其实该并列复句与首句间停顿自然,冒号改用逗号更好。

<参考修改>

✓ 目前数控技术研究应用领域有两大阵营,一个是以发那科(FANUC)、西门子(SIEMENS)为代表的专业数控系统厂商,另一个是以山崎马扎克(MAZAK)、德玛吉(DMG)为代表的自主开发数控系统的大型机床制造商。

✓ 目前数控技术研究应用领域有两大阵营：以发那科（FANUC）、西门子（SIEMENS）为代表的专业数控系统厂商；以山崎马扎克（MAZAK）、德玛吉（DMG）为代表的自主开发数控系统的大型机床制造商。

【37】

✗ 明代道州地区理学文化盛行，形成<u>以唐宋名流、理学人物元结、黄庭坚、苏轼、苏辙为代表的永州谪宦寓贤</u>；<u>以理学为基础修建书院传播文化</u>；<u>以刻石纪咏为主要表现手段的文化现象</u>。

  此例三个画线部分相对较长（画线部分一还包含较多顿号），均为介词结构"以……"加修饰语，并列共同做谓语动词"形成"的宾语，其间停顿自然，较短，用分号不当，应改为逗号。另外，画线部分一、三为定中结构，画线部分二为动宾结构，相同结构并列效果会更好，宜将画线部分二改为定中结构。

<参考修改>

✓ 明代道州地区理学文化盛行，形成<u>以唐宋名流、理学人物元结、黄庭坚、苏轼、苏辙为代表的永州谪宦寓贤，以理学为基础修建传播文化的书院，以刻石纪咏为主要表现手段的文化现象</u>。

【38】

✗ 本文通过构建该问题的<u>框图模型和数学模型</u>，对面向绿色制造的机械加工系统任务优化调度问题进行描述和分析；<u>并</u>结合机械加工系统的资源环境特性，对模型的目标体系进行<u>了</u>讨论；最后通过案例，对该模型进行了应用分析。

  此例由三部分组成，且由分号分隔。第二部分开头用了关联词"并"，与第一部分为紧密的递进关系，其间用分号不当，应直接用逗号，如果保留分号，则要去掉"并"字。

<参考修改>

✓ 本文通过构建该问题的<u>框图、数学模型</u>，对面向绿色制造的机械加工系统任务优化调度问题进行描述和分析<u>，</u>并结合机械加工系统的资源环境特性，对模型的目标体系进行讨论<u>。</u>最后通过案例，对该模型进行应用分析。

✓ 本文<u>首先</u>通过构建该问题的<u>框图、数学模型</u>，对面向绿色制造的机械加工系统任务优化调度问题进行描述和分析；<u>接着</u>结合机械加工系统的资源环境特性，对模型的目标体系进行讨论；最后通过案例，对该模型进行应用分析。（两个分号可同时改为句号。）

【39】

✗ 信息及辅助系统包括信号系统、诊断系统、乘客指示系统及辅助电源等，是一个集列车指挥和运行控制为一体的非常重要的机电系统，<u>用于列车各种系统状态信息及故障信息的识别、传送、接收、记录、显示</u>；<u>监控列车的状态</u>；对列车状态、故障信息进行<u>收集、传送、存储及显示</u>，便于实时监控列车状态，既服务乘客又服务列车维护人员。

此例中的"用于"与后面的动词"识别、传送、接收、记录、显示"和"监控"密切相关，但"监控"前用分号破坏了这种紧密性（即"监控"与其前面的词语间的停顿很短，不必用分号）。另外，此分号前后表达冗余，"识别、传送、接收、记录、显示"和"收集、传送、存储及显示"重复较多，应精减。

<参考修改>

✓ 信息与辅助系统包括信号系统、诊断系统、乘客指示系统及辅助电源等，是一个集列车指挥和运行控制为一体的非常重要的机电系统，<u>用于列车各种系统状态信息及故障信息的识别、传送、接收、记录、显示</u>，<u>能够实时监控列车的状态</u>，既服务乘客又服务列车维护人员。

10.5 引号

引号用来标示语段中直接引用或需要着重论述、强调的内容，或标示语段中具有特殊含义而需要特别指出的成分（如别称、简称、反语等）。当引号中还需要使用引号时，外面一层用双引号，里面一层用单引号。独立成段的引文如果只有一段，段首和段尾都用引号；不止一段时，每段开头仅用左引号，只在最后一段末尾用右引号。

【40】

✗ 《中国大百科全书·哲学卷》对逻辑的定义是：<u>"逻辑是一门以推理形式为主要研究对象的科学"。</u>

此例引号里面的语句属于完全引用，把右引号放在引文结尾的句号的前面，不大妥当，应将右引号放在句号的后面。

【41】

✗ 画家徐悲鸿笔下的马，正如有的评论家所说的那样，<u>"形神兼备，充满生机。"</u>

此例引号里面的语句属于局部引用，把右引号放在引文结尾的句号的后面，不大妥当，应将右引号放在句号的前面。

10.6 冒号

冒号用于总说性或提示性话语（如"说""例如""证明"）之后，表示提示下文，也可表示总结上文，或用在需要说明的词语之后，表示注释和说明。一个句子内部一般不应套用冒号，但在列举式或条文式表述中，如不得不套用冒号，则宜另起段落来显示各个层次。

【42】

⊠ 可喜的是，汽车制造业已经逐步重视这方面的研究和应用，如：玉柴、吉普、桑塔纳、一汽、重庆长安等已将其列入"九五"攻关项目。

此例中的动词"如"与其后列举部分"玉柴……长安等"之间无停顿，其间无须加冒号，冒号去掉后语句衔接更加顺畅、自然。

【43】

⊠ 目前基于小波阈值的降噪方法有多种，如：统一阈值、极小极大阈值、无偏风险估计阈值、交叉验证阈值等。

【44】

⊠ 近年来，我国国内几家大型的电子制造企业纷纷学习日本、西方国家的先进成本管理经验，并将其引进本企业的成本管理中，如：四川的长虹、安徽的美菱、深圳的华为等电子制造企业，在推广和运用这些先进的成本管理经验后，取得了丰硕成果。

此两例的问题同例【42】，动词"如"后没有停顿，其后冒号多余。

【45】

⊠ 弹九—引信系统传递函数分析是引信设计中的一个共性基础技术，它包含诸如：具体弹种和引信的结构及其装配的复杂性、各类弹引结构材料的多样性问题。

此例中的动词"诸如"等同上述几个例子中的"如"，与其后所列举的事项之间无停顿，故其间冒号多余。另外谓语动词"包含"改为"涉及"更好。

〈参考修改〉

✓ 弹九-引信系统传递函数分析是引信设计的一个共性基础技术，涉及诸如具体弹种和引信的结构及其装配的复杂性、各类弹引结构材料的多样性等问题。（顿号可改为逗号，也可改为"，以及"。）

【46】

☒ 在实际工程应用中,部分机械结构简化为带有集中质量、弹簧质量的板件,例如:印刷电路板、平板上的电动机等等。

动词"例如"同"如",此例中的"例如"与其后词语之间无停顿,其间用冒号多余,去掉冒号时,"例如"改为"如"更好。但是,如果"例如"前面的逗号改为句号,则其后可以考虑用冒号,关键看它的后面所列举事项的多少,以及它所引导的语句与其前面语句的紧密性、顺畅性、衔接性和自然性。另外,"等等"用词不当,应改为"等"。

<参考修改>

✓ 在实际工程应用中,部分机械结构简化为带有集中质量、弹簧质量的板件,如印刷电路板、平板上的电动机等。("如"可改为"例如"。)

✓ 在实际工程应用中,部分机械结构简化为带有集中质量、弹簧质量的板件。例如:印刷电路板、平板上的电动机等。

【47】

☒ 综上所述:使用馈能型悬架来提高汽车的行驶平顺性和燃油经济性是在理论上可行的。

此例冒号前后的语句间有停顿,但属于一般停顿,用逗号即可,不必用冒号引导或总结的提示句形式。另外,"是在理论上"语序不当。

<参考修改>

✓ 综上所述,使用馈能型悬架来提高汽车的行驶平顺性和燃油经济性在理论上是可行的。

【48】

☒ 电火花加工的间隙状态,大体上可分为:空载、正常放电、拉弧和短路。

此例中的"可分为"与其后语句间无停顿,不必用冒号。如果用冒号来提示,则应将"大体上可分为"改成较完整的句子。

<参考修改>

✓ 电火花加工的间隙状态,大体上可分为空载、正常放电、拉弧和短路四类。(逗号可去掉。)

✓ 电火花加工的间隙状态,大体上可分为以下几类:空载、正常放电、拉弧和短路。(逗号可去掉。)

第 10 章 标点不当

【49】

✗ 单原子操纵主要包括：原子搬迁、增添原子和去除原子三种形式。

此例中的"包括"与其后语句间无停顿，不必用冒号。如果用冒号来提示，则应将冒号前面的句子改成较完整的句子。

〈参考修改〉

✓ 单原子操纵的形式主要包括：原子搬迁、增添原子、去除原子。

✓ 单原子操纵的形式主要包括原子搬迁、增添原子和去除原子三种。

✓ 单原子操纵的形式主要有三种：原子搬迁、增添原子、去除原子。

✓ 单原子操纵的形式主要有三种，分别是原子搬迁、增添原子和去除原子。

【50】

✗ 稳定鲁棒性定理：如图 3 所示系统，设 M 稳定，$\forall \Delta \in B\underline{\Delta}$，系统稳定，当且仅当：$\sup_\omega \mu(M) < 1$。

此例中两个冒号连用，层次混乱。其实"当且仅当"后无停顿，故第二个冒号多余。

〈参考修改〉

✓ 稳定鲁棒性定理：如图 3 所示的系统，设 M 稳定，$\forall \Delta \in B\underline{\Delta}$，系统稳定，当且仅当 $\sup_\omega \mu(M) < 1$。

【51】

✗ 目前故障诊断可分为如下几个阶段：第一阶段：诊断出故障的有无；第二阶段：诊断出故障的种类；第三阶段：诊断出故障的具体位置和严重程度；第四阶段：推断出故障系统的剩余寿命。

此例中套用冒号不当，若确有必要套用冒号，则宜另起段落，以清楚显示层次关系。

〈参考修改〉

✓ 目前故障诊断可分为以下四个阶段：①诊断出故障的有无；②诊断出故障的种类；③诊断出故障的具体位置和严重程度；④推断出故障系统的剩余寿命。（数字偏号①～④可去掉。）

✓ 目前故障诊断可分为以下几个阶段：
第一阶段：诊断出故障的有无；
第二阶段：诊断出故障的种类；

第三阶段：诊断出故障的具体位置和严重程度；

第四阶段：推断出故障系统的剩余寿命。

【52】

✗ 加工条件如下：工具材料：W，工具直径 10～150 μm，工作部分长度 0.10～2.5 mm；工件材料：Si，厚度 0.3～0.4 mm；磨料：金刚石粉，粒度 2.5 μm；基液：H₂O；浓度：10%～20%；进给速度：2～6 μm / min；超声振幅：2～5 μm，频率：20 kHz。

此例也是套用冒号，层次和表意较乱，可读性差。也可考虑改用表格，但需要精心设计，自然需要下工夫。

<参考修改>

✓ 加工条件如下：①工具材料，W（直径 10～150 μm，工作部分长度 0.1～2.5 mm）；②工件材料，Si（厚度 0.3～0.4 mm）；③磨料，金刚石粉（粒度 2.5 μm）；④基液，H₂O；⑤浓度 10%～20%；⑥进给速度，2～6 μm / min；⑦超声振幅，2～5 μm（频率 20 kHz）。

✓ 加工条件如下：
（1）工具材料，W（直径 10～150 μm，工作部分长度 0.1～2.5 mm）；
（2）工件材料，Si（厚度 0.3～0.4 mm）；
（3）磨料，金刚石粉（粒度 2.5 μm）；
（4）基液，H₂O；
（5）浓度，10%～20%；
（6）进给速度，2～6 μm / min；
（7）超声振幅，2～5 μm（频率 20 kHz）。

✓ 加工条件如下：
工具材料：W，工具直径 10～150 μm，工作部分长度 0.1～2.5 mm；
工件材料：Si，厚度 0.3～0.4 mm；
磨料：金刚石粉，粒度 2.5 μm；
基液：H₂O；
浓度：10%～20%；
进给速度：2～6 μm / min；
超声振幅：2～5 μm（频率 20 kHz）。

✓ 加工条件如下：
工具材料——W，工具直径 10～150 μm，工作部分长度 0.1～2.5 mm；
工件材料——Si，厚度 0.3～0.4 mm；
磨料——金刚石粉，粒度 2.5 μm；

基液——H_2O；
浓度——10%～20%；
进给速度——2～6 μm/min；
超声振幅——2～5 μm（频率 20 kHz）。

【53】

✗ 以直径为 1.0 mm，长度为 5.0 mm 的微小型轴为例，材料：LY12，精车工艺。利用表面轮廓测量仪，测量范围：2.5 mm×1.9 mm，测得该零件沿轴线上的二维表面形貌轮廓如图 25 所示。

此例中"材料"与"LY12"间、"测量范围"与"2.5 mm×1.9 mm"间分别加冒号，引出或提示"材料"的型号"LY12"和"测量范围"的大小"2.5 mm×1.9 mm"，从局部来看没有什么不妥，但从全句考察，这种表达与上下文很不协调，冒号使用不当。

<参考修改>

✓ 以直径为 1.0 mm、长度为 5.0 mm 的微小型轴的加工为例，选用 LY12 作加工材料，使用精车工艺。利用表面轮廓测量仪，测量范围为 2.5 mm×1.9 mm，测得该轴沿轴线二维表面的形貌轮廓如图 25 所示。

【54】

✗ 选材的三个基本原则：使用性能、工艺性能和经济性能原则，它们是辩证的统一体。

此例中的冒号既可看作是多余的，也可认为是没有问题的，认识不同，结果就不同。

全句看作复句时：逗号前面的部分缺谓语，不成句，与逗号后面的句子并列不能构成复句。可去掉冒号，将逗号前面的部分调整为句子；或保留冒号，将冒号前面的部分调整为句子。

全句看作单句时：将复指成分"它们"去掉，逗号前面的部分做主语。

<参考修改>

✓ 选材有使用性能、工艺性能和经济性能三个基本原则，它们是辩证的统一体。（复句）

✓ 选材有三个基本原则：使用性能、工艺性能和经济性能原则，它们是辩证的统一体。（复句）

✓ 选材的三个基本原则：使用性能、工艺性能和经济性能，是辩证的统一体。（单句，冒号也可改为破折号。）

✓ 选材的三个基本原则（使用性能、工艺性能和经济性能）是辩证的统一体。（单句）

10.7 括号

括号常用于标示注释内容或补充说明，标示订正或补加的文字，标示序次语，标示引语的出处，或标示汉语拼音注音。除数学式外，所有括号（特别是同一形式的括号）应尽量避免套用，若套用则宜采用不同的括号形式进行配合。括号分句内和句外两种：句内括号注释句中某词语，本身就是句子的一部分，应紧跟在被注释的词语之后；句外括号注释句子、句群或段落，本身结构独立，不属于前面所注释的语句，应位于所注释语段的句末点号之后。

【55】

✗ 小流量的电磁阀起先导作用（称先导阀）。

此例中括号部分应注释"电磁阀"，故放在"作用"后不妥。也可不使用括号，在"作用"后加一逗号，逗号后再对"电磁阀"作解释。

〈参考修改〉

✓ 小流量的电磁阀（称先导阀）起先导作用。

✓ 小流量的电磁阀起先导作用，这种电磁阀称为先导阀。（"这种电磁阀"可以去掉。）

【56】

✗ 令位移 x 从初始位置开始（$x=0$），逐步增加到最大限程（$x=42$ mm）。

此例中第一括号部分本应注释词组"初始位置"，故位于"开始"后不当。

〈参考修改〉

✓ 令位移 x 从初始位置（$x=0$）开始，逐步增加到最大限程（$x=42$ mm）。

【57】

✗ 对于各种基于原子模型的仿真方法，一般是在一个合适的尺寸上（如在几百纳米边长的方形尺寸）进行，然后重新映射到真实尺寸和时间规模上。

此例中括号部分本用来注释词组"合适的尺寸"，位于"上"后不当。

〈参考修改〉

✓ 对于各种基于原子模型的仿真方法，一般是在一个合适的尺寸（如在几百纳米边长的方形尺寸）上进行，然后……。

【58】

✗ 式中，$k = 0, 1, \cdots, (N-1)$。N 为一个扫频周期内扫频信号的离散点数，F 则为信号离散采样频率。

此例中的 $0, 1, \cdots, N-1$ 是连续的整数序列，其中 $N-1$ 是与 0、1 等数字并列的用量符号表达式表示的，故 $N-1$ 加括号多余。

〈参考修改〉

✓ 式中 $k = 0, 1, \cdots, N-1$，其中 N 为一个扫频周期内扫频信号的离散点数，F 为信号离散采样频率。

✓ 式中：$k = 0, 1, \cdots, N-1$；N 为一个扫频周期内扫频信号的离散点数；F 为信号离散采样频率。（冒号可改为逗号，两个分号也可改为逗号。）

【59】

✗ 图 1-3 概括地说明了一部完整机器的组成（图中双线框表示一部机器的基本组成部分，单线框表示附加组成部分）。

此例中括号部分应是注释整个句子的，属于句外括号，因此括号部分的前面，即"组成"的后面，应加句号，括号外的句号应移至括号里面，即右括号的前面。也可不用括号而改用自然陈述的表达方式。其中"一部"也可改为"一台"。

〈参考修改〉

✓ 图 1-3 概括地显示了一部完整机器的组成。（图中双线框表示一部机器的基本组成部分，单线框表示其附加组成部分。）

✓ 图 1-3 概括地显示了一部完整机器的组成。图中，双线框表示一部机器的基本组成部分，单线框表示附加组成部分。（"。图中，"可改为"，图中"。）

【60】

✗ 有人用氢气还原氧化铜制得 5g 铜，求有多少克氢气参加了反应，这些氢气在标准状况下占多大体积。（氢气的密度是 $0.09\,\text{g/L}$）。

此例中括号部分是句外括号，注释前面全句，因此其后句号位置不当，应移到括号内。

但应注意，当句外括号（外层括号）部分里面又有括号（内层括号）时，为了内、外层括号区分更明显，结构层次更清晰，外层括号宜使用方括号，如以下句子中的方括号部分。此例虽没有语病，但有更加简洁的修改方案。

【61】

✓ 按照理论的要求，这个转动对于水星而言应达到每世纪43″（角度），但是对于我们的太阳系的其他行星而言，这个转动的量值应该是很小的，是必然观测不到的。[特别是由于下一颗行星——金星——的轨道几乎正好是一个圆，这样就更加难于精确地确定近日点的位置（参阅第85页附注①。——译者注）]

<参考修改>

✓ 按照理论要求，这个转动对于水星而言应达到每世纪43″（角度），但是对于太阳系的其他行星而言，这个转动量值应该是很小的，是必然观测不到的。[特别是由于下一颗行星——金星的轨道几乎正好是一个圆，这样就更加难于精确地确定近日点的位置（参阅第85页附注①。——译者注）]

10.8 书名号

书名号主要用来标示以下名称：书名、卷名、篇名、刊物名、报纸名、文件名等；电影、电视、音乐、诗歌、雕塑等各类用文字、声音、图像等表现的作品的名称；全中文或中文在名称中占主导地位的软件名；作品名的简称。书名号中还需要书名号时，里面一层用单书名号，外面一层用双书名号。

【62】

✗ "华尔街日报"评论说，安倍提到前任们的道歉，但没有像邻国要求的那样以自己的话直接表示道歉。《韩联社》称，安倍谈话虽包含"道歉"措词，但表述采用"过去式"，缺乏诚意。

此例中，"华尔街日报"是报纸的名称，用引号不当，应改为书名号；"韩联社"是机构、组织的名称，用书名号错误，除非强调或专指，一般不用标号，该书名号应去掉。

【63】

✗ 《机械工程学报编辑部》有两本刊物，一本是《机械工程学报（中文刊）》，创刊于1953年，另一本是《机械工程学报（英文刊）》，创刊于1988年。

此例中三对书名号使用不当。"机械工程学报编辑部"是一个机构名称，不用书名号，而其中的"机械工程学报"作为期刊的名称，倒是可以加书名号的。后面提及的两本期刊中，在书名号里面用括注的形式给出其文种，不太妥当，这是因为这种括注不属期刊名称的组成部分，而只是对期刊名称的一种注释，故放在书名号外面才是妥当的。

<参考修改>

✓ 《机械工程学报》编辑部有两本刊物,一本是《机械工程学报》(中文刊),创刊于 1953 年,另一本是《中国机械工程学报》(英文刊),创刊于 1988 年。(第一个逗号可改为冒号,同时第三个逗号改为分号。)

✓ 《机械工程学报》编辑部有两本刊物:一本是创刊于 1953 年的《机械工程学报》(中文刊),另一本是创刊于 1988 年的《中国机械工程学报》(英文刊)。

【64】

✗ 铝及铝合金的世界年铸造量仅次于铸铁,并居有色金属年产量的首位(据美国铸造协会《Modern Casting》杂志 2018 年全球铸铁产量普查)。

此例中书名号里为英文期刊名称,书名号使用不当。英文期刊名称在中文中通常用斜体,但不加书名号;如果译为中文名称,则应加书名号。

<参考修改>

✓ 铝及铝合金的世界年铸造量仅次于铸铁,并居有色金属年产量的首位(据美国铸造协会 *Modern Casting* 杂志 2018 年全球铸铁产量普查)。[*Modern Casting* 后可加"(《现代铸造》)"]

✓ 铝及铝合金的世界年铸造量仅次于铸铁,并居有色金属年产量的首位(据美国铸造协会《现代铸造》杂志 2018 年全球铸铁产量普查)。[《现代铸造》后可加"(*Modern Casting*)"]

10.9 省略号

省略号常用来标示引文的省略,或标示列举或重复词语的省略,或标示语意未尽。在标示诗行、段落的省略时,可连用两个省略号(十二连点省略号)。

【65】

✗ 光学现象只依赖于物体的相对……在光行差常数中,如果不忽略二阶或三阶量,这也许是正确的,但却不是严格正确的。当实验变得越来越严格,这一原理也将变得越来越精确。

此例中使用省略号省去一些表述是可以的,但省略号前面的表义不完整,其中"相对"指什么,如果补出"相对"后的中心语(必要时含标点),其后再使用省略号,则省略号前后的语句或表义均相对完整,表达效果提升。以下修改方案中,因省略号前面有句号,故可轻松知道"光学现象只依赖于物体的相对速度"是一个语义完整的句子。将该方案中省略号前面的句号去掉也是可以的，但因省略号前面没有句号，就不能断定"光学现象只依赖于物体的相对速度"是一个完整句，表达效果自然就逊色多了。

<参考修改>

✓ 光学现象只依赖于物体的相对速度。……在光行差常数中，如果不忽略二阶或三阶量，这也许是正确的，却不是严格正确的。当实验变得越来越严格时，这一原理也将变得越来越精确。

【66】

☒ 雄伟庄严的大会堂，……。它那壮丽的廊柱……，组成一幅绚丽的图画。

此例中第一个省略号所代表的部分与其前面的语句，第二个省略号所代表的部分与其后面的语句，在句法结构或语义上没有明显的区分，而且即使区分也没有意义，因此省略号前面、后面的逗号多余，可看作省略号使用不当。

<参考修改>

✓ 雄伟庄严的大会堂……。它那壮丽的廊柱……组成一幅绚丽的图画。

【67】

☒ 现在，人类不仅发明了汽车、飞机、电视、计算机……等等，还可以上天揽月，入海钻油。

此例中省略号与助词"等等"并用不当，造成重复。

<参考修改>

✓ 现在，人类不仅发明了汽车、飞机、电视、计算机……，还可以上天揽月，入海钻油。

✓ 现在，人类不仅发明了汽车、飞机、电视、计算机等多种先进工具，还可以上天揽月，入海钻油。

✓ 现在，人类不仅发明了多种先进工具，如汽车、飞机、电视、计算机，等等，还可以上天揽月，入海钻油。

【68】

☒ 按第 M 层的近似系数 L_M，第 M 层的细节系数 H_M，第 $M-1$ 层的细节系数 H_{M-1}，…，第 1 层的细节系数 H_1 的排列顺序把每棵树的小波系数排成长度为 N 的系数信号，共得 2 个系数信号。

除数学式或特殊表达中使用三连点省略号外，常规情况下一般使用六连点省略号。

〈参考修改〉

✓ 按第 M 层的近似系数 L_M 和细节系数 H_M，第 $M-1$ 层的细节系数 H_{M-1}，……，第 1 层的细节系数 H_1 的排列顺序，把每棵树的小波系数排成长度为 N 的系数信号，共获得两个系数信号。

【69】

✗ 每孔加入 200 $TCID_{50}$/100ml，做系列倍比稀释，使之成为 100 $TCID_{50}$、50 $TCID_{50}$，25 $TCID_{50}$、12 $TCID_{50}$…0.7 $TCID_{50}$，然后每孔加入 100μL 病毒稀释液使体积成为 100μL/孔。

此例中 100 $TCID_{50}$、50 $TCID_{50}$，25 $TCID_{50}$、12 $TCID_{50}$…0.7 $TCID_{50}$ 为若干"$TCID_{50}$（组织细胞半数感染剂量）倍数"的并列，其间分隔有的用顿号，有的用逗号，不大妥当；省略号前后缺少标点，使结构层次的区分度下降，不如加上标点的效果好。其中省略号用六连点更好。

〈参考修改〉

✓ 每孔加入 200 $TCID_{50}$/100 mL，做系列倍比稀释，使之成为 100 $TCID_{50}$，50 $TCID_{50}$，25 $TCID_{50}$，12 $TCID_{50}$，……，0.7 $TCID_{50}$，然后每孔加入 100 μL 病毒稀释液使体积成为 100 μL/孔。

✓ 每孔加入 200 $TCID_{50}$/100 mL，做系列倍比稀释，使之成为 100 $TCID_{50}$、50 $TCID_{50}$、25 $TCID_{50}$、12 $TCID_{50}$……0.7 $TCID_{50}$，然后每孔加入 100 μL 病毒稀释液使体积成为 100 μL/孔。

10.10 多种（个）标点

长的复句或较为复杂的句子或句组中标点往往较多，容易出现问题。

【70】

✗ 如果认为舒适性与滑摩功指标的重要性相同，即令式（30）中 $w_1=w_2=1$ 时。可以得到各因素及其交互作用对综合指标影响的主次顺序为：p_2, p_1, $p_1 \times t$, $p_1 \times p_2$, $t \times p_2$, t。最优组合为 $p_{2(3)} p_{1(3)} t_{(1)}$。

此例中，"可以得到……"在"$w_1=w_2=1$ 时"的条件下才成立，"最优组合为……"是谓语"可以得到"的对象（宾语），因此其前面的停顿是自然的一般停顿，用句号不当，应改为逗号。另外，"主次顺序为"后的冒号多余；量符号间、量符号与数学式间、数学式间的停顿在中文语境中可以用顿号。

⟨参考修改⟩

✓ 如果认为舒适性与滑摩功指标的重要性相同，即令式（30）中 $w_1=w_2=1$，则可得到各因素及其交互作用对综合指标影响的<u>主次顺序为</u> p_2、p_1、$p_1×t$、$p_1×p_2$、$t×p_2$、t，<u>最优组合为 $p_{2(3)}p_{1(3)}t_{(1)}$</u>。

【71】

✘ 微波检测系统包括三大组成模块：<u>微波信号源模块，微波谐振器模块，数据处理模块</u>。其系统框图如图4所示。

此例画线部分为三个并列的名词性词组，其间停顿为一般停顿，自然地用顿号即可，不必用逗号；最后一句应紧跟在这三个名词性词组后，其间用逗号合适，不必用句号。也可直接陈述由某某三大模块组成，这样就无须用冒号了；若为突出各个组成模块，重在列示，则各组成模块间的停顿可以用分号。

⟨参考修改⟩

✓ 微波检测系统包括三大组成模块：<u>微波信号源、微波谐振器、数据处理</u>，其系统框图如图4所示。

✓ 微波检测系统由<u>微波信号源、微波谐振器、数据处理</u>三大模块组成，其系统框图如图4所示。

✓ 微波检测系统包括三大组成模块：<u>微波信号源模块；微波谐振器模块；数据处理模块</u>。其系统框图如图4所示。

【72】

✘ 该电源由<u>可调直流电源、充电限流电阻 R_1、电容器 C，电容器充电控制开关 Q_1、放电电压检测电路</u>等组成。

此例中5个并列词语的层次或等级是相同的，其间的停顿不应该混用顿号和逗号两种点号，选用一种就好。

⟨参考修改⟩

✓ 该电源由<u>可调直流电源、充电限流电阻 R_1、电容器 C、电容器充电控制开关 Q_1 和放电电压检测电路</u>等组成。（顿号可改为逗号。）

【73】

✘ 研究批量生产中以<u>生产周期、最大提前/最大拖后时间、生产成本、以及设备利用率</u>：<u>机床总负荷和机床最大负荷</u>为调度目标的柔性作业车间优化调度问题。

此例中的冒号放在总说性语句的后边，引起下文分说（机床总负荷和机床最大负荷），但没有表达清楚此总说性语句是针对何对象来说的（是"设备利用率"，还是"生产周期、最大提前/最大拖后时间、生产成本、设备利用率"），层次混乱。按表意"机床总负荷""机床最大负荷"只属于"设备利用率"，故应将"机床总负荷和机床最大负荷"加括号，并将其前面的冒号去掉。另外"以及"前应使用逗号。

<参考修改>

✓ 研究批量生产中以生产周期、最大提前/最大拖后时间、生产成本，以及设备利用率（机床总负荷和机床最大负荷）为调度目标的柔性作业车间优化调度问题。

【74】

☒ 飞行器超高声速气动性能，超高速碰撞力学，多维动力系统智能自主控制。如：飞机机翼颤振，起落架抖动，航天器太阳能帆板抖动，天线振动，火箭接头动力学问题等都涉及非线性动力学。

此例中"如"前后两组并列词语间的停顿是正常停顿，用顿号更合适。插入语"如……"与前面句子间的停顿较短，其间句号宜改为逗号；"如"与其后分说项间没有停顿，其后的冒号多余。

<参考修改>

✓ 飞行器超高声速气动性能、超高速碰撞力学及多维动力系统智能自主控制，如飞机机翼颤振、起落架抖动、航天器太阳能帆板抖动、天线振动、火箭接头动力学问题等，都涉及非线性动力学。

【75】

☒ 超声检测回波信号主要包含三部分：缺陷反射信号、材料内部晶粒散射产生的结构噪声、信号转换和测量过程中引入的电子白噪声。

此例中三个并列词语间的停顿是正常停顿，用顿号是可以的，但因后两个特别是第三个词语较长，故此停顿用逗号更好。有时出于强调并列的各个具体项，其间宜用逗号或分号。

<参考修改>

✓ 超声检测回波信号主要包含三部分：缺陷反射信号，材料内部晶粒散射产生的结构噪声，信号转换和测量过程中引入的电子白噪声。

✓ 超声检测回波信号主要包含三部分：缺陷反射信号；材料内部晶粒散射产生的结构噪声；信号转换和测量过程中引入的电子白噪声。

✓ 超声检测回波信号主要包含缺陷反射信号、材料内部晶粒散射产生的结构噪声，以及信号转换和测量过程中引入的电子白噪声三部分。

10.11 标点配合

一个句子、一个句群甚至一个段落中,各标点间或标点与句中词语间可能有某种匹配、对应、一致或种属关系,使用时应相互配合,这就是标点配合。实际语句中,根据表达需要或为了标点配合,可把某些点号变格(升格或降格)来使用。一个句子内部使用了不同格的点号,就可清楚地显示出句子的结构层次,若其中某个点号的格变化了,其他相关点号的格也要随着发生变化。

【76】

✗ 当转速达到 8 000 r/min 时,内外密封带中半径为 44.0,25.6 mm 处的温度分别达到 52、56 ℃。

此例中两个并列项 "44.0,25.6 mm" "52、56 ℃" 之间有一种对应关系,即 52 ℃ 是 44.0 mm 处的温度,56 ℃ 是 25.6 mm 处的温度,因此这两个并列项中两个数字间的标点应该一致,不宜前者用逗号,后者用顿号。可统一改为顿号,这就是标点配合。

【77】

✗ 基础板的第一、二阶模态频率(43 Hz,87 Hz)大大高于刚体系统的各阶模态。

此例中两量值间的停顿与前面 "第一、二阶" 表达形式不一致,标点配合不当,可将两量值间的逗号改为顿号。

〈参考修改〉

✓ 基础板第一、二阶模态的频率(43、87 Hz)大大高于刚体系统各阶模态的频率。("第一、二阶"可改为"第一和第二阶"或"第一阶和第二阶","43"改为"43 Hz"也可以。)

【78】

✗ x_M,y_M——工作齿任意点横纵坐标。

此例中 "横" 和 "纵" 为并列语素,其间本来没有停顿,但没有停顿会与前面两个量符号间的停顿(逗号)不协调,即标点配合有提升空间。"横" 和 "纵" 间可以加上顿号,或直接将 "横纵" 改为 "的"。

【79】

✗ 大临线沿线地形起伏大、地层岩性及构造复杂、不良地质发育,工程地质及水文地质条件非常复杂,为合理选择线位,开展地质选线研究,确保线位合理,方案可行。

此例中第一画线部分表原因，有四个并列的语句，但各语句之间有的用顿号，有的用逗号，标点配合不当。另外，"不良地质发育"是词组，不成句，与其他三个（句子）不一致，应调整为一致，而且分句并列时其间常用逗号。

第二画线部分表结果，是主句，但缺少谓语。"确保线位合理，方案可行"与前面的"合理选择线位""开展地质选线研究"属于同一层次，这三者之间用逗号是可以的。然而，"线位合理，方案可行"是"确保"的宾语，属于下一级层次，故"线位合理"和"方案可行"之间用逗号不妥，应为低一层次的顿号。也可将"确保线位合理，方案可行"调整为"确保线位合理与方案可行"，提升其层次。

<参考修改>

✓ 大临线沿线地形起伏大，地层岩性及构造复杂，地质发育不良，工程地质及水文地质条件非常复杂，为合理选择线位，开展地质选线研究，确保线位合理、方案可行带来困难。（顿号可改为"与"。）

【80】

✗ 从夏代起到春秋战国时期，皮、革、丝、麻成为主要的纺织原料。汉代的民间织物，大量，是麻葛，大宗的丝绸在官府手工业作坊生产。南宋后期，一年生棉花在内地的种植技术有了突破，棉花在全国广大地区逐渐普及。棉纺织生产突出发展，到明代已超过麻纺织而占据主导地位，葛已趋于淘汰。

此例介绍了纺织原料的大体发展趋势：夏代到春秋战国（皮、革、丝、麻）→汉代（麻、葛）→南宋后期（棉花逐渐普及）→明代（棉花超过麻，葛趋于淘汰）。"麻"和"葛"是两种不同的纺织原料，并列出现时其间应该用顿号，或写成"麻与葛"或"麻和葛"，但写为"麻葛"造成标点配合不当，与"皮、革、丝、麻"的表达形式不一致。

<参考修改>

✓ 从夏代起到春秋战国时期，皮、革、丝、麻成为主要的纺织原料。汉代的民间织物，大量是麻、葛，大宗的丝绸……到明代已超过麻纺织而占据主导地位，葛已趋于淘汰。

【81】

✗ 提出一种延性耗竭法，通过 1CrMoV、2.25CrMo、9Cr1Mo 钢连续疲劳、慢拉伸快压缩疲劳、拉伸保持疲劳的实验验证，比例因子均在 2～4，该方法适用于应变控制下、塑性应变占主要地位的 Cr-Mo 钢疲劳蠕变寿命预测。

此例中钢的型号 1CrMoV、2.25CrMo、9Cr1Mo 为短的并列词语（第二层次），其间用顿号是可以的，但其后边其他词语间也用了顿号（第一层次），不同层次的顿号混用会消弱层次间的区别，容易使人误以为这些用顿号分隔的词语是相同层次的并列，造成表义混乱。这属于标点配合不当，可按点号降格的原则把其中第一层次中的顿号用逗号代替（逗号降格为顿号）。也可调整第一层次的语句表达，使"1CrMoV""2.25CrMo""9Cr1Mo"三者间虽用顿号，却与第一层次的区分非常明显。

<参考修改>

- ✓ 提出一种延性耗竭法，该方法通过 <u>1CrMoV、2.25CrMo、9Cr1Mo 钢的连续，慢拉伸快压缩</u>，拉伸保持疲劳实验验证，比例因子均在 2～4，适用于应变控制下塑性应变占主要地位的 Cr–Mo 钢疲劳蠕变寿命预测。

- ✓ 提出一种延性耗竭法，该方法通过对 <u>1CrMoV、2.25CrMo、9Cr1Mo 三种钢的连续、慢拉伸快压缩、拉伸保持三个疲劳实验</u>验证，比例因子均在 2～4，适用于应变控制下塑性应变占主要地位的 Cr–Mo 钢疲劳蠕变寿命预测。

【82】

☒ 塔顶坐标为 $A_1(-2.25, 0, 2.1)$、$A_2(1.13, -1.95, 2.1)$、$A_3(1.13, 1.95, 2.1)$、$A_4(-1.13, -1.95, 2.1)$、$A_5(2.25, -1.95, 2.1)$、$A_6(-1.13, 1.95, 2.1)$，悬索与馈源舱连接点在馈源舱局部坐标系的坐标为 $B_1(0.13, 0, 0)$、$B_2(-0.07, 0.12, 0)$、$B_3(-0.07, -0.12, 0)$、$B_4(0.03, 0.08, 0.13)$、$B_5(-0.08, -0.01, 0.13)$、$B_6(0.05, -0.06, 0.13)$。

此例括号中数字间（低一层次）用逗号（坐标的标准表达形式），其外面表示点的符号间（高一层次）用顿号不当，改为逗号更好，这也属于点号配合不当。可按点号降格原则，表示点的符号间用逗号（逗号降格为顿号）。另外，"点"的符号一般不用黑（加粗）体。

<参考修改>

- ✓ 塔顶坐标为 $A_1(-2.25, 0, 2.1)$, $A_2(1.13, -1.95, 2.1)$, $A_3(1.13, 1.95, 2.1)$, $A_4(-1.13, -1.95, 2.1)$, $A_5(2.25, -1.95, 2.1)$, $A_6(-1.13, 1.95, 2.1)$；悬索与馈源舱连接点在馈源舱局部坐标系的坐标为 $B_1(0.13, 0, 0)$, $B_2(-0.07, 0.12, 0)$, $B_3(-0.07, -0.12, 0)$, $B_4(0.03, 0.08, 0.13)$, $B_5(-0.08, -0.01, 0.13)$, $B_6(0.05, -0.06, 0.13)$。

- ✓ 塔顶坐标为：
  $A_1(-2.25, 0, 2.1)$, $A_2(1.13, -1.95, 2.1)$, $A_3(1.13, 1.95, 2.1)$, $A_4(-1.13, -1.95, 2.1)$, $A_5(2.25, -1.95, 2.1)$, $A_6(-1.13, 1.95, 2.1)$。

悬索与馈源舱连接点在馈源舱局部坐标系的坐标为：
$B_1(0.13, 0, 0)$，$B_2(-0.07, 0.12, 0)$，$B_3(-0.07, -0.12, 0)$，$B_4(0.03, 0.08, 0.13)$，$B_5(-0.08, -0.01, 0.13)$，$B_6(0.05, -0.06, 0.13)$。

【83】

✗ 当 $D_m = 5$ mm，$n_m = 40\,000$ r/min，有 $v_c \approx 600$ m/min；<u>这一速度已非常接近目前公认的高速切削铝合金时所需的最低线速度。而且这时的切削速度与工件直径无关</u>。车削则完全不同，<u>当工件直径 $d = 0.2$ mm、主轴转速 $n = 10\,000$ r/min，切削速度 $v_c \approx 6.3$ m/min，根本无法正常切削</u>。

  此例中"当 $D_m = 5$ mm，$n_m = 40\,000$ r/min"与"当工件直径 $d = 0.2$ mm、主轴转速 $n = 10\,000$ r/min"的结构应相同，均为介词"当"后带两个并列的数学式（前一组式子的两个量符号 D_m、n_m 前还应有各自的量名称），但因二者的式子间标点符号不一致，造成标点配合不当。因一个式子相当于一个分句，故式子间的停顿用逗号更合适。另外，"而且这时的切削速度与工件直径无关"与前边的分句为递进关系，其间停顿较小，其前面用句号不当，应改为逗号；还有一些标点使用不当。

〈参考修改〉

✓ <u>当工件直径 $D_m = 5$ mm，主轴转速 $n_m = 40\,000$ r/min 时，切削速度 $v_c \approx 600$ m/min。</u>这一速度已非常接近目前公认的高速切削铝合金时所需的最低线速度<u>，</u>而且与工件直径无关。车削则完全不同，<u>当工件直径 $d = 0.2$ mm，主轴转速 $n = 10\,000$ r/min 时，切削速度 $v_c \approx 6.3$ m/min，这时根本无法正常切削</u>。

【84】

✗ 研究内容涉及基础柔性及其内阻的影响；附加质量问题；橡胶隔振器的驻波效应；四端参数法在柔性隔振系统中的应用；双导隔振系统；单输入多输出系统的振动隔离；以及隔振和吸振综合应用等多个方面。

  此例中多个词语并列（画线部分），共同做"多个方面"的定语，按正常的标点使用规则，这些词语间的分隔用分号不当，应该用顿号，考虑到部分词语较长，这种分隔也可用逗号，即逗号降格为顿号（如果并列词语较短，则其间用顿号）。如果将这些并列词语单独列示，即不做定语，则这些词语间的分隔可以用分号，但需要调整这些词语前面的语句表达，如补出"涉及"的宾语，并在该宾语后加冒号，以引出或提示这些并列的词语。

〈参考修改〉

✓ <u>研究内容涉及基础柔性及其内阻影响、附加质量问题、橡胶隔振器驻波效应、四端参数法在柔性隔振系统中的应用、双导隔振系统、单输入多输出系统振动隔离</u>，以及隔振和吸振综合应用等多个方面。（5处顿号可全部改为逗号。）

✓ 研究内容涉及以下多个方面：基础柔性及其内阻影响；附加质量问题；橡胶隔振器驻波效应；四端参数法在柔性隔振系统中的应用；双导隔振系统；单输入多输出系统振动隔离；隔振和吸振综合应用。

【85】

☒ 定义三个形貌参数可以完全描述规则矩形条纹的二维形貌特征为①λ_S：形貌波长，即每个形貌的宽度，本算例中$\lambda_S = 100$ μm。②D_S：形貌占空比，即形貌中相邻的凸起长度和空穴长度的比值，这里 $D_S = 1:1$。③H_S：形貌高度比，数值上等于形貌的高度与标准膜厚的比值。

此例中"为"后面缺少冒号，应补充冒号，以引出下文对所提及的三个参数的解释。加冒号时，应调整有关语句，并按标点配合原则来修改后面的相关标点。

<参考修改>

✓ 可以定义以下三个形貌参数来完全描述规则矩形条纹的二维形貌特征：
（1）λ_S：形貌波长，即每个形貌的宽度，这里$\lambda_S = 100$ μm；
（2）D_S：形貌占空比，即形貌中相邻凸起与空穴长度的比值，这里 $D_S = 1:1$；
（3）H_S：形貌高度比，即形貌高度与标准膜厚的比值。

✓ 可以定义以下三个形貌参数来完全描述规则矩形条纹的二维形貌特征：
λ_S——形貌波长，即每个形貌的宽度，这里$\lambda_S = 100$ μm；
D_S——形貌占空比，即形貌中相邻凸起与空穴长度的比值，这里$D_S=1:1$；
H_S——形貌高度比，即形貌高度与标准膜厚的比值。

✓ 定义可以完全描述规则矩形条纹二维形貌特征的三个形貌参数如下：①λ_S为形貌波长，即每个形貌的宽度，这里$\lambda_S = 100$ μm；②D_S为形貌占空比，即形貌中相邻凸起与空穴长度的比值，这里$D_S=1:1$；③H_S为形貌高度比，即形貌高度与标准膜厚的比值。

第 11 章 逻辑不通

逻辑指客观的规律性或思维的规律，语言表达应符合逻辑，用来写出正常的语句，这是撰写书面文章的前提。有时为了语言表达艺术或某种修辞需要，有意写出不符合逻辑的语句，这种语句与正常语句相比是不正常的，但这种不正常放在具体语境中反而是正常的。可见逻辑的通与不通还与语境密切相关，客观的规律性或思维的规律也是相对来说的。因此，判断语句的逻辑是否通顺，还要考虑语句所处的语境，在某种具体语境中既可以遵循常规逻辑，也可以突破常规逻辑的限制，走向常规逻辑的反面。逻辑较为复杂，本章仅从语言表达中较常见的事理相悖、顺序反常和歧义费解三个层面，剖析实例语句 29 例。

11.1 事理相悖

人的大脑对事物的思考和认识有其内在规律（机理、习惯或顺序等），遵循的是人们对事物认识上所具有的常规逻辑。语言表达与客观事理相符是常规逻辑的基础要求，与客观事理不相符（如违背、偏离事理）就是事理相悖，这里的不相符指没有完全或大体相合。

【1】

✗ <u>由于</u>子女每天忙碌于工作，陪伴老人的时间相对较少，<u>因此</u>一些具有陪护功能的智能产品成为老龄市场的宠儿。

此例在形式上是因果复句，前两句表示原因，最后一句表示结果。从行文看，句一是句二的原因，句一、句二是句三的原因；从语义看，将"子女每天忙碌于工作"作为"陪伴老人的时间相对较少"的原因，虽有事实基础，但未免夸大或绝对化；将"子女每天忙碌于工作，陪伴老人的时间相对较少"作为"一些具有陪护功能的智能产品成为老龄市场的宠儿"的原因，似乎合理，但有些牵强，经不起推敲。作者撰写此句所遵循的逻辑与事理相悖。

〈参考修改〉

✓ 因子女忙碌于工作或一些其他原因，陪伴老人相对较少，一些具有陪护功能的智能产品正好适应这一现实需求，逐渐成为老龄市场的宠儿。

【2】

✗ 多位文人的流放使得摩崖石刻有了发展的基石，永州地区文化的开放度、交融度让永州地区的石刻在石刻界更具有代表性。

此例前面一句所遵循的逻辑与客观事理虽有一定程度的相合性，但相合性不够充分，属事理相悖。客观上，多位文人流放到永州，他们长期在这里生活，建造、制作或撰写摩崖石刻，确实对当地摩崖石刻的发展起了促进作用，但将摩崖石刻发展的原因仅仅归结为多位文人的流放，未免表述生硬，欠准确，不严谨，有片面性。

<参考修改>

- 永州流放文人诸多，如蔡邕、元结、柳宗元、苏轼、黄庭坚、杨万里等，其中不乏大文豪、大书画家，加之沿线风景秀丽，文化沉淀深厚，也成为当地摩崖石刻迅速发展的重要原因。

【3】

✗ 北京山顶洞已有骨针出土，<u>因此骨针应用很广</u>，它长 82 mm，直径 3.5 mm，针体光滑，针尖锋利，针眼狭长。

此例由"北京山顶洞已有骨针出土"而得出"骨针应用很广"，但骨针应用很广怎么会是因为北京山顶洞有骨针出土呢？骨针的产生、应用发生在北京山顶洞有骨针出土之前，其间没有必然的因果关系，因此将北京山顶洞已有骨针出土作为骨针应用很广的原因与事理相悖。若先说骨针应用很广，再用北京山顶洞已有骨针出土来映衬，倒是可以的。

<参考修改>

- 北京山顶洞已有骨针出土，<u>某种程度上说明</u>骨针应用广泛，它长 82 mm，直径 3.5 mm，针体光滑，针尖锋利，针眼狭长。（画线部分可改为"可见"或"说明"。）

- 骨针应用很广，北京山顶洞已有骨针出土，它长 82 mm，直径 3.5 mm，针体光滑，针尖锋利，针眼狭长。

11.2 顺序反常

常规逻辑中较为常见的一种形态是常规顺序。事物间以及事物各组成部分间总是以一定顺序（如时间顺序、行文顺序、关联顺序、因果顺序、结构顺序、连接顺序等）彼此联系着，形成顺序逻辑（次序逻辑），语言表达违反或突破了常规顺序就是顺序反常。

【4】

✗ 公元前 3 千纪的人们主要使用楔形文字来做记录，而在这之前则使用<u>象形文字和陶筹</u>。

此例中"象形文字"和"陶筹"顺序反常，应先说"陶筹"，再说"象形文字"。据笔者查证，"陶筹"大体产生于公元前 8000 年左右的新石器时代，而"象形文字"产生于压印泥板之后，大约在公元前 3500 年到公元前 3000 年之间。因此，"陶筹"的出现比

"象形文字"早得多,"陶筹和象形文字"的表述才符合时间先后的逻辑顺序。

【5】

⊠ 2017年,英国大西部铁路公司花费57亿英镑购买了日本日立公司生产的全新列车,更新的目的是为了提升运载能力和服务质量。然后其首次运行就问题不断,出现了空调漏水、停电等多种情况。

此例①由两个复句组成,前一复句表示"公司更新了列车",后一复句表示"列车运行问题不断,出现了空调漏水、停电等问题"。前后两个复句在语义上是紧密的转折关系(列车虽更新,但问题不少),其间用表示时间顺序的关联词"然后"不合这种关系,即时间顺序反常,应改用表示转折的关联词,如"然而""但是"等。

<参考修改>

✓ 2017年,英国大西部铁路公司花费57亿英镑购买了日本日立公司生产的全新列车,以提升线路的运载能力和服务质量,然而列车首次运行就问题不断,出现了空调漏水、停电等严重问题。

✓ 为了提升线路的运载能力和服务质量,2017年英国大西部铁路公司花费57亿英镑购买了日本日立公司生产的全新列车,然而列车首次运行就问题不断,出现了空调漏水、停电等严重问题。

【6】

⊠ 1867年,伦敦环线地铁开始建设,并于1884年开通。1898年,连接城市南部与金融城的地铁:滑铁卢与城市线开通。1890年,横贯整个伦敦的中央线也正式开通,这是世界上最早的钻挖式地铁,同时也是最早采用电力机车的电气化地铁。

此例由三句组成,每句都在讲述地铁的开通时间,首句还涉及开始建设(即开挖)时间。第一句讲述伦敦环线地铁开通于1884年,第二句讲述滑铁卢与城市线地铁开通于1898年,第三句讲述伦敦中央线地铁开通于1890年,时间顺序是1884、1898、1890年。然而按正常思维逻辑,应是按年份早晚顺序依次展开,即1884、1890、1898年,因此可以肯定这一时间顺序反常。经笔者查证,这个时间顺序并没有错,问题出在作者误把地铁开挖时间当作开通时间了,伦敦中央线地铁开通时间实际上是1900年,而不是1890年(这是开挖时间)。

<参考修改>

✓ 1867年,伦敦环线地铁开始建设,并于1884年开通。1898年,连接城市南部与金融城的地铁——滑铁卢与城市线开通。横贯整个伦敦的中央

---

① 本例句和第3章例【170】为某书稿不同版本的修改原句,不存在重复。

线于 1890 年开挖，到 1900 年完全开通，是世界上最早的钻挖式地铁，同时也是最早采用电力机车的电气化地铁。

【7】

✗ 图 2a 为 未加超声铸锭显微组织图，图 2b 为 5356 铝合金熔体温度为 720℃左右时加超声铸锭显微组织图。

此例表述在"未加超声"和"加超声"两种相反情况（条件）下的铸锭显微组织图，按语义二者有共同的定语"5356 铝合金熔体温度为 720℃左右时"。该定语应在表述第一种情况（未加超声）时出现，第二句就可承前省略此定语，这里却放在第二句中，即第一句中未出现，行文顺序反常。

<参考修改>

✓ 图 2a 为 5356 铝合金熔体温度为 720℃左右时未加超声的铸锭显微组织图，图 2b 为 加超声的铸锭显微组织图。

【8】

✗ 从 1969 年长春客车厂突破国外的技术封锁，自主研发制造出新中国第一辆地铁列车——"北京"牌地铁列车算起，近半个世纪之后，中国地铁列车已经出口全球六大洲。中国轨道交通已经实现了亚洲、欧洲、非洲、北美洲、南美洲、大洋洲六大洲的全球覆盖。

此例的问题与例【7】类似。两次出现六大洲，第一次出现时直接说"六大洲"，即未提及任何具体洲名，第二次出现时却在其前面列举了六大洲的具体名称"亚洲、欧洲、非洲、北美洲、南美洲、大洋洲"，行文顺序反常。按常规行文顺序，应倒过来，先列举种（具体名称）、后直接说属（类名称）。

<参考修改>

✓ 从 1969 年……，中国地铁列车已经出口亚洲、欧洲、非洲、北美洲、南美洲、大洋洲。中国轨道交通已经实现了六大洲的全球覆盖。

✓ 从 1969 年……，中国地铁列车已经出口六大洲（亚洲、欧洲、非洲、北美洲、南美洲、大洋洲）。中国轨道交通已经实现了六大洲的全球覆盖。

【9】

✗ "抱瓮而出灌"比喻费力多而收效少，指抱着瓮去灌溉，一种费力的灌溉方式。

此例对"抱瓮而出灌"进行解释，先指出其比喻义，接着再表述本义，不合正常的行文顺序，应为先本义后比喻义的行文顺序，应将两个画线部分换位。

【10】

❌ 刺绣分丝线刺绣和羽毛刺绣两种，是用针将丝线或其他纤维、纱线以一定图案和色彩在绣料上穿刺，以绣迹构成花纹的装饰织物。

此例先说刺绣分为两种，接着描述其工艺、功能，比不上先描述刺绣工艺、功能，后指出其分类，更符合正常的行文顺序逻辑。

<参考修改>

✓ 刺绣是用针将丝线或其他纤维、纱线以一定图案和色彩在绣料上穿刺，以绣迹构成花纹的装饰织物，<u>分丝线刺绣和羽毛刺绣两种</u>。

【11】

❌ 制造技术追求的永恒目标之一就是更加<u>有效、充分</u>地利用这些数据、信息、经验和知识，不断提高制造活动的智能水平。

此例画线部分两个词的顺序不当，不太符合正常的语义关联顺序，正常的顺序应该是先做到"充分"，然后达到"有效"，即"先充分、后有效"，而不是"先有效、后充分"。因此，画线部分应改为"充分、有效"。

【12】

❌ 为了您和他人的健康<u>以及</u>就诊环境，请<u>每位患儿陪同一位家长</u>。

此例中"患儿"是主体，"家长"是客体，应该是"家长"陪同"患儿"，而不是"患儿"陪同"家长"。因此后一分句主客体表义错位，顺序反常，本质上属于语义关联顺序反常。另外，"以及"用词不当，"为了……就诊环境"存在苟简。

<参考修改>

✓ 为了您和他人的健康<u>并保持良好的</u>就诊环境，请<u>每位患儿由一位家长陪同</u>。

【13】

❌ 通过对高合金钢等温退火的<u>介绍</u>,<u>设计出了</u>符合要求的网带式等温退火炉。

此例中逗号的前面部分为状语，后面部分为主句。该状语修饰谓语"设计"，表方式，即通过对高合金钢等温退火进行"介绍"这种方式，"设计出"网带式等温退火炉。但是因果顺序不通，不可能通过"介绍"来"设计"，此状语与谓语之间没有"依靠介绍而设计"这一因果顺序。可以把这个状语改成单句，与后面的句子形成无所谓前后顺序的并列关系，这样顺序反常就不存在了。

<参考修改>

✓ 介绍了高合金钢等温退火，设计出符合要求的网带式等温退火炉。

✓ 对高合金钢等温退火进行介绍，设计出符合要求的网带式等温退火炉。

11.3 歧义费解

歧义费解是语言表达的失败，是逻辑不通的最高形态。一个句子表达一个意思，对应一种逻辑，若有几种逻辑混合或叠加（多重逻辑），既可按这种逻辑理解，也可按那种逻辑理解，让人有多套理解方案，则自然会造成歧义。实际中，也有的句子没有起码的逻辑（零逻辑），云遮雾罩，无关词语堆彻，前言不搭后语，令人伤透脑筋也弄不明白句子的本意。不管是多重逻辑还是零逻辑，均会造成歧义费解。

【14】

⊠ 登录海底捞官网，提前点餐可获赠一份或2个半份菜品。

此例中的"2个半份"有歧义。其本意是提前点餐可获赠"一份"或"2个半份"菜品，其中"2个"修饰"半"，其间有停顿（即半份＋半份）。但也可理解为"2个"与"半"之间没有停顿，而是"2个半"与"份"之间有停顿（即两份＋半份），即"2个半"修饰"份"，这样便是"2.5份"之意。将"2"改为"两"便可消除歧义。另一修改方案是，给"2个"加上引号。

【15】

⊠ 地铁站的西南方向有一个广告牌。

此例中"西南方向"指地铁站的里面还是外面，若无上下文语境衬托，歧义就产生了。

<参考修改>

✓ 地铁站里面西南方向有一个广告牌。（"里面"可改为"内"。）

✓ 地铁站外面西南方向有一个广告牌。（"外面"可改为"外"。）

【16】

⊠ 不好说，这就是她的特点。

"好"有两个读音，一个是三声（hǎo，上声），一个是四声（hào，去声），不同的声调，表义就不同。此例如果用口语说出来，声调说准了，不会有歧义；但出现在书面语中时，若不借助上下文语境，就有歧义，既可理解为"说不准这就是她的特点"，也可理解为"不喜欢说话是她的特点"。

<参考修改>

- ✓ <u>说不准</u>，这就是她的特点。
- ✓ <u>不好（hǎo）说</u>，这就是她的特点。
- ✓ <u>不好说话</u>，这就是她的特点。
- ✓ <u>不好（hào）说</u>，这就是她的特点。
- ✓ <u>不喜欢说话</u>，这就是她的特点。

【17】

✗ 这里腐蚀用 <u>3 个材料缺损率分别为 25%，50%和 75%的区域 A，B，C</u> 模拟，如图 8 所示。

此例有歧义，定语位置不当，未表达清楚做定语的数量词组"3 个"所修饰的对象是"材料"，还是"缺损率"，还是"区域 A，B，C"。按语义这里"3 个"应指"区域 A，B，C"，这样则有以下修改方案。

<参考修改>

- ✓ 这里，腐蚀是用材料缺损率分别为 25%、50%和 75%的<u>三个区域 A、B、C 来模拟的</u>，模拟结果见图 8。

【18】

✗ 我国工具行业的特点是产业集中度不高，中、小企业，特别是小、微企业相对较多，在细分领域，<u>部分这些企业的产品</u>具有一定优势和特点。

此例中的定语"部分"位置不当，其修饰的对象是"企业"，还是"产品"，有歧义。

<参考修改>

- ✓ ……，在细分领域，<u>这些企业中部分企业的产品</u>具有一定优势和特点。
- ✓ ……，在细分领域，<u>这些企业的部分产品</u>具有一定优势和特点。

【19】

✗ 目前，<u>不少地方都陆续建设</u>新型建筑材料生产基地，相信今后必将有更好的建筑物出现在我们面前。

此例有歧义，没有表达清楚"陆续建设"是指正在陆续建设，还是指已经陆续建成。若为前者，"陆续建设"可改成"在陆续建设"；若为后者，"陆续建设"可改成"陆续建起"。另外，副词"都"与"不少"有冲突，可去掉"都"。

【20】

✗ 根据式(7),(9),(10)可以表示为以下方程。

此例有歧义,标点符号使用不当,而且有苟简,没有表达清楚是哪个或哪几个式子,如"式(10)""式(9),(10)""式(7),(9),(10)",可以表示为以下方程,即对象不明。按不同的对象,可有不同的修改方案。

<参考修改>

✓ 根据式(7)、(9),式(10)可以表示为以下方程。

✓ 根据式(7),式(9)、(10)可以表示为以下方程。

✓ 根据式(7)、(9)、(10),可以表示为以下方程。("表示为"可改为"得出"。)

【21】

✗ 因为 $a > b$, $c < d$, $A = 0$, $\alpha = \beta$, $u_1 = u_2$。

此例中的各个式子相当于分句,全句就是因果复句,但由于缺少与"因为"搭配的关联词,无从知道原因分句结束于哪个式子,进而结果分句从哪个式子开始也不分明,有歧义,整句难以理解。可以在适当位置(某个数学式前面)补充"所以、因此""故"之类的关联词,歧义就会自动消失。

<参考修改>

✓ 因为 $a > b$, $c < d$, 所以 $A = 0$, $\alpha = \beta$, $u_1 = u_2$。

✓ 因为 $a > b$, $c < d$, $A = 0$, 所以 $\alpha = \beta$, $u_1 = u_2$。

✓ 因为 $a > b$, $c < d$, $A = 0$, $\alpha = \beta$, 所以 $u_1 = u_2$。

【22】

✗ 贝叶斯网络(Bayesian network,BN)是一个有向无环图(directed acyclic graph,DAG),它由代表变量的节点及连接这些节点的有向边构成。

此例中代词"它"的前面有两个前词,分别是"贝叶斯网络"和"有向无环图","它"究竟指其中哪个,有歧义。若指代前者,则可将"它"改为"该网络"或"BN";若指代后者,则可将"它"改为"该无环图"或"DAG"。

【23】

✗ 对光学系统优化设计的研究起始于20世纪50年代,60年代以后出现了几种实用方法,主要有适应法、逐个变更法、最快速下降法、最佳梯度法、正交化法、阻尼最小二乘法、基因算法、模拟退火法、随机抽样法、区间穷举法、逃逸函数法等。其中局部优化最常用的为阻尼最小二乘法，而基因算法经常用于全局优化。

此例为句群，由两个复句组成。前一复句列举了很多方法的名称。后一复句有两个分句，前一分句的开头"其中"一词应承接这些名称，随后给出这些方法中一个或若干方法的名称；因此前一分句用"局部优化最常用的"做主语不妥，应是"阻尼最小二乘法"做主语，后一分句用"基因算法"做主语是正确的，这两个分句的主语均应为前面所列出的名称中的名称，即与前面所列名称中的某名称相对应。

<参考修改>

✓ ……。其中阻尼最小二乘法为局部优化最常用的方法，而基因算法经常用于全局优化。

【24】

☒ 表面1为折射面，表面2为折反射圆柱面，它与垂直LED基片的光轴线构成喇叭口（为了注塑脱膜方便），表面3为全反射面。

此例由四个分句组成，结构层次有些混乱，代词"它"指代不明，是指"表面1"还是"表面2"，有歧义。应恰当使用标点符号，在第一、二分句间，第三、四分句间分别加分号，问题就解决了。

【25】

☒ 初始时各滤芯内有八个小方块，随着制水时间的推移，小方块逐渐递减，直至全水字样点亮，其他灯全灭。

此例中画线部分表达不严密，"制水时间"所指时间较为模糊，是指长时间使用后较长一段时间，如几个月、半年、一年或数年，还是指正在使用过程中持续一段时间，如几个小时、一天或数天，未准确地表达出来，有歧义，造成理解困难。按本义，画线部分应指长时间使用后较长一段时间。

<参考修改>

✓ 初始时各滤芯内有八个小方块，随着长期使用中制水时间的推移，小方块逐渐递减，直至全水字样点亮，其他灯全灭。

【26】

☒ 报告期投设了1家全资子公司拓斯达（越南）技术有限公司、2家控股子公司广东时纬科技有限公司、东莞市拓斯达智能洁净技术有限公司。

此例中出现了三家公司的名称，由于其间都用顿号分隔，容易让人误以为这三家公司是层级相同的并列关系，但从表义上又说不通，因为第三家公司明显属于所提到的"2家"控股子公司，与第二家公司是并列关系，但与第一家公司不是同层次的并列关系。若将第一个顿号改为逗号，表义层次就明确了，歧义就没有了。

<参考修改>

✓ 报告期投资设立了一家全资子公司<u>拓斯达（越南）技术有限公司</u>，两家控股子公司<u>广东时纬科技有限公司</u>、<u>东莞市拓斯达智能洁净技术有限公司</u>。

✓ 报告期内投资设立了一家全资子公司<u>拓斯达（越南）技术有限公司</u>和两家控股子公司，这两家控股子公司分别为<u>广东时纬科技有限公司</u>、<u>东莞市拓斯达智能洁净技术有限公司</u>。

✓ 报告期投资设立了一家全资子公司——<u>拓斯达（越南）技术有限公司</u>和两家控股子公司——<u>广东时纬科技有限公司</u>、<u>东莞市拓斯达智能洁净技术有限公司</u>。

✓ 报告期投资设立了一家全资子公司（<u>拓斯达（越南）技术有限公司</u>）、两家控股子公司（<u>广东时纬科技有限公司</u>、<u>东莞市拓斯达智能洁净技术有限公司</u>）。

【27】

✗ 关于农户亲环境行为影响因素中多集中于<u>农户基本特征、家庭资源禀赋、政府奖惩措施、环境认知等外部因素</u>为主线的研究范式，与此同时也有学者从<u>声誉诉求、行为成本、非正式制度</u>等方面进行探讨。

此例在形式上是并列句，以逗号分隔，由关联词语"与此同时"连接，然而语句表达未经过仔细思考、严密推敲，表达随意，逻辑混乱，读起来除了费劲还是费劲，不管怎么琢磨都不成。后句为完整句，按正常的复句构成逻辑，前句也应是完整句，然而前句是一个冗长的介词结构（关于……研究范式）。前句中若"研究范式"为主语，则明显没有谓语，且与后句主语"学者"对不上；若"影响因素"为主语，则其后不应加"中"字而变成状语，且与后句主语"学者"也对不上。前句提到"外部因素"，那么后句的"声誉诉求、行为成本、非正式制度"是外部因素还是内部因素呢？

<参考修改>

✓ 对农户亲环境行为影响因素的研究多集中在<u>农户基本特征、家庭资源禀赋、政府奖惩措施、环境认知等内部因素</u>，也有学者从<u>声誉诉求、行为成本、非正式制度等外部因素</u>进行过探讨。（"进行过"也可改为"进行了"。）

【28】

✗ 一种新的生产方式也会为企业的产品差异<u>带</u>给帮忙，如果企业能够充分利用其<u>创</u>新的能量，就<u>务</u>必能在市场中击败对手，占据优势地位。

此例大概是随便写或硬性直译外文语句而成的,但未经任何琢磨和修改,多处不通,缺乏起码的表达逻辑,令人费了牛劲还是费解,如"带给帮忙""创新的能量""务必能"等,让人丈二和尚摸不着头脑。笔者费了多半天工夫,反复推敲、琢磨,按自己的理解给出以下修改方案,但笔者不是此句的原创作者,修改得对不对还不能保证。

〈参考修改〉

- ✓ 一种新的生产方式将有助于促进企业产品的差异化,企业<u>如果</u>能够锐意进取,积极创新,<u>就</u>能在市场中击败对手,占据优势地位。("如果""就"可分别改为"只有""才"。)

【29】

- ☒ 车间是<u>高素质专家</u>和 <u>TNC 用户</u>的工作之地。<u>他们</u>负责工件的质量、可靠的交货期等。还可以在数控系统上直接编写加工程序。为圆满完成任务,需要访问重要数据,例如来自<u>设计师、CAM 系统和刀具准备人员</u>的数据。<u>您的同事</u>,也需要用<u>您的</u>信息完成<u>他们</u>的工作。例如,物流部需要知道任务单的当前状态,以制定物流计划。

此例也极度费解,主要问题是各类人员混杂,指称不清。开头提到"高素质专家"和"TNC 用户",是明确的;接着用"他们"来指称,也是清楚的;后来突然冒出两个"您的",令人突兀了!"您"是指谁啊,如果指上文提到的"高素质专家"和"TNC 用户",那自然应该用"他们"来指称;如果指"设计师、CAM 系统和刀具准备人员",在语义上不成立;那就指阅读文本的读者了,用第二人称行文,从文体写作的角度是容许的,但读者的同事怎么能有访问读者信息的需求呢?这个信息指什么样的信息,与"高素质专家""TNC 用户""设计师、CAM 系统和刀具准备人员"又有什么样的关联呢?按正常的逻辑,一本书刊的读者可能有很多,但不一定是上文已提到的那几类人,有同事关系的概率也极低。因此,该文本逻辑极度混乱,还有较多其他语病,可读性、可理解性极差。下面按笔者自己的理解给出修改方案,但仅是基于原文本进行的,不一定准确!

〈参考修改〉

- ✓ 车间是<u>高素质专家</u>和 <u>TNC 数控系统用户</u>的工作之地。<u>他们</u>负责提升工件质量、保障产品交货期等工作,还可在数控系统上直接编写加工程序。为圆满完成任务,<u>他们</u>需要访问一些重要的数据,例如来自<u>设计师、CAM 系统和刀具准备人员</u>的数据。<u>他们和他们的同事也需要互访信息,只有这样才能完成各自的工作</u>,例如物流部需要知道任务单的当前状态,以制定物流计划。(最后一个画线部分也可改为"他们及其同事"。)

第 12 章 语境不合

〈参考修改〉

　　语言的生命力在于语义的准确表达，而语义的准确表达又与语境直接相关。相同的字、词、词组和句子，在不同语境中的意思不同，可能差别很大，甚至完全相反。从语言词汇系统来讲，一个词进入具体语境之前，词义是固定、明确的，不管一个词有多少义项，其每个义项都是明确的。词典中对词的释义（义项）都可以认为是明确的。但从所写出的语言（语言学中称为言语）来讲，一个词进入具体语境后，对应的它在词典中的意义（某个义项）就可能发生变化而产生某种感性义，可能变得不大明确。可见，语言表达与语境是否相吻合，直接决定了语言表达的质量或成败。本章从上下文语境不合和客观语境不合两个层面，剖析实例语句 34 例。

12.1　上下文语境不合

　　上下文语境是从语言自身的环境来说的，是指存在于语句片段内部的密切相关的上下文之间的关系。这属于内部语境，涉及词语之间、句子之间、段落之间、篇章之间的关系。句中的某个部分（词语、成分）与其他部分不相吻合、匹配，或没有与其相对应、映衬（衬托）的其他部分，或者上下文中的一方不完整等，均会造成上下文语境不合。

【1】

　　⊠ 在此基础上，自行设计研发生物 3D 打印设备，<u>能够实现成型效率高、成型质量好等优点</u>。

　　此例中的谓语动词"实现"承接前句的主语（"作者""笔者"之类的词，形式上省略了），宾语是"优点"，"实现"和"优点"为上下文。但问题是作者怎么能实现进而具有成型效率高、成型质量好等优点呢？这个"成型效率高、成型质量好"不是针对"人"而应是针对"设备"来说的。因此，上下文语境不合，应在"成型效率高、成型质量好"前加上合适的修饰语如"该设备"。

〈参考修改〉

　　✓ 在此基础上，自行设计研发生物 3D 打印设备，<u>实现了该设备成型效率高、质量好等优点</u>。（"实现了该设备"可改为"该设备具有"。）

　　✓ 在此基础上，自行设计研发了<u>具有成型效率高、质量好等优点的</u>生物 3D 打印设备。

【2】

✗ 新石器时代已采用渔网、鱼钩、鱼枪、鱼镖等多种方法捕鱼。

此例中将画线部分概括为"方法"不妥,因为这些属于工具类(用来捕鱼),其本身不是方法,而只有这些工具得到使用才能形成方法。"渔网、鱼钩、鱼枪、鱼镖等"和"方法"互为上下文,各自构成对方的语境,从二者的适应性来考察,不相吻合。

〈参考修改〉

✓ 在新石器时代已采用渔网、鱼钩、鱼枪、鱼镖等多种工具捕鱼。

✓ 在新石器时代已采用渔网、鱼钩、鱼枪、鱼镖等多种工具捕鱼,捕鱼方法多种多样。

✓ 在新石器时代已采用渔网、鱼钩、鱼枪、鱼镖等捕鱼,捕鱼方法多种多样。

【3】

✗ 路基中加筋水泥土排桩认为是分布于路基本体内的一层连续(排桩连续设置)或非连续(排桩非连续设置)钢筋水泥土板。

此例中动词"认为"使用不当,其主语应是"人",这里用"加筋水泥土排桩"不合适,因为"加筋水泥土排桩"在常规语境中不大可能具有或发出"认为"这个动作行为,即"加筋水泥土排桩"做"认为"的主语有语义冲突,上下文语境不合。

〈参考修改〉

✓ 路基中加筋水泥土排桩被认为是分布于路基本体内的一层连续(排桩连续设置)或非连续(排桩非连续设置)钢筋水泥土板。("认为"可改为"看作",也可将"被认为"去掉。)

✓ 将路基中加筋水泥土排桩作为分布于路基本体内的一层连续(排桩连续设置)或非连续(排桩非连续设置)钢筋水泥土板。

【4】

✗ 骨架层的制作过程是由一条 S 形横截面连续长钢条塑形变形,材料为不锈钢。

此例中的主语"制作过程"与宾语"塑形变形"不相融,语义冲突,上下文语境不合。

〈参考修改〉

✓ 骨架层是由一条 S 形横截面连续长钢条塑形变形制成的,材料为不锈钢。(可不用"是……的"句,即把"是"和"的"同时去掉。)

✓ 骨架层的制作过程是，使一条S形横截面连续长钢条塑形变形，所用材料为不锈钢。

【5】

☒ 拉伸试样、弯曲试样外观形貌如图2所示。（图2　力学性能试样）

此例中不论是主语"外观形貌"，还是该主语的定语"拉伸试样、弯曲试样"，均与图2的名称"力学性能试样"在语义上冲突，上下文语境不合。可根据图名来修改主语，也可根据主语或定语来修改图名。

<参考修改>

✓ 拉伸、弯曲试样的力学性能如图2所示。（图2　拉伸、弯曲试样力学性能）

✓ 拉伸、弯曲试样的外观形貌如图2所示。（图2　拉伸、弯曲试样外观形貌）

（括号中的"拉伸、弯曲"可去掉。）

【6】

☒ 2018年7月承办了"第15届中日韩亚洲起重机安全论坛"，河南矿山发表"冷轧工程无人起重机设计与应用探讨"学术演讲；8月承办了"2018中国大学生机械工程'矿源杯'第三届中国大学生起重机创新创意大赛"。

此例中的"河南矿山"与"发表学术演讲"语义冲突，上下文语境不合，可在"河南矿山"后加"代表"。

【7】

☒ 机组设备虽然庞大，但其实现了智能化和信息化，也可发送远程信息平台，供业主和监理方随时掌握施工现场的各种作业质量参数和施工进展。

此例中存在两处苟简，造成上下文语境不合："其"字前缺少介词"对"，表达成"机组设备实现了智能化和信息化"，机组设备本身是不能实现什么的，应是人对机组设备实现了什么；"也可"后缺少介词"向"，表达成"机组设备发送远程信息平台"，机组设备是不可能有"发送平台"这一动作行为的。

<参考修改>

✓ 机组设备虽然庞大，但对其操控实现了智能化和信息化，也可向远程信息平台发送信息，供业主和监理方随时掌握施工现场的各种作业质量参

数和施工进展情况。(第二画线部分也可改为"也可与远程信息平台交互数据"。)

【8】

✗ 这种设备在处理烟尘排放、粉尘飘逸、沥青烟气、噪声阻隔等方面<u>采取了有效的措施</u>。

此例中的"设备"与"采取了有效的措施"语义冲突,上下文语境不合,应是"人"而不是"设备"采取了措施。

<参考修改>

✓ <u>对</u>这种设备在处理烟尘排放、粉尘飘逸、沥青烟气、噪声阻隔等方面<u>采取了有效的措施</u>。

✓ <u>采取多种措施对</u>这种设备<u>进行改进</u>,<u>使其</u>在处理烟尘排放、粉尘飘逸、沥青烟气、噪声阻隔等方面<u>非常有效</u>。

【9】

✗ 地铁的速度很快,通常<u>最高</u>在 100 km/h <u>左右</u>,地面交通很难追赶上在地下隧道内风驰电掣的地铁列车。

此例中"最高"与"左右"语义冲突,上下文语境不合,应去掉二者之一。

【10】

✗ 龙骨水车适合近距离灌溉,汲水高度在 <u>1~2 m</u> <u>左右</u>,比较适合在平原地区使用。

此例中"1~2 m"与"左右"语义冲突,前者表示一个数值范围,后者应与一个准确或固定值搭配,二者搭配时上下文语境不合,应去掉"左右"。还可以有以下修改方案。

<参考修改>

✓ 龙骨水车适合近距离灌溉,汲水高度在<u>一两米</u>,比较适合在平原地区使用。("一两米"可改为"1 到 2 m"或"1 到 2 m 之间"。)

【11】

✗ 筒车的水轮直立于河边水中,轮周斜着装若干竹、木制<u>小筒</u>,最多有 42 <u>管</u>。

此例中的"管"与上文的"小筒"不一致,上下文语境不合,应将"管"改为"个小筒"。

【12】

☒ 元代初年,生产效率远较手摇缫车高出许多的脚踏纺车开始普及,手摇缫车在各地的使用日渐减少,但由于它结构简单,易于操作,有的地方仍在沿用,如图所示为清代《豳风广义》中的手摇缫车。

此例描述了当时"脚踏纺车"逐渐取代"手摇缫车"而"手摇缫车"因有优势仍在一定范围沿用的状况,但只有将"脚踏纺车"改为"脚踏缫车"才能使上下文语境相合(手摇缫车、脚踏缫车属于纺车的两个类别,即纺车中的手摇缫车逐渐发展为脚踏缫车)。

〈参考修改〉

✓ 元代初年,生产效率较手摇缫车高出许多的脚踏缫车开始出现,手摇缫车在各地的使用日渐减少,但由于它结构简单,易于操作,有的地方仍在沿用,如图所示为清代《豳风广义》记载的手摇缫车。

【13】

☒ 截至2017年之前,2G手机使用率已经下降到不足5%,相反,在4G手机大量出现的同时,全网通手机所占比重远远超过70%。

此例中"截至"与"之前"语义冲突,上下文语境不合,因为"截至"应与某一时间点(如某年)搭配,而"之前"表示的时间范围很长(如某年之前的所有年)。

〈参考修改〉

✓ 截至2017年,2G手机使用率已经下降到不足5%,相反,在4G手机大量出现的同时,全网通手机使用率远远超过70%。("截至"可去掉或改为"在",并在"年"后补"前"。)

【14】

☒ 本文运用田野调查、列表分析法,对潇贺古道沿线的石刻形式进行初步的梳理和总结,旨在深入挖掘古代交通线路影响下的湖湘地区非物质文化表现。

此例中的"初步的梳理和总结"与"深入挖掘"语义冲突,既然"初步",何来"深入""挖掘"?既然"挖掘",那一定"深入",要"深入",怎么靠"初步"?上下文语境不合。以下修改方案中的核心动词"总结"可改用"挖掘"或"探索"。

〈参考修改〉

✓ 本文运用田野调查、列表分析法,对潇贺古道沿线的石刻形式进行梳理,旨在总结古代交通线路影响下的湖湘地区非物质文化表现。("旨在"可去掉,并在"总结"后加"了"。)

✓ 本文运用田野调查、列表分析法，对潇贺古道沿线的石刻形式进行梳理，对古代交通线路影响下的湖湘地区非物质文化表现作了总结。("作了总结"可改为"进行了总结")

【15】

☒ 不需要司机进行任何操作，节约司机操作时间，在保证相同有效站停时间下可降低站停时间，缩短列车追踪间隔及折返间隔，提高线路旅行速度。

此例中"线路旅行速度"描述的对象是"线路"，与其上文"列车"在语境上不合，此对象可改成"列车"。同时"旅行速度"不论同上文"线路"还是"列车"在语境上均不相合，应改成"运行速度"。

<参考修改>

✓ 无需司机进行任何操作，可节约司机操作时间，在保证相同有效站停时间下可降低站停时间，缩短列车追踪、折返间隔，提高列车整体运行速度。("无需司机"也可改为"司机无须"。)

【16】

☒ 同时踩动脚下的摇杆，通过连杆带动十字形木架旋转，木架的轴芯就连着铁轴，在十字形木架的外端，装有一块重木块，使十字形木架转动起来如同飞轮，转动惯量较大。这是因为人的脚只能在向下蹬时施力，脚向上时并没有力作用到十字形木架上，因而木架只间歇受力，为保证十字形木架连续运转，就必须加大转动惯量，古代的这一发明十分高明。

此例中的"这是因为"是针对上文还是下文来说的，如果针对上文，那么是针对上文中的哪一句或哪一部分，不太清晰。"因为"不论与前面的"这是"，还是与后面的"因而"，均不能搭配，属于较严重的上下文语境不合。

<参考修改>

✓ ……，转动惯量较大。人的脚只能在向下蹬时施力，脚向上时并没有力作用到十字形木架上，因而木架只间歇受力，为保证十字形木架连续运转，……。

【17】

☒ 随着功能安全及其相关产品在国内起步，辰竹在石油及化工领域积累了产品应用业绩之后，希望把这些经验带到对安全重视程度高、要求严格的塑料机械行业，来帮助国内的生产企业杜绝注塑机安全事故。

此例中的"业绩"和"经验"为密切的上下文，应是同指，二者只有用词一致才能语境相合。再从语义上考察，只有将"业绩"改为"经验"，句子才能在语法和语义上都说得通。

<参考修改>

✓ 随着功能安全及其相关产品在国内起步，辰竹在石油及化工领域积累了产品应用<u>经验</u>之后，希望把这种<u>经验</u>带到对安全重视程度高、要求严格的塑料机械行业，来帮助国内的生产企业<u>避免</u>注塑机安全事故。

【18】

☒ <u>废塑料裂解油化项目</u>具有较好的环保效应与较大的社会价值。

第一，<u>该项技术</u>属于环保项目，具有长期的社会、环境和经济效益，可有效解决白色污染，符合国家产业政策要求。

第二，<u>该类项目</u>属于节能减排与环境保护项目，在废塑料热解过程中产生的"三废"可以采用技术措施加以回收利用，排渣中的少量炭黑也属于可利用资源。

第三，<u>废塑料常压催化裂解</u>可产生柴油、汽油、液化气以及建筑物面防水剂、内外墙高级涂料、纸张涂饰剂、印花粘合剂、水基型油漆等多种化工产品原料。

此例有四个句组，句组一总说，表述对象是"废塑料裂解油化项目"，后面三个句组分说，均应针对句组一已提出的对象"废塑料裂解油化项目"，但三者表述的对象分别是"该项技术""该类项目""废塑料常压催化裂解"，概念或术语不一致，上下文语境不合。

<参考修改>

✓ <u>废塑料裂解油化项目</u>具有较好的环保效应与较大的社会价值，具体表现在以下三个方面：

（1）<u>该项目</u>属于环保项目，具有长期的社会、环境和经济效益，可有效解决白色污染，符合国家产业政策要求。

（2）<u>该项目</u>属于节能减排与环境保护项目，在废塑料热解过程中产生的"三废"可以采用技术措施加以回收利用，排渣中的少量炭黑也属于可利用资源。

（3）<u>该项目的</u>废塑料常压催化裂解可产生柴油、汽油、液化气以及建筑物面防水剂、内外墙高级涂料、纸张涂饰剂、印花粘合剂、水基型油漆等多种化工产品原料。

【19】

☒ 5：00 地铁列车从车辆段出发，前往运营线路。<u>地铁都是有自己</u>

第 12 章 语境不合

的停车场的,但不是终点站。有兴趣的可在网络地图上找找这个停车场。

5:30　地铁开始正式提供服务。

6:30 至 9:30　一个拥挤的早晨开始了。相信大家对这个时段的拥挤有深刻的体会,但是考虑到地铁的方便性,就忍忍这个拥挤吧。

18:00 至 22:00　也是拥挤时段,大家多在这个时段下班,尤其是末班地铁一般也是大家争抢的目标。

23:00　地铁终于要回家了,也确实辛苦了。

此例是介绍地铁列车全天作息时间的,相当于地铁列车作息时间表。但是,有的只有作息时间(如 6:30 至 9:30)而没有交待具体工作(服务项目),而且画线部分是作者的建议、感受和认识,与地铁列车作息时间和服务项目混合在一起格格不入,上下文语境严重不合。如果确有必要加进作者的建议和感受,则可以用括注的形式。

<参考修改>

✓　　5:00　地铁列车从车辆段出发,前往运营线路。(地铁都有其停车场,但停车场不是终点站。有兴趣的可在网络地图上找找其停车场。)

5:30　地铁开始正式提供服务。

6:30—9:30　地铁服务进入拥挤高峰期。(一个拥挤的早晨开始了,相信大家对这个时段的拥挤有深刻的体会,但是考虑到地铁的方便性,就忍忍这个拥挤吧。)

18:00—22:00　地铁服务再次进入拥挤高峰期。(大家多在这个时段下班,尤其是末班地铁一般也是大家争抢的目标。)

23:00　地铁结束全天服务。(地铁终于要回家了,也确实辛苦了。)

【20】

☒在地铁上人们可以看到城市的建设风貌,甚至地铁本身也可以成为城市的一个旅游景点。如去年网络上爆红的重庆地铁 2 号线,就吸引了众多乘客前去打卡。

此例中的"去年"没有上下文语境的映衬时,具体指哪年较难确定,应修改使这一语境明确。修改思路是,在"去年"出现前增加映衬词,或直接将"去年"用准确的年份来替换。

<参考修改>

✓……,甚至地铁本身也可以成为城市的一个旅游景点,例如据 2019 年某杂志报道,去年网红重庆地铁 2 号线就吸引了众多乘客前去打卡。

✓……,甚至地铁本身也可以成为城市的一个旅游景点,如 2018 年网红重庆地铁 2 号线就吸引了众多乘客前去打卡。

【21】

☒ 在印度本土投资建厂，可免受贸易壁垒困扰。但在营商环境、配套产业链和<u>生产效率</u>等方面也面临不同程度的挑战。

1. 营商环境
......
2. 配套产业链
......
3. <u>劳动力工作效率</u>
......

此例中两个画线部分为密切的上下文，应是同指，这里用不同的词语来表达，尽管意思有相同之处，但还是有差别的，造成上下文语境不合。可将"劳动力工作效率"改为"生产效率"，"营商环境、配套产业链和生产效率等"改为"以下"。

【22】

☒ 南通三信塑料装备科技有限公司主要生产<u>电晕处理机、流延薄膜生产线、双向拉伸薄膜生产线和纺织面料等离子处理机四部分产品</u>，其中<u>静电驻极设备</u>是生产N95系列口罩原材料的关键辅助设备。

此例中画线部分一、二为密切相关的上下文，所列名称应能对应，但很难看出"静电驻极设备"（画线部分二）究竟是或属于前面所提到的四类产品的哪一类，即在四类产品名称中没有与"静电驻极设备"明确对应的名称，造成上下文语境不合。修改思路是：

（1）补充画线部分一，使其包含"静电驻极设备"；

（2）补充画线部分一，使其包含"静电驻极设备"的上位类产品（如"驻极体处理设备"），再对"静电驻极设备"用此上位类产品进行限定（定语）；

（3）将画线部分二（静电驻极设备）前面的"其中"移到"是"的后面。

<参考修改>

✓ 南通三信塑料装备科技有限公司主要生产<u>电晕处理机、流延薄膜生产线、双向拉伸薄膜生产线、纺织面料等离子处理机和静电驻极设备等几类产品</u>，其中<u>静电驻极设备</u>是生产N95系列口罩原材料的关键辅助设备。

✓ 南通三信塑料装备科技有限公司主要生产<u>电晕处理机、流延薄膜生产线、双向拉伸薄膜生产线、纺织面料等离子处理机和驻极体处理设备等几类产品</u>，其中驻极体处理设备中的<u>静电驻极设备</u>是生产N95系列口罩原材料的关键辅助设备。

✓ 南通三信塑料装备科技有限公司主要生产<u>电晕处理机、流延薄膜生产线、双向拉伸薄膜生产线和纺织面料等离子处理机四类产品</u>，<u>静电驻极设备</u>是<u>其中</u>生产N95系列口罩原材料的关键辅助设备。

✓ 南通三信塑料装备科技有限公司生产的产品主要有电晕处理机、流延薄膜生产线、双向拉伸薄膜生产线和纺织面料等离子处理机四类，静电驻极设备是其中生产 N95 系列口罩原材料的关键辅助设备。

【23】

☒ 2018 年参与农业机械补贴的经销商达 2 万余家，并呈现出散、乱、弱、小、差等特点。第一，散，集中度很低。销售额在 1 亿元以上的经销商仅有 23 家，占比不足 10%，并且集中在黑龙江、新疆、吉林、江苏等几个农业机械大省。销售额排名前十位的经销商市场份额合计占比仅为 7.74%。第二，乱。因缺乏品牌支撑，经销商的竞争手段单一，主要表现为价格竞争。第三，弱。经销商服务能力、分销能力不足、核心竞争力均偏弱。第四，差。多数小经销商硬件设施与软实力都较差，如库房简陋、三包服务设施缺失、管理水平普遍较低。第五，小。销售额在 100 万元以下的经销商有 1.6 万余家，占全部经销商数量的 82.21%。多数省份的经销商积贫积弱，集中度很低，分布在一些农业机械大市场里面。第六，绝大多数经销商的商业模式与盈利模式均停留在农业机械销售上。第七，区域窄。跨区经营的经销商较少。除吉峰三农科技股份有限公司、天农集团、苏欣集团、青元集团等少数大经销商外，其他的均属于本省或本市经销商，经营区域十分狭窄。第八，经营理念落后，管理手段原始，缺乏战略支撑。

此例中的总说"散、乱、弱、小、差等"与其后的分说"第一，散""第二，乱"……"第八"为密切的上下文，各项名称及顺序、表达形式应一致或对应，但部分没有做到，造成上下文语境不合。例如：下文表述顺序为"……差、小……"，而上文为"……小、差……"；八项中，对前五项给出上位总结词"散、乱、弱、差、小"，而后三项没有，仅为一般的表述；第一项的总结词表达形式为其后加逗号（"第一，散，"），而其余项的为总结词后加句号（如"第二，乱。""第三，弱。"等），表达不一致。另外，"黑龙江、新疆、吉林、江苏等几个农业机械大省""多数省份""本省或本市"也有类似的问题。

<参考修改>

✓ 2018 年参与农业机械补贴的经销商达 2 万余家，并呈现出散、乱、弱、小、差等特点。

第一，散。集中度很低。销售额在 1 亿元以上的经销商仅有 23 家，占比不足 10%，并且集中在黑龙江、新疆、吉林、江苏等几个农业机械大省（直辖市、自治区）。销售额排名前十位的经销商市场份额合计的占比仅为 7.74%。

第二，乱。缺乏品牌支撑，经销商的竞争手段单一，主要表现为价格竞争。

第三，弱。经销商服务能力、分销能力、核心竞争力均偏弱。

第四，小。销售额在 100 万元以下的经销商有 1.6 万余家，占全部经销商数量的 82.21%。多数省的经销商积贫积弱，集中度很低，分布在一些农业机械大市场里面。

第五，差。多数小经销商的硬件设施与软实力较差，如库房简陋、三包服务设施缺失、管理水平普遍较低。

第六，单一。绝大多数经销商的商业与盈利模式仅停留在农业机械销售上。

第七，窄。跨区经营的经销商较少。除吉峰三农科技股份有限公司、天农集团、苏欣集团、青元集团等少数大经销商外，其他经销商均属于本省经销商，经营区域十分狭窄。

第八，落后。经营理念落后，管理手段原始，缺乏战略支撑。

12.2 客观语境不合

客观语境又叫社会现实语境，是指存在于语句片段（或文章）自身以外而又同该片段密切相关的社会、自然等客观环境。这属外部语境，包括作者写的环境、读者读的环境，以及作者、读者双方的切合关系，涉及对语言表达有影响的所有情景、情况、条件、关系等。语句表达的意思与其客观语境不相适应就会造成客观语境不合，本质上就是不合事理、规律，包括公理、事实、常识等，低层次说就是不符合人们对事物所形成或持有的常识、认识（即说错话），高层次说就是不符合事物存在、运行的客观原理或规律（即违背客观规律）。

【24】

⊠蒙特利尔地铁是加拿大魁北克省蒙特利尔岛、朗基尔市和拉华尔市的城市轨道交通系统，由蒙特利尔交通局管理与营运。

此例画线部分是三个并列词语，第一个词语为"岛"名，后两个为"市"名，"岛"和"市"并列，明显不符合事实。经笔者查证，第一个词语也为"市"名，即"蒙特利尔市"。因此，应在"蒙特利尔"后加"市"，或将"朗基尔市和拉毕尔市"中的两处"市"去掉。

【25】

⊠由 6~9 片管片可以拼成一个完整的圆，称为隧道的一环，一环的直径通常是 1.2 m 或 1.5 m，当许许多多的环拼接在一起时，就形成了人们平时看到的隧道。

此例画线部分的语义明显有误。地铁隧道一环的直径是 1.2 m 或 1.5 m，如此小的"环"能通过一辆地铁列车吗？显然不能，与常识直接相违背，属于低级客观语境不合。可将"1.2 m 或 1.5 m"改为"6 m，宽度是 1.5 m"。

【26】

☒ 大都会地铁发车频率为每 15 分钟一个班次，高峰期每分钟一个班次，仅仅一年时间它就运送了高达 950 万的人员，而其收入更是达到了当时整个英国铁路干线收入的 12 倍。

"每分钟一个班次"，相信吗，别说对当时（1863 年）那个刚诞生的大都会地铁，就是对目前已经非常先进的世界各国地铁，恐怕不大可能或没有必要实现。此例中第二画线部分明显违背事实，也属低级客观语境不合。

<参考修改>

✓ 大都会地铁发车频率为每 15 min 一个班次，高峰期每 10 min 一个班次，仅仅一年时间它就运送了高达 950 万人次，而其收入更是达到了当时整个英国铁路干线收入的 12 倍。

【27】

☒ 如果想快速区分 A 型车和 B 型车，那么数一下车门可以说是最好的方法了，可以看到如图 1 所示的北京地铁 14 号线 A 型车明显有 5 对车门，而图 2 所示的北京地铁 15 号线 B 型车则只有 4 对车门。

此例中"A 型车明显有 5 对车门"这样的表述显然不合事实，属于客观语境不符。一辆地铁列车由多节车厢组成，按常识，应是每节车厢有几对车门（至少也有三四对吧），整个列车的车门数就不会只有 5 对这么少吧？经笔者查证，是一节车厢而不是整车有 4 对车门。

<参考修改>

✓ 如果想快速区分 A 型车和 B 型车，那么数一下车门可以说是最好的方法了，可以看到如图 1 所示的北京地铁 14 号线 A 型车一节车厢明显有 5 对车门，而图 2 所示的北京地铁 15 号线 B 型车一节车厢只有 4 对车门。

【28】

☒ "昼出耘田夜绩麻，村庄儿女各当家。"描写了每年春天，村里家家户户、男男女女白天出去耕田，夜晚回来后又忙着搓麻线的景象。

此例中将耕田（耘田）、搓麻线（绩麻）描述为在每年春天的劳动景象，而按常识，此劳动（农活）应发生在春末夏初，这里用"春天"一词可能不合客观语境，春天的时间范围较为宽泛和不确定。据笔者查证，本例中的诗句出自宋代范成大《夏日田园杂兴·其七》，描写的就是初夏的劳动景象。因此，应将"春天"改为"初夏"。

【29】

☒ 李绅（772—846 年），字公垂。祖籍毫州谯县（今安徽亳州市谯城区）。唐朝宰相、诗人。

"亳州"是地名，此例子两处出现，但第一处是错别字"毫"，不合客观语境。我国没有"毫州"这个地名，看到"毫州"时，稍加注意，就能发现此错误，但若写错的这个地名确实存在，就不容易发现错误了。笔者将错别字视作最严重、最低级的语境不合。

<参考修改>

✓ 李绅（772—846 年），字公垂，祖籍亳州谯县（今安徽亳州市谯城区），唐朝宰相、诗人。

【30】

☒ 随着工业革命的旋风从英国吹向世界，大获成功的伦敦地铁慢慢进入了各国的视线。1906 年后，匈牙利成为第一个吃螃蟹的人，布达佩斯地铁正式开通。随后，美国、法国、德国、希腊、阿根廷、西班牙、日本、俄罗斯等纷纷投入到地铁建设中。

此例中"1906 年"属于笔误，严重偏离客观历史或事实，与客观语境不合，应改为 1896 年。另外，"俄罗斯"国家名不当，与客观语境也不合。俄罗斯的全名是俄罗斯联邦，是苏联解体的唯一继承国。苏联解体发生于 1991 年，这里的客观语境是地铁投入建设时间（1896 年后，苏联解体前），国家名应是"苏联"而不是"俄罗斯"。这里的"俄罗斯"是否可以改为"前苏联"呢？笔者认为不可以，因为当时的国家名称是"苏联"而不是"前苏联"。

【31】

☒ 如今越来越多的城市开始修建自己的城市地铁，可以预见在不远的未来，人人都能在自己家门口享受地铁的便捷。

此例最后一句所述未免夸张了，不太符合现实这一客观语境，每个人都能在自己家门口乘座地铁几乎是不可能的，也是不必要的。应对"人人"给予适当的修饰限定。

<参考修改>

✓ 如今越来越多的城市开始修建自己的城市地铁，可以预见在不远的未来，会有越来越多的人在自己家门口就能享受地铁的便捷。

【32】

☒ "大道南北出，车轮无停日"写出了古代交通道路上全部是马车，车轮没有停下来的时候。

此例中画线部分所述也夸张了，根本不符合当时的真实情况（客观语境），道路上怎么可能全部是马车呢？若对"古代交通道路上车辆运输"的情况给予恰如其分或适当夸张的描述，就不会出现客观语境不合。

<参考修改>

- ✓ "大道南北出，车轮无停日"写出了<u>古代交通道路上车辆运输的繁忙景象，车轮没有停下来的时候</u>。

- ✓ "大道南北出，车轮无停日"写出了<u>古代交通道路上车辆运输繁忙及车轮没有停下来的时候的景象</u>。（"没有停"可改为"停不"。）

【33】

☒ 时至今日，<u>地铁已经遍布了世界上大部分国家（或地区）</u>，在城市交通中担负起了运输乘客的主要任务，同时除了缓解交通拥堵外，还在人们工作、生活以及城市建设中发挥了不少其他重要作用。

此例中画线部分所述不符合事实（客观语境）。目前地铁虽然得到了快速发展，有的国家或城市的地铁还很发达，但从全球来讲，地铁远未达到遍布世界大部分国家或地区。应按事实恰如其分地表述，就不会有客观语境不合。

<参考修改>

- ✓ 时至今日，<u>地铁已经遍布到世界的许多地方</u>，在城市交通中……重要作用。（"的许多地方"可改为"不少国家和地区"。）

【34】

☒ <u>开车的人多</u>，交通堵塞就多，其后果是浪费能源，<u>造成全球气候变暖</u>，耗费时间和金钱。

此例表述"开车的人多"所带来的一些不良后果，其中"造成全球气候变暖"虽有事实基础，但有夸大的成分，不太符合客观语境。汽车增多确实有助于气候变暖，但仅是气候变暖的一个方面。（全球气候变暖是由于温室效应不断积累，致使地气系统吸收与发射的能量不平衡，能量不断在地气系统累积，导致温度上升。人们在使用石油、煤炭等化石燃料，或砍伐森林并将其焚烧时，会产生大量二氧化碳，即温室气体，这些气体对来自太阳辐射的可见光具有高度透过性，而对地球发射出来的长波辐射具有高度吸收性，能强烈吸收地面辐射中的红外线，导致地球温度上升，这就是温室效应。）

<参考修改>

- ✓ <u>开车的人多</u>，交通堵塞就多，其后果是浪费能源，<u>加剧全球气候变暖</u>，耗费时间和金钱。

- ✓ <u>开车的人多</u>，交通堵塞就多，其后果是浪费能源，耗费时间和金钱，还会<u>加剧全球气候变暖</u>。

第 13 章　规范不符

科技文章通常不是作者为记录收藏、自娱自乐或自我欣赏，而是为投稿、发表、传播撰写的，因此是一种特殊的商品，具有鲜明的社会属性。文章不论水准如何，也不论作者是谁，只有经过出版才能发表，发表前还要经过严密的审查和大量的编校，其中很重要的一部分工作，就是要检查文章的语句表达是否符合有关的编辑出版标准、规范。一个语法正确、逻辑通顺甚至修辞完美的佳句，当从出版标准、规范的角度来考察时，还可能是有问题的，语句表达不符合标准、规范在本质上也可看作一种"语病"，这里称为规范不符。本章从简称、量名、单位、量值、数字、政治几个方面列举科技文章规范不符，剖析实例语句 26 例。

13.1　简称不规范

科技文章中正确使用词语的简称，能起到表达方便、语言简化、醒目明确、易记易懂等诸多作用，使用不当就会造成简称不规范。

【1】

⊠ 积极宣贯行业团体标准，保证塑料机械产品质量。2019 年 5 月，中国塑料机械行业首个团体标准《全电动塑料注射成型机》正式出版发行，中国塑料机械工业协会和中塑机团标委通过出版印刷正式标准文本、在 Chinaplas 展会期间投放广告、在协会官方微信公众平台、网站及《中国塑料》期刊发布信息等多种形式积极宣传贯彻，推荐行业企业广泛采用，严格把控产品质量。

此例开头的"宣贯"，读者首次读到时，恐怕难以理解，感觉没见过这个词；继续往下读，当看到后面的"宣传贯彻"时，就恍然大悟了，原来"宣贯"是"宣传贯彻"的简称。这里使用此简称有两个问题：一是"宣传贯彻"属常用词语，作者没有必要自定义简称"宣贯"来替代全称（目前社会或业界还没有正式的"宣贯"这个简称）；二是既然上文使用了简称"宣贯"，那么下文也应继续使用简称，用全称反而就不统一了（用词不统一是写作不规范的一个重要方面）。另外，此例还出现了另一个简称"中塑机团标委"，是合理的，因为其全称"中国塑料机械工业协会团体标准工作委员会"太长，行文中若多次用此全称会很不方便，但据笔者查证，其准确的简称应是"中塑机协团标委"，而此例中明显少了一个"协"字。

〈参考修改〉

✓ 积极宣传贯彻行业团体标准，保证塑料机械产品质量。2019年5月，中国塑料机械行业首个团体标准《全电动塑料注射成型机》正式出版发行，中国塑料机械工业协会和中塑机协团标委通过出版印刷正式标准文本，在Chinaplas展会期间投放广告，在协会官方微信公众平台、网站及《中国塑料》期刊发布信息等多种形式积极宣传贯彻，推荐行业企业广泛采用，严格把控产品质量。[对两处"宣传贯彻"，第一处可改为"宣贯（宣传贯彻）"，同时第二处改为"宣贯"。]

【2】

☒ 2020年1月，国家发展改革委、生态环境部发布《关于进一步加强塑料污染治理的意见》。《意见》明确，到2020年年底，禁止生产和销售一次性发泡塑料餐具、一次性塑料棉签，禁止生产含塑料微珠的日化用品。

此例中的"《意见》"是前面《关于进一步加强塑料污染治理的意见》的简称，但这个简称是作者临时自定义使用的，按常规应以括注的形式放在其全称的后面，这里直接使用，容易让人以为《意见》是与《关于进一步加强塑料污染治理的意见》不同的另一个事物，进而造成误解或引起阅读障碍。

〈参考修改〉

✓ 2020年1月，国家发展改革委、生态环境部发布《关于进一步加强塑料污染治理的意见》（下称《意见》）。《意见》明确，到2020年年底，禁止生产和销售一次性发泡塑料餐具、一次性塑料棉签，禁止生产含塑料微珠的日化用品。（画线部分连同其后的"明确"可改为"。其中明确规定"。）

【3】

☒ 三年一届的国际塑料及橡胶展览会（俗称K展）于2019年10月23日在德国杜塞尔多夫落幕。

此例中的括注部分表明"K展"是"国际塑料及橡胶展览会"的俗称也即简称，在形式上是规范的，但简称、全称均不完整，若在二者前面均补充"德国"就规范了，至少应在"国际塑料及橡胶展览会"之前补充"德国"。

【4】

☒ EPS墙体保温板材应用市场清淡，行业企业积极开拓一体板、地暖、隔声板等创新应用市场，取得较好效果。

此例摘自某一文章，其上文没有出现过对 EPS（字母词，简称的一种）的任何解释，这里直接用 EPS，恐怕理解起来很费劲。经笔者查证，EPS 是一种化学材料的英文名称的简称。EPS 可改为"发泡聚苯乙烯（EPS，expanded polystyrene）"或"EPS（expanded polystyrene，发泡聚苯乙烯）"。

【5】

✗ 世界各国及地区都制定了自己的口罩标准，均根据过滤效率和气体流量要求对口罩进行分类。除韩国、俄罗斯外，中国、欧盟、美国、日本、澳新均使用过滤效率（0.3μm）进行等级分类，气体流量各有要求。

此例中的"澳新"虽是"澳大利亚、新西兰"的合称、简称，但毕竟不是国家的名称，因此与前面一些国家名称并列显得不够协调，除非表达需要，还是拆为两个国家名称合适。但是，欧盟是欧洲联盟，由多个欧洲成员国组成，相当于国家名称，可以与国家名称并列。

〈参考修改〉

✓ 世界各国及地区制定了自己的口罩标准，根据过滤效率和气体流量要求对口罩进行了分类。除韩国、俄罗斯外，中国、欧盟、美国、日本、澳大利亚、新西兰均使用过滤效率（0.3 μm）进行等级分类，对气体流量各有要求。

13.2　量名不标准

我国科技文章在量（多指物理量）方面的问题并不少，与国家标准 GB 3100~3102—1993《量和单位》的规定还有差距。量名称的使用不合标准就是量名不标准。

【6】

✗ 式中，λ_0 为射流间距，γ 为表面张力系数，ε 为介电常数，E_0 为电场强度，ρ 为材料密度，g 为重力常数。

此例中的"重力常数"不是标准量名称，应改为标准名称"重力加速度"或"自由落体加速度"，科技文章中除非必要，量名用标准名称之外的其他名称属量名不标准。

【7】

✗ 市场上的熔喷无纺布单位面积质量通常为 20~100 g/m^2，单位面积质量越高，防护或者滤效也就越好，比如 N95 口罩通常采用 40 g/m^2 甚至更高规格的熔喷无纺布。

此例中的两处量名称"单位面积质量"不标准,其标准名称应是"面密度"。

<参考修改>

✓ 市场上熔喷无纺布的面密度通常为 20~100 g/m², 此值越高,防护或者滤效也就越好,比如 N95 口罩通常采用 40 g/m² 甚至更高规格的熔喷无纺布。

13.3 单位不标准

单位也称计量单位,在科技文章使用存在的问题也不少,与国家标准 GB 3100~3102—1993《量和单位》及有关规范的规定也有差距。单位的使用不合标准就是单位不标准。

【8】

✗ 当移位部件归位时,部件 10 向上转动 90 度归位。

科技文章中的计量单位应使用国际标准单位符号(标准单位),此例中用单位名称(即单位中文符号)"度"做量"角"的单位不妥,应改为"°"。

【9】

✗ 中山联昌的车间内,数十台长飞亚电动注塑机 24 小时 不断电运行,喷雾器阀室及喷头等相关组件的产量达到历史最高,高模腔阀件制品(单重 5.5 克)可实现周期 30s 左右的 64 穴高效生产。

此例中用"时间"的单位名称"小时"做其单位,不标准,应改用标准单位"h"(若用中文形式的单位,也要用单位中文符号"时",而不是单位名称"小时")。这样修改后不仅自身标准了,而且与下文的另一处时间表达形式(30s)一致。另外,"重"表示"重力",此量的标准单位是"N"(牛),而"克"是"质量"的单位名称,因此"重"与"克"不能搭配;用单位名称(单位中文符号)"克"做单位也不标准,应改用标准单位"g"。这里可以将"重"改为"质量"。有时考虑读者对象的层次如儿童,科普文章中的单位也可不用标准单位,而用单位中文符号。还有,按国家标准,表达量值时,其数值与单位之间应加空,即没有加空的"30s"表达不规范。

<参考修改>

✓ 中山联昌的车间内,数十台长飞亚电动注塑机 24 h 不断电运行,喷雾器阀室及喷头等相关组件的产量达到历史最高,高模腔阀件制品(单个质量 5.5 g)可实现周期 30 s 左右的 64 穴高效生产。(如果需要,可将"h""g""s"分别改为其中文符号"时""克""秒"。)

【10】

✗ 2020 年 5 月 29 日报道,海天塑机集团有限公司超大型二板机 JU55000Ⅲ 历时 <u>50 天</u>装配完成。该产品整机<u>重 410t</u>,注射<u>重量</u>和容模量分别超过 <u>50 公斤</u>和 25m²,模板的最大开距为 <u>6000mm</u>,具有节能、环保、精密、高效等多重优势。

此例的问题同例【9】,应将单位的中文名称或符号"天""公斤"改成国际单位"d""kg";"重"与"t"及"重量"与"公斤"搭配不当;数值与单位间应加空。另外,对于 4 位及以上的数值,提倡科学使用单位词头,尽可能使数值处于 0.1～1 000 的范围内(详见 13.4 节)。

<参考修改>

✓ 2020 年 5 月 29 日报道,海天塑机集团有限公司超大型二板机 JU55000Ⅲ 历时 <u>50 d</u> 装配完成。该产品整机<u>质量 410 t</u>,注射<u>质量</u>和容模量分别超过 <u>50 kg</u> 和 25 m²,模板的最大开距为 <u>6 m</u>,具有节能、环保、精密、高效等多重优势。("注射质量"可改为"注射重量","50 kg"可改成"490 N"或"490 N(50 kg)"。)

【11】

✗ 超声波焊接的主要工艺参数为焊接能量、压力、振幅。焊接时压力为 <u>40 psi</u>,振幅为 45 μm 不变,分别使用<u>粗齿形与细齿形</u>两种砧座,焊接能量分别取 <u>10 J、30 J、70 J</u>,探究齿形及焊接参数对接头形貌及性能的影响。

此例中两处有问题:

(1)用非标准单位 psi 充当"压力"的单位,不标准,应改用标准单位 Pa,若有必要使用 psi,则应括注其与 Pa 的换算关系。[psi 分别是三个英文词的首字母,p 是磅力 pound,s 是平方 square,i 是英寸 inch。欧美等国家习惯用 psi 做单位,1 psi = 1 lb/in²(磅力/平方英寸),1 psi=6.895 kPa=0.068 9 5 bar =0.006 895 MPa,40 psi =275.790 kPa。]

(2)10 J、30 J、70 J 三个量值并列,因为有共同的单位"J",从表达简洁的角度,前面两个"J"可去掉。

<参考修改>

✓ 超声波焊接的主要工艺参数为焊接能量、压力、振幅。焊接时压力<u>约</u>为 <u>276 kPa</u>,振幅为 45 μm 不变,分别使用粗、细齿形两种砧座,焊接能量分别取 <u>10、30、70 J</u>,探究齿形及焊接参数对接头形貌及性能的影响。[在"276 kPa"后可以加括注"(40 psi)"。]

✓ 超声波焊接的主要工艺参数为焊接能量、压力、振幅。焊接时压力为 <u>40 psi(约 276 kPa)</u>,振幅为 45 μm 不变,分别使用粗、细齿形两种砧

第 13 章 规范不符

座，焊接能量分别取 <u>10、30、70 J</u>，探究齿形及焊接参数对接头形貌及性能的影响。

【12】

☒ 单搭胶接结构单块板的长度为 120 mm，宽为 <u>W mm</u>，式中，胶接长度为 <u>L mm</u>，胶膜厚度为 <u>T mm</u>，层合板厚度为 3.6 mm，一共 24 层。为减小载荷偏心的影响，在此结构的两端采用铝板作为夹持件，尺寸为 40 mm×<u>W mm</u>×3.6 mm。

此例中四处画线部分用了"量（量符号）＋单位（单位符号）"即在量符号后附加单位的形式，错将量符号作单位的数值，表达不规范。单位与数值结合使用才有意义，不能将量（量符号）作为单位前的数值来使用，因为"量＝量值（数值）＋单位"，量符号在语义上包含"单位"，不能再在其后加单位。

<参考修改>

✓ 单搭胶接结构单块板的长度为 120 mm，宽为 <u>W</u>，式中，胶接长度为 <u>L</u>，胶膜厚度为 <u>T</u>，层合板厚度为 3.6 mm，一共 24 层。为减小载荷偏心的影响，在此结构的两端采用铝板作为夹持件，尺寸为 40 mm×<u>W</u>×3.6 mm。

【13】

☒ 从产品结构来看，在中原地区动力配置为 160～180 马力（1 马力＝735.499<u>w</u>）的机型将<u>成为主流需求</u>。

此例中括号部分给出了功率单位米制"马力"与功率 SI 单位"瓦"之间的换算关系，但错将"瓦"的标准单位 W（大写）写成 w（小写）。单位符号是严格区分大小写的，不能不加区分而混淆。

<参考修改>

✓ 从产品结构来看，在中原地区动力配置为 160～180 hp（1 hp＝735.499 W）的机型将<u>成为主流机型</u>。

✓ 从产品结构来看，在中原地区动力配置为 160～180 马力（1 马力＝735.499 瓦）的机型将<u>成为主流机型</u>。

（"主流"后可加"需求"，也可将画线部分改为"满足主流需求"。）

【14】

☒ 这样一台计算机可连接 8 台 CNC 机床，通信速率最快为 19<u>Kb</u>／秒。……高速以太网板（100<u>Mbps</u>）是装在 CNC 系统内部的，因此可长期与主机连接，用于传输零件程序和检查机床工作状态。

此例中两处单位不标准。一处是 Kb／秒：前面的"K"为表示"千"的单位词头，用大写字母错误，应改为小写字母"k"；"b"即字节（byte），其标准单位符号应为大写字母"B"，而不是小写字母"b"；"秒"为时间的一种中文单位名称或中文单位符号，与国际单位混用构成组合单位不妥，应改用标准单位符号"s"（B／s 中文名称为"字节每秒"，表示每秒位元组数）。另一处是 Mbps：前面的 M 为表示"兆"的单位词头，是正确的；bps 是 bit per second（位每秒）的缩写，标准单位符号是 bit／s（bit／s 中文名称为"位每秒"，表示每秒位元数）。

<参考修改>

✓ 这样一台计算机可连接 8 台 CNC 机床，通信速率最快为 19 <u>kB／s</u>。……高速以太网板（100 <u>Mbit／s</u>）是装在 CNC 系统内部的，因此可长期与主机连接，用于传输零件程序和检查机床工作状态。

13.4 量值不规范

量值是量的大小，由数值和单位组成，即"量（值）＝数值＋单位"（量符号＝数值＋单位符号）。国家标准中对于量值规范表达的规定包括词头使用及数值与单位间加空两方面。

【15】

✗ 将线路右移约 <u>1.5 km</u>，采用将林保山隧道加长 <u>1 179 m</u> 的长隧方案，对该处滑波进行绕避，同时也消除了乐秋河水库坍岸对工程的影响。

对量值表达，应科学合理使用 SI 词头（利用 SI 词头加在 SI 单位之前构成十进倍数和分数单位），使数值处于 0.1～1 000 的范围内，这样就可以避免过大或过小的数值。此例中的"1 179 m"可按此规则修改为"1.179 km"，修改后还能与前面的"1.5 km"有一致的表达形式。

【16】

✗ 在西南交通大学轨道交通国家重点实验室减振器<u>试验</u>台上，对我国某两种高速列车所用的抗蛇行减振器进行<u>试验</u>，其中一种抗蛇行减振器卸荷力均为 <u>9020 N</u>，卸荷速度均为 0.025 m／s，阻尼系数均为 <u>368800 N·s／m</u>。

此例有两处量值表达不规范，存在的问题同例【15】，可按相同的规则来修改。

<参考修改>

✓ 在西南交通大学轨道交通国家重点实验室减振器<u>实验</u>台上，对我国某两种高速列车所用的抗蛇行减振器进行<u>实验</u>，其中一种抗蛇行减振器<u>的</u>卸荷力均为 <u>9.02 kN</u>，卸荷速度均为 0.025 m／s，阻尼系数均为 <u>368.8 kN·s／m</u>。

【17】

✗ 研究对象为带有集中质量的悬臂板,其长×宽×厚度为 $\underline{225\times140\times1.5\ mm^3}$;材料为酚醛树脂,其物理属性为 $E = \underline{1.007\ 2\times10^{10}\ Pa}$,$\rho = \underline{1400\ kg/m^3}$,$\mu = 0.3$。

此例有三处量值表达不规范。第一处误将三个量相乘(长×宽×厚)表示为一个由三个数相乘作为体积单位(mm³)数值(225×140×1.5)的体积量值。后两处没有科学使用词头。

<参考修改>

✓ 研究对象为带有集中质量的悬臂板,其长×宽×厚为 $\underline{225\ mm\times 140\ mm\times 1.5\ mm}$;材料为酚醛树脂,其物理属性为 $E = \underline{10.072\ GPa}$,$\rho = \underline{1.4\times 10^3\ kg/m^3}$,$\mu = 0.3$。

✓ 研究对象为带有集中质量的悬臂板,尺寸为 $\underline{225\ mm\times 140\ mm\times 1.5\ mm}$(长×宽×厚);材料为酚醛树脂,其物理属性为 $E = \underline{10.072\ GPa}$,$\rho = \underline{1.4\times 10^3\ kg/m^3}$,$\mu = 0.3$。

✓ 研究对象为带有集中质量的悬臂板,体积为 $\underline{225\times 140\times 1.5\ mm^3}$(3个相乘的数字分别为长、宽、厚);材料为酚醛树脂,其物理属性为 $E = \underline{10.072\ GPa}$,$\rho = \underline{1.4\times 10^3\ kg/m^3}$,$\mu = 0.3$。

($\rho = 1.4\times 10^3\ kg/m^3$ 也可改为 $\rho = 1.4\ t/m^3$。)

13.5 数字不规范

数字是用阿拉伯数字还是汉字数字,如何表达以科学区分数字与其前后的不同文字单元,数字自身如何表达更规范等,均属数字规范表达范畴。目前我国科技文章在数字表达上的问题也不少,数字不规范也较为常见,与国家标准 GB/T 15835—2011《出版物上数字用法》的规定及相关规范还有差距。

【18】

✗ 经过本文通讯作者杨雄心调查发现,道县现存两百余方摩崖石刻,据统计,大约有百分三十到五十的石刻内容都与理学文化相关。

此例中用汉字数字"两百""百分三十到五十"不标准,宜用阿拉伯数字。按国家标准规定,"在使用数字进行计量的场合,为达到醒目、易于辨识的效果,应采用阿拉伯数字,包括整数、小数、分数、百分比、比例等。"另外,还有介词(经过)多余或位置不当,语义冲突("大约""百分三十到五十""都")、"据统计"位置不当等问题。

〈参考修改〉

✓ 本文通信作者杨雄心调查和统计发现，道县现存 <u>200</u> 余方摩崖石刻，有 <u>30%～50%</u> 的石刻内容与理学文化相关。（"发现，"可改为"，发现"。）

【19】

✗ 设备可实现卷料上料、折叠压合成型及分切、耳带上料机焊接、下料的全自动生产过程，主要应用的材料为无纺布，共 <u>4～5 种</u>，可生产 3/4 层的口罩。

此例中的"4～5 种"没有语病，但表达不规范：在"4 种"与"5 种"之间不存在其他任何别的"种"，因此其间用浪纹线（连接号的一种）不规范，可将此浪纹线改为"或"。其实想表达的是 4 种或 5 种，改成汉字数字连用的形式"四五种"也是可以的。

【20】

✗ 图 <u>4 300.3MW</u> 负荷空气分级工况下，不同颗粒的燃烬度

此例为科技文章插图下方的图题常规表达形式（图序＋图题），但图序和图题之间留空太小，造成表达不规范，容易让人误以为"4 300.3"是一个数字，此数字从形式上看是千分空的形式，但其实不是，实际应是 300.3MW，而不是 4 300.3MW。产生这种错觉就是由数字表达不规范造成的，应该加大 300.3 与其前面表示图序的数字 4 之间的空隙，或采取其他方式，比如在 300.3 前面加汉字词语。另外，图题中的逗号多余。

［书写多位数时，为便于阅读，对四位以上的整数或小数，可采用千分撇或千分空两种方式之一。"千分空"方式是指从小数点起，向左和向右每三位数字一组，组间空四分之一个汉字（二分之一个阿拉伯数字）的位置。］

〈参考修改〉

✓ 图 4　300.3 MW 负荷空气分级工况下不同颗粒的燃烬度　（可以在"300.3"前加"在"。）

【21】

✗ 从图 <u>3 DC U-t</u> 波形分析可得，电压信号先减小后增大，即存在极值条件。

此例中图序"3"与型号"DC U-t"本是两个独立的单元，但由于表达不规范，未对二者进行明确区分，而是前后相邻写在一起，容易让人误以为"3 DC U-t"是一个整体符号。

〈参考修改〉

✓ 从<u>图 3</u> 的 <u>DC U-t</u> 波形分析可得，电压信号先减小后增大，即存在极值条件。（"图 3 的"可改为"图 3 中"或"图 3 所示的"。）

【22】

☒ 2018年全球起重机制造商十强榜单出炉。徐工、中联、三一三家中国企业入围，分别位列第二名、第五名和第七名，充分展现了我国全球领先的起重机整体研发制造水平。

此例中企业名"三一"与企业数量"三家"前后相邻写在一起，未对二者进行明确区分，表达不规范，带来阅读障碍，容易让人误以为"三一三"是一个整体，也很难明白其意思。

<参考修改>

✓ 2018年全球起重机制造商10强榜单出炉。徐工、中联、三一3家中国企业入围，分别位列第2、5、7名，充分展现了我国全球领先的起重机整体研发制造水平。

✓ 2018年全球起重机制造商十强榜单出炉。徐工、中联、三一这三家中国企业入围，分别位列第二、五、七名，充分展现了我国全球领先的起重机整体研发制造水平。（第二画线部分也可改为"第二、第五和第七名"或"第二名、第五名和第七名"。）

【23】

☒ 分别针对受拉和受压工况，在 ABAQUS 中对 Mooney-Rivlin、$N=2$ 的多项式模型、Ogden 3 和 Van der Waals 4 种超弹性本构模型进行参数拟合，最终选定了 $N=2$ 的多项式模型为最佳模型，其中受拉和受压状态模型参数不同。

此例中的阿拉伯数字"3""4"分别与前面的"Ogden""Van der Waals"连用，容易造成误解，让人误以为"3"与"Ogden"及"4"与"Van der Waals"分别组成一个整体符号。将"3""4"分别改为汉字数字"三""四"，或在"3""4"前面分别加适当的汉字词语，就能避免这种情况。

<参考修改>

✓ 分别针对受拉和受压工况，在 ABAQUS 中对 Mooney-Rivlin、$N=2$ 的多项式模型、Ogden 三种和 Van der Waals 四种超弹性本构模型进行参数拟合，最终选定 $N=2$ 的多项式模型为最佳模型，其中受拉和受压状态模型参数不同。

✓ 分别针对受拉和受压工况，在 ABAQUS 中对 Mooney-Rivlin、$N=2$ 的多项式模型、Ogden 的3种和 Van der Waals 的4种超弹性本构模型进行参数拟合，最终选定 $N=2$ 的多项式模型为最佳模型，其中受拉和受压状态模型参数不同。

【24】

☒ 此次调查产品为 <u>2 行、3 行、4 行 3 种</u>自走式玉米收获机机型。

此例画线部分有 4 个数量词,但最后一个"3 种"(收获机机型数量)与前面的"2 行""3 行""4 行"(收获机作业行的数量)的类别、性质不同。当数字都用阿拉伯数字时,区分性不明显,若将这两类分别用不同类别的数字表达,则区分性及表达效果显著提升。

〈参考修改〉

✓ 此次调查的产品为 <u>2 行、3 行、4 行三种</u>自走式玉米收获机机型。

✓ 此次调查的产品为 <u>二行、三行、四行 3 种</u>自走式玉米收获机机型。

13.6　政治不合格

政治不合格就是语句表达中出现了政治问题,平常多因表达不规范而在无意中形成。应加强对规范表达重要性的认识,并付诸实践去提升表达质量,杜绝政治不合格。

【25】

☒ <u>美国</u>停车产业每年大约收益 260 亿美元,<u>香港</u>的一个停车位的价格甚至超过一辆车。

此例中错将"香港"与"美国"并列或放在一起进行对比,造成政治问题。若实在有这种并列的需要,必须进行规范化处理,比如在"香港"前加"我国""中国"。

〈参考修改〉

✓ 美国停车产业每年大约收益 260 亿美元,<u>而我国香港</u>的一个停车位的价格甚至超过一辆车的价格。("香港"后可加"地区","我国"视表达需要可改为"中国"。)

【26】

☒ <u>台湾</u>仿效<u>日本</u>的购车者自备车位政策,推出购车者自备停车位与卖车者提供停车位相结合的政策,效果卓著。

此例中也有政治问题倾向,错将"台湾"与"日本"并列或放在同一层面进行表述。

〈参考修改〉

✓ <u>我国台湾</u>仿效<u>日本</u>的购车者自备车位政策,推出购车者自备停车位与卖车者提供停车位相结合的政策,效果卓著。("台湾"后可加"地区","我国"视表达需要可改为"中国"。)

REFERENCES 参考文献

[1] 梁福军. 科技论文规范写作与编辑［M］. 4 版. 北京：清华大学出版社，2021.
[2] 梁福军. 科技论文规范写作与编辑［M］. 3 版. 北京：清华大学出版社，2017.
[3] 梁福军. 科技论文规范写作与编辑［M］. 2 版. 北京：清华大学出版社，2014.
[4] 梁福军. 科技论文规范写作与编辑［M］. 北京：清华大学出版社，2010.
[5] 梁福军. SCI 论文写作与投稿［M］. 北京：机械工业出版社，2019.
[6] 梁福军. 英语科技论文语法、词汇与修辞 SCI 论文实例解析和语病润色 248 例［M］. 北京：机械工业出版社，2021.
[7] 梁福军. 英文科技论文规范写作与编辑［M］. 北京：清华大学出版社，2014.
[8] 梁福军. 科技语体语法与修辞［M］. 北京：清华大学出版社，2018.
[9] 梁福军. 科技语体标准与规范［M］. 北京：清华大学出版社，2018.
[10] 梁福军. 科技语体语法、规范与修辞（上、下册）［M］. 北京：清华大学出版社，2016.
[11] 中国社会科学院语言研究所词典编辑室. 现代汉语词典［M］. 7 版. 北京：商务印书馆，2019.
[12] 张伟光，赵炯，袁俊瑞，等. 城市穿行者 地铁那些事儿［M］. 北京：机械工业出版社，2020.
[13] 周奇才，梅熠，栾大凯，等. 能工巧匠 古代机械漫谈［M］. 北京：机械工业出版社，2020.
[14] 冯友兰. 中国哲学史（上、下）［M］. 重庆：重庆出版集团，重庆出版社，2012.
[15] 骆小所. 艺术语言学［M］. 昆明：云南人民出版社，云南大学出版社，2015.
[16] 艾密尔·鲁特维克. 俾斯麦传［M］. 文慧，译. 长沙：湖南人民出版社，北京：博集天卷，2014.
[17] 丹尼丝·施曼特-贝瑟拉. 文字起源［M］. 王乐洋，译. 北京：商务印书馆，2015.
[18] 汤志钧. 戊戌变法史［M］. 修订版. 上海：上海社会科学院出版社，2015.
[19] 李兰娟. 人感染 H7N9 禽流感［M］. 北京：科学出版社，2016.
[20] 爱因斯坦. 狭义与广义相对论浅说［M］. 杨润殷，译. 北京：北京大学出版社，2008.
[21] 中国机械工业年鉴编辑委员会，中国重型机械工业协会. 中国重型机械工业年鉴 2019［M］. 北京：机械工业出版社，2020.
[22] 机械工业信息研究院. 金属加工热加工［J］. 2020(7). 北京：金属加工编辑部，2020.
[23] 机械工业信息研究院. 金属加工冷加工［J］. 2021(1). 北京：金属加工编辑部，2021.
[24] 机械工业信息研究院. 金属加工冷加工［J］. 2021(2). 北京：金属加工编辑部，2021.
[25] 国家科学技术奖励工作办公室. 中国科技奖励［J］. 2020(4). 北京：中国科技奖励编辑部，2020.
[26] 中国仪器仪表学会. 仪器仪表学报［J］. 2019，40(12). 北京：仪器仪表学报杂志社，2019.
[27] 中国工程机械学会. 中国工程机械学报［J］. 2019，17(6). 上海：中国工程机械学报编辑部，2019.
[28] 中国机械工程学会. 流体机械［J］. 2019，47(12). 上海：流体机械杂志社，2019.
[29] 中国机械工程学会，济南铸锻所检验检测科技有限公司. 中国铸造装备与技术［J］. 2019(6). 济南：中国铸造装备与技术编辑部，2019.

[30] 中国机械工程学会，大连组合机床研究所. 组合机床与自动化加工技术［J］. 2019(12). 大连：组合机床与自动化加工技术杂志社，2019.

[31] 中国建筑学会. 建筑热能通风空调［J］. 2019，38(12). 武汉：建筑热能通风空调编辑部，2019.

[32] 中国声学学会. 噪声与振动控制［J］. 2019，39(6). 上海：噪声与振动控制编辑部，2019.

[33] 中国科学技术信息研究所. 管理观察［J］. 2019(1). 北京：管理观察编辑部，2019.

[34] 中国科技评估与成果管理研究会，中国科学技术信息研究所. 科技成果管理与研究［J］. 2019(1). 北京：科技成果管理与研究杂志社，2019.

[35] 中国科学技术信息研究所，中国汽车零部件工业公司. 汽车零部件［J］. 2019(1). 北京：汽车零部件编辑部，2019.

[36] 中国科学技术信息研究所，美国国际数据集团. 通讯世界［J］. 2019(1). 北京：通讯世界编辑部，2019.

[37] 国家技术监督局. 量和单位 GB 3100～3102—1993［S］. 北京：中国标准出版社，1994.

[38] 国家新闻出版署. 中华人民共和国新闻出版行业标准 CY／T 171—2019 学术出版规范 插图［S］2019-05-29.

[39] 国家新闻出版署. 中华人民共和国新闻出版行业标准 CY／T 170—2019 学术出版规范 表格［S］2019-05-29.

[40] 国家新闻出版广电总局. 中华人民共和国新闻出版行业标准 CY／T 119—2015 学术出版规范 科学技术名词［S］. 2015-01-29.

[41] 中华人民共和国国家质量监督检验检疫总局，中国国家标准化管理委员会. GB／T 15834—2011 标点符号用法［S］. 北京：中国标准出版社，2012.

[42] 中华人民共和国国家质量监督检验检疫总局，中国国家标准化管理委员会. GB／T 15835—2011 出版物上数字用法［S］. 北京：中国标准出版社，2012.

[43] 中华人民共和国国家质量监督检验检疫总局，中国国家标准化管理委员会. GB／T 7714—2015 信息与文献　参考文献著录规则［S］. 北京：中国标准出版社，2015.

LETTER ONE FROM READERS 读者来信一

尊敬的梁博士：

不知您是否记得，与您结缘于大约十年前，当时我尚在读博，您作为期刊主编，通知我修改论文。我反复修改几次后均未达到期刊的要求，特别是论文的摘要和结论，总是改不合格，直到收到您的"最后通牒"，我才慌了神。

说实话，当时您提的论文修改意见很让我抓狂。我上网搜索相关资料，发现关于科技论文写作的书籍并不少，但专门针对理工科的学术、原创论文写作的实用"干货"就少多了。我的这种迷茫并不是个案，包括我的研究生同学、同门们也有着相同的疑惑。尤其我们刚开始撰写论文时，虽然阅读了不少文献，却没有搞明白写作的原理，看论文看到头晕眼花却不明白其结构，对于论文的写作要领更是丈二和尚摸不着头脑……

后来直到您和我进行了几次电话沟通，我才开始对论文进行认真的思考：究竟什么是论文，论文的体裁有哪些及其相应的内容和结构是什么，论文中前后标题、段落、语句之间的逻辑关系怎样，语言表达的规范有什么，怎样才能写出一篇高质量的论文……许多问题逐渐明朗起来，我对论文有了新的认识，知道论文写作是有套路的，不是想写什么就写什么，也不是想怎么写就怎么写。

论文写作中的文字表述一直是我们工科生的痛点，语法薄弱、文字功底差使我们的写作能力较为欠缺，写出来的语句往往存在语法不通、用词不当、逻辑不顺、标点不妥等诸多问题。论文写作从标题到摘要，从材料到方法，从结果到分析，从讨论到结论，从内容到格式，从投稿到回复审稿意见，等等，每一步我们都在摸索中走得较为困惑、艰难。

论文写作、投稿本身是有套路可循的，但是很少有人去系统研究、总结，发表实用著作，为广大师生提供专业指导。所以在 2014 年，当我获悉您有有关科技论文写作的著作将要问世的消息时，打心底觉得这是一件很有必要而且现实意义颇大的工作，您的著作正是想我们之所想，做我们之所需。那时我已博士毕业留校当了老师，开始带研究生，我的研究生们撰写论文的感受、经历正如同我当年。不过他们很幸运，已有您的著作作为工具书和参考资料。

您的第一本书《科技论文规范写作与编辑》问世于 2010 年，此后十多年中，您又不遗余力地探索研究，笔耕不辍，不断修订再版，持续撰写新书，推出了一系列宝贵之作，如《英文科技论文规范写作与编辑》《科技语体语法与修辞》《科技语体标准与规范》《SCI 论文写作与投稿》等。您的这些著作详细而全面地阐述了科技写作的要求及有关国家标准、规范,结合大量实例阐述了科技论文的规范写作、编辑的规则与技巧,小到一个单位、一个标点、一个公式的规范使用与表达,大到一个句子的诠释和一篇文章的组织撰写,内容深浅适宜,覆盖面广,有很强的针对性和实用性。这些都是作为一名资深编辑的您在二十多年编辑工作中的经验和精华的积累,正可谓起到了"高处引领、宏观指导、细节规范、妙处启发"的作用。

在您每一本著作问世的第一时间,我便进行了拜读,并推荐给周围有需求的人,研究生们将您的著作比喻为科研道路上的"武功秘籍",不仅平时值得好好研读,关键时刻也能从中寻到一招半式救急。

期待机会,面对面聆听您的指导!也祝您的新作《科技书刊语病剖析:修辞818例》能够惠及广大师生。

东莞理工学院智能制造系教师 卢文娟

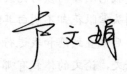

2021年2月25日

个人介绍

卢文娟,汉族,1983年6月生,博士,副教授,毕业于燕山大学,现为东莞理工学院智能制造系教师。主要从事机构学与机器人技术的研究,主持、参与国家自然科学基金项目5项,发表SCI/EI论文20余篇。获河北省首届青年教师教学基本功竞赛工科组第二名,燕山大学第五届青年教师教学基本功竞赛一等奖。

读者来信二

尊敬的梁博士：

与您相识，想来颇有些偶然中的必然。那源自一次偶然的机会读到您的微信公众号"梁博士讲堂"上的一篇题目为《综述是怎样的一种论文？》的短文，读后甚感精彩，然后给您留言，从此我们就开始了友谊之旅。

《综述是怎样的一种论文？》虽仅有1 000余字，却把综述的内涵、本质、分类和结构等讲得清晰透彻，我读后深受启发，随即分享给了学生及同事、朋友们，并向我所在学校推荐此文作为教学中关于"如何撰写综述论文"的样板材料。学术研究的起点，或者说高效进入某研究领域的方法，可以说就是从综述的阅读和撰写开始的。现在我要求我的研究生入学后，必须撰写一篇本专业方向的综述，总的要求就是参照您在短文中所描绘的思路和列出的框架，而且至少掌握6种文献检索方式。其中，中文文献检索3个（中国知网、读秀、中国国家图书馆·中国国家数字图书馆），外文文献检索3个（SSCI、A&HCI、Scoups）。之所以没有考虑其他检索工具，我是从检索工具收录艺术设计类文章较多的数据库来考量的，这样尽管可能做不到"地毯式的搜索"和对文献的"一网打尽"，但对于设计学硕士生而言基本够了。

带着鼓舞和激动，我阅读了您的公众号上的所有文章，开始对您有了更多的了解。这时才知道您已经出版了十余部影响较大的著作，如《科技论文规范写作与编辑》《英文科技论文规范写作与编辑》《科技语体语法与修辞》《科技语体标准与规范》《SCI论文写作与投稿》《英语科技论文语法、词汇与修辞 SCI论文实例解析和语病润色248例》等。我购买了您的著作，并进行了仔细阅读，为您那种主题鲜明、观点独到、思路明晰、内容全面、点面结合、实例丰富、渐成体系、精雕细琢、语言细腻的写作风格所钦佩。这些书非常适合做高校论文写作的教材和工具书，我已将其作为我本人教学和科研的重要参考资料。

我们虽未谋面，却已进行过数次电话沟通，深深了解到您是如何从零星的想法，一步步耕耘积淀成一本本著作的考量与用心。我每每心怀感动，甚至激动，为什么呢？一是教学工作与研究生培养的需要（我长期担任"研究生论文写作指导"课程的授课老师），二是自己从事研究和学术论文撰写的需要。您的著作给我提供了论文写作能力提升的空间，也为我的论文写作给予很大的帮助。基于此，我对于论文写作与论文写作教学非常关注。我始终认为，如果一位教"研究生论文写作指导"课的大学老师自己没有发表过高水平的中英、英文论文，无论其讲课中理论介绍多么充分，备课时间投入多长，都只能是隔了一层纸的间接经验，都不可能窥得其中之堂奥。论文写作其实本身是研究成果的一种规范表达，论文是研究成果的外化与表述形式，而不是研究的目的。学术论文写作本身就是一项专业性、技术性极强的工作，有其自身的逻辑体系和表达规范，所以论文写作是需要专门和系统学习的。

还有一件荣幸之事，在您即将出版另一新著《科技书刊语病剖析：修辞818例》之际，将书的写作思想及内容介绍分享给了我。我为该书的体系所震撼，其内容也真的完全沁入了我的心田。该书针对科技书刊中的常见语病作了细致的分类，包括狭义语病（不明确、不通顺、不平匀、不稳密、不规范），广义语病（超规范欠缺、辞格欠缺、辞趣欠缺），以及语言要素语病（语音不美、语义不准、词汇不当、语法不对、逻辑不通、语境不合、语体不适、风格不符），并从语义不准、词语不当、语句苟简、语句冗余、搭配不当、句式杂糅、语序不当、复句错误、标点不当、逻辑不通、语境不合和规范不符等多个层面剖析实例语句，还给出修辞方案，有的还给出多种修辞方案。这真是一本科技文章最常见弊病的集锦与药方，任何一位研究者撰写文章，都会多多少少在这方面或那方面不达标或犯错误，将"病症"与"药方"同时提供给大家，其意义重大，效果无疑也会十分显著。

作为一个青年学者，尽管我在攻读博士学位期间经过了系统的学术训练，但关于学术研究和论文写作还只是一个新的开始。很幸运的是，我毕业后成为高校教师开启教学和科研的新征程时结识了你，遇到了您的文章和著作。

感谢您对于晚学后辈的关心与鼓励，特别是对于科研论文的撰写给了我们诸多教益和帮助。也感谢您的辛勤耕耘，为广大研究者和青年学子提供了如此高质量的学习内容与渠道。相信科研写作这门专业的学问，可以借由您的工作而让广大学子和研究者找到最佳、最合适的进阶门径。

上海工程技术大学艺术设计学院教师　吴文治

2021年4月8日于程园

个人介绍

吴文治，设计学博士，副教授，硕士研究生导师，环境设计系主任，同济大学上海国际设计创新研究院研究员，《湖南包装》副主编，《家具与室内装饰》编委。2008年参加工作。在《工业建筑》《装饰》《艺术百家》《美术大观》《山西档案》《园林》《艺术探索》《家具与室内装饰》《湖南包装》等刊物发表论文30余篇。主持教育部人文社会科学研究青年基金项目一项，出版专著《设计之径》《设计学笔记》。主持完成设计项目十余项，代表作是第八届中国花卉博览会"法国-意大利-西班牙"联合风情展园设计，获中国花卉协会最佳设计奖。

后　记

在即将完成本书（《科技书刊语病剖析：修辞818例》）初稿、撰写此后记时，正值2021年我国春节假期，我国也处于本土新型冠状病毒肺炎疫情防控得到有效控制的稳定大好局面。

笔者曾在2020年3月向清华大学出版社提交《科技论文规范写作与编辑》（第4版）（下称4版书）选题申请，当时萌发了撰写科技论文写作另一系列书的想法，本书就是其中一本。

4版书主要对论文正文写作作了较多补充，因内容多，未能将《科技论文规范写作与编辑》（第3版）（下称3版书）中的"语法"和"语病"部分写入。这两部分内容本是亮点，去掉确实可惜。笔者经过慎重思考，暂时忍痛割爱，决定将"语病"单独成书，对原有的这部分内容作较大幅度的扩展，将书名的主体由科技论文调整为科技书刊，以扩充更加多样丰富的实例语句，让更为广泛的读者群体受益。

撰写本书期间，笔者有机会接触了一些高校师生，了解到高校目前迫切需要一本从大学本科到硕士、博士研究生毕业的全流程论文写作指导书。为适应这一形势，笔者与清华大学出版社冯昕编辑进行了充分沟通，决定出版教材（系列书的另一本，书名暂定《科技论文写作：科研、写作、投稿、答辩全视角一站式新解》），让笔者更多的思想走进高校课堂。

撰写本书期间，笔者还阅读了较多人文历史和专业性图书，如《中国哲学史》《艺术语言学》《俾斯麦传》《文字起源》《戊戌变法史》《人感染H7N9禽流感》《狭义与广义相对论浅说》等，拓宽了视野，收获了新鲜素材，并有了新的写作思路。

每当手指借助键盘的小小方块及其旁玲珑柔滑的鼠标完成所有细节时，本段旅程就要告一段落，笔者的欣喜之情自然溢于言表。然而，下一段旅程又将开启，愁苦之感又油然而生。世上的事哪有那么容易，由想法到实现，还有一段不短的路程，需要毅力，需要坚持，需要付出，需要忍耐，更需要胸怀，只有这样才能坚定不移地走下去，进而实现恒久的夙愿。

在新的旅程开启之前，笔者喜欢到大街一逛。大年初一，笔者漫步在什刹海：春节虽晚到，阳光明且媚，人流涌而动，踏青已开始，虽未到三月，已闻烟花香。在融融春光中，新书的结构体例也渐渐清晰起来……

春回大地，万象更新，辞别庚子鼠年，迎来辛丑牛年，2022年的现在，大概又是那收获的季节吧！

最后，感谢家人孟晓丽教授为本书撰写给予的默默支持，感谢中国科协原副主席冯长根教授为本书作序，感谢高校青年学者卢文娟、吴文治副教授来信诚挚鼓励，感谢冯昕编辑为本书出版给予的持续支持！

梁福军

2021-2-12（春节）